高等学校金融学创新规划教材

国际金融学

International Finance

汪 洋 编著

WUHAN UNIVERSITY PRESS
武汉大学出版社

图书在版编目(CIP)数据

国际金融学/汪洋编著. —武汉:武汉大学出版社,2009.9
高等学校金融学创新规划教材
 ISBN 978-7-307-07235-0

Ⅰ.国…　　Ⅱ.汪…　　Ⅲ.国际金融学—高等学校—教材　　Ⅳ.F831

中国版本图书馆 CIP 数据核字(2009)第 134800 号

责任编辑:唐　伟　　　责任校对:王　建　　　版式设计:马　佳

出版发行:**武汉大学出版社**　　(430072　武昌　珞珈山)
　　　　　(电子邮件:cbs22@whu.edu.cn　网址:www.wdp.com.cn)
印刷:武汉中科兴业印务有限公司
开本:720×1000　　1/16　　印张:19.5　字数:334千字　插页:1
版次:2009 年 9 月第 1 版　　　2009 年 9 月第 1 次印刷
ISBN 978-7-307-07235-0/F·1295　　　定价:28.00 元

前　言

　　国际金融学主要探讨的是各国之间的货币、宏观经济政策以及整个国际金融体系的关系,它往往又被称为开放经济下的宏观经济学或者国际货币与金融经济学。与封闭经济相比,开放经济下一国政府面临的约束更多,除了物价稳定、经济增长和充分就业之外,政府还必须努力实现国际收支平衡和本币的汇率稳定。因此,国际金融学研究的主要内容以开放经济为背景,重点研究一国汇率水平的决定以及国际收支失衡的调整问题。国际金融学与货币银行学通常是国内金融学专业学生重要的基础理论课,这两门课程的差异体现在货币银行学侧重从封闭经济条件下分析货币需求和供给以及通胀率和利率的决定问题,考察商品市场和货币市场的同时均衡问题,国际金融学则侧重从开放经济角度分析汇率和国际收支变化对经济的影响,考察商品市场、货币市场以及外汇市场的同时均衡问题。

　　本书的主要内容包括:第一部分详细介绍汇率和国际收支的基本概念及其进一步拓展;第二部分较详细地介绍汇率的决定理论,包括购买力平价理论、利率平价理论、货币模型理论以及资产组合模型理论;第三部分详细分析国际收支理论,这围绕国际收支失衡的自动调节和政策调节展开,重点讨论蒙代尔—弗莱明模型。以上两部分是本书的重点,同时也是教学的重点和难点。第四部分是对传统的外汇交易方式的介绍,并与前面的章节相呼应;第五部分介绍国际货币体系的变化与发展。

　　与其他国际金融教材相比,本书的特色之一是更侧重国际金融理论的介绍与分析,尤其是在对模型的解释当中,本书尽量采用较浅显的语言和函数表达式以及图表来阐述和分析,这其中有不少是笔者从事该课程的教学体会。当然,打星号的章节有一定的难度,老师可根据实际情况选择讲授。特色之二是在对若干概念(如实际汇率、国际投资头寸等)的分析上,力求清晰全面、深入浅出。

对于相对复杂的期权、期货等外汇交易、汇率风险的管理、国际结算、国际金融市场以及中国汇率制度的现实变化等问题,限于篇幅本书没有涉及,请参阅其他相关的教材。本书旨在帮助读者全面掌握国际金融领域的基础理论,相信读者在仔细阅读完本书之后能够对其有较深刻的理解。本书在编著过程中,参考了国内外大量国际金融方面的教材和专著,同时书中难免存在错误与疏漏,恳请读者批评与指正。

目　　录

第 **1** 章 外汇与汇率

在开放经济下,本国居民与外国居民的交易行为往往涉及外汇的收付以及本币与外币的兑换。货币兑换价格的变化不仅影响交易双方的资产负债表,而且对宏观经济变量,如经济增长率、失业率、通胀率以及国际收支也将产生冲击。经济主体为什么需要外汇? 短期内有哪些因素决定本币与外币的兑换比率? 长期内汇率水平的走势又将如何变化? 这些问题是国际金融学的主要研究领域。本章主要阐述外汇和汇率的基本概念,并对两个相对复杂的概念——实际汇率和有效汇率——进行了较详细的介绍。

1.1 外汇、可自由兑换货币与国际货币

1.1.1 外汇

在现代社会,每个主权国家大多有本国货币(National Currency),一般不允许外国货币在本国交易和流通。在国际经济交易中,本国进口外国商品及服务或者购买国外金融资产时需要支付相应的外汇,本国出口商品及服务或者出售国外金融资产时则会收到相应的外汇,由此产生大量的国际债权债务关系,这就必须通过银行把本国货币兑换成外国货币或把外国货币兑换成本国货币,以清偿彼此间的债权债务关系。

那么,什么是外汇(Foreign Exchange)呢? 简单地讲,外汇就是指以外币表示的用于国际支付的各类支付手段,如外汇存

款、外币有价证券等。中国政府 2008 年 8 月通过的《中华人民共和国外汇管理条例》规定,外汇是指下列以外币表示的可以用做国际清偿的支付手段和资产,其范围如下:

（1）外币现钞,包括纸币、铸币;

（2）外币支付凭证或者支付工具,包括票据、银行存款凭证、银行卡等;

（3）外币有价证券,包括债券、股票等;

（4）特别提款权;

（5）其他外汇资产。

显然,这是广义意义上的外汇资产。从严格意义来说,并非所有的外国货币资产都是外汇,只有可用于国际清算的外国货币资产才属于外汇。例如,外币现钞不可以直接用于国际支付,就不属于外汇。这是因为在现代社会,出于安全和成本的考虑,外国债权人通常不会接受现钞形式的支付手段。

是不是所有的外汇都是可以自由支付的呢? 不是的,外汇还可以分为自由外汇和记账外汇（又称协定外汇或清算外汇）。前者可以用于本国对外的自由支付,无需货币发行国批准便可以随时动用;后者在对外支付方面则受到限制,未经货币发行国批准不能自由兑换成其他货币或对第三国进行支付。本书讨论的主要是自由外汇。

1.1.2　可自由兑换货币

在不同的时期,货币可自由兑换(Convertiblity)的概念是不同的。在金本位条件下,货币的可自由兑换是指银行券与黄金的兑换;在不可兑现的信用货币时代,货币的可自由兑换包括两重含义:一种含义是指某种货币与其他货币的自由兑换,还有一种含义就是国内银行存款与现钞的兑现。

根据货币的可自由兑换程度的高低分为经常项目下的可自由兑换和完全自由兑换。前者是指在经常项目下的支付货币当局允许本币与其他货币的自由兑换,后者是指货币当局完全取消了货币兑换的全部限制,不仅经常项目下的支付允许自由兑换,而且资本与金融项目下的支付也允许自由兑换,这意味着货币当局取消资本管制。以人民币为例,1996 年 12 月中国政府放开了经常项目的可自由兑换,到 2008 年年底仍然保持对资本与金融项目下的自由支付一定程度的限制。

1.1.3 国际货币

什么是国际货币(International Currency)？IMF 共有成员国 188 个,实现了经常项目下可自由兑换货币的达到 170 多个国家,实现了资本与金融项目下可自由兑换的货币仅有数十种,国际货币的数额则不足十种。一般认为,1999 年欧元问世之后主要的国际货币包括美元、欧元、英镑和日元,其中最主要的国际货币仍然是美元。

根据货币的一般理论,货币在国内的职能主要体现在三方面:(1)记账单位;(2)交换媒介;(3)价值储藏。国际货币的职能就是国内货币职能的延伸,是主权货币在世界范围内发挥上述功能。表 1-1 总结了国际货币的职能。

表 1-1 　　　　　　　　　　国际货币的职能

职能	产生于	在私人部门的作用	在官方部门的作用
国际记账单位	信息成本	发票货币 (Invoicing Currency)	钉住货币 (Pegging Currency)
国际交易媒介	交易成本	基准货币 (Vehicle Currency)	干预货币 (Intervention Currency)
国际价值储藏	价值稳定	银行货币 (Banking Currency)	储备货币 (Reserve Currency)

资料来源:Micheal Melvin. International Money and Finance. 7th Edition. Addison Wesley, 2004.

国际记账单位的职能源于货币的信息成本。在国际市场上大宗初级商品,如原油、咖啡、橡胶等产品的品质差异相对较小,采用统一的货币标价使得价格信息传递较快。国际货币相对于其他货币具有更强的信息优势,因此私人部门将国际货币用做国际贸易合同中的发票货币。在官方部门中,国际货币成为其他货币钉住的对象。

国际交易媒介的职能源于货币的交易成本。在外汇市场中,国际货币发挥基准货币的作用主要体现为由甲货币通过国际货币(尤其是美元)向乙货币转换往往比甲货币直接向乙货币转换的成本要小,于是国际货币成为其他货币买卖的中介或者桥梁。例如,人民币直接与泰铢兑换的成本就比人民币向美元兑换后再兑换为泰铢的成本要高。在官方看来,干预本币与国际货币之间的汇率就往往可以达到干预本币汇率的作用。

国际价值储藏的职能源于货币的价值稳定,这主要是指国际货币的通胀率相对较低。私人部门将国际货币作为银行业务中国际借贷的货币,官方部门将国际货币作为自己的外汇储备币种选择的主要对象。

1.2 汇 率

什么是双边汇率(Bilateral Exchange Rate)呢? 简言之,双边汇率就是用一种货币来表示另一种货币的价格,也可以认为是两种货币的兑换比率。因此,汇率的表示就有两种方法,既可以用甲国货币表示乙国货币的价格,也可以用乙国货币表示甲国货币的价格。这其中的差异在于以何种货币作为计价的标准。

1.2.1 汇率的表示法

通常汇率的标价方法有两种。

价格表示法(Price Quotation),又称直接标价法(Direct Quotation)或者应付标价法(Giving Quotation),是指每单位外国货币的本国货币单位数,即以本国货币的数量变化表示外国货币价格的方法。2007 年 12 月 28 日中国银行间外汇市场 1 美元兑 7.3046 元人民币就是采用直接标价法。在这一表示法下,外国货币的数额固定不变,本国货币的数额如果上升,则意味着外币升值,本币贬值。反之,本国货币的数额如果下降,则意味着外币贬值,本币升值。目前,大多数国家采用直接标价法,中国也采用这一方法。

数量表示法(Quantity Quotation),又称间接标价法(Indirect Quotation)或者应收标价法(Receiving Quotation),是指每单位本国货币的外国货币单位数,即以外国货币表示本国货币价格的方法。现在美国、英国、欧元区均采用间接标价法。

我们可以发现,第二种标价只是第一种标价的倒数。尽管采取哪一种标价方法取决于国际惯例,但是数值的增减在两种标价法下的经济含义却是相反的。数值的上升在直接标价法下是本币贬值的含义,但是在间接标价法下是本币升值的含义。通常将在各种标价法下数值固定不变的货币称为基础货币(Base Currency)或者基准货币(Vehicle Currency),在英文文献当中也称为 Quoted、Underlying 或者 Fixed Currency。将数量不断变化的货币称为标价货币(Quotating

Currency），在英文文献当中也称为 Terms Currency 或者 Counter Currency。

除了上述两种标价法，国际金融市场还有采用美元标价法（US Dollar Quotation）的惯例。第二次世界大战后，由于美元在世界经济中的主导地位，为便于国际市场的外汇交易，西方各国大银行的报价多以美元为基准货币来表示各国货币的价格。非美元货币之间的汇率则是通过各自对美元的汇率套算得出。不过，由于历史习惯的原因，欧元、英镑、爱尔兰镑、澳元、新西兰元和特别提款权则采用"单位镑"表示法，即以每 1 英镑、每 1 爱尔兰镑等于多少外币的标价法①。

汇率表述方法有以下两种：一种是以两种货币的国际标准代码来表述，如 GBP／USD ＝1.3478，另一种是用货币符号来表述汇率，如 $S(\ \$/£) = 1.3478$，其含义均表示为每 1 英镑等于 1.3478 美元。请注意，国际标准代码法斜杠前面的货币是基准货币，斜杠后面的货币是标价货币；货币符号法斜杠前面的货币是标价货币，斜杠后面的货币是基准货币。常用的货币国际标准代码有美元（USD）、欧元（EUR）、日元（JPY）、英镑（GBP）、澳元（AUD）、瑞士法郎（CHF）、港币（HKD）、新加坡元（SGD）、加拿大元（CAD）、人民币（CNY）等。

GBP/USD ＝1.3478 表示"1 英镑等于 1.3478 美元"。在国际银行同业的报价当中，汇率取 5 位有效数字，精确到小数点后第 4 位，最后一位称为"基点"。换言之，1 个基点（Basic Point）就是万分之一，1 个百分点就是 100 个基点。如 GBP/USD 的汇价由 1.3478 变为 1.3498，就说英镑兑美元的汇率上升了 20 个基点。然而，对于日元汇率，则精确到小数点后第 2 位，小数点后的第 2 位的数字称为多少个基点。如 USD/JPY 的汇价由 113.97 变为 113.67，就说美元兑日元的汇率下降了 30 个基点。

1.2.2　汇率变化率的计算

假定在期初 EUR/USD 的汇率为 1.3657，期末 EUR/USD 的汇率为 1.1548，显然欧元相对于美元贬值了，问题的关键是欧元的贬值幅度是多少？美元的升值幅度又是多少？这两者是否相同呢？在计算汇率变化时，需要注意什么细节呢？

---

①　这和英镑历史上货币进位制度有关，英国本位货币英镑和其辅币先令和便士之间最初不是采用十进位制，而是 1 英镑等于 20 先令，1 先令等于 12 便士。1971 年 2 月英国采用了十进位的货币进位制，辅币单位改为新便士（New Penny），1 英镑等于 100 新便士。因此在历史上英国采用单位镑标价法从数学上来看更为容易。

在计算某种货币的升贬值变化幅度时,首先必须确定该货币必须处于基准货币的地位,也就是必须将所计算的货币置于等号的左边。

$$欧元的贬值率 = \frac{1.1548 - 1.3657}{1.3657} = -15.44\%$$

美元的升值幅度是否等于欧元的贬值幅度呢?严格来说,这两者并不相等。

$$美元的升值率 = \frac{\dfrac{1}{1.1548} - \dfrac{1}{1.3657}}{\dfrac{1}{1.3657}}$$

$$= \frac{1.3657 - 1.1548}{1.1548} = 18.26\%$$

计算结果表明:美元的升值幅度并不等于欧元的贬值幅度。在两个公式中,分子的绝对值相同,分母却不同,一个是期初的汇率,一个是期末的汇率。当然,在汇率变化幅度很小的时候,美元的升值幅度就几乎等于欧元的贬值幅度。

1.2.3 均衡汇率

均衡汇率(Equilibrium Exchange Rate)是指能够使得外汇供求相等的市场汇率。在不同的汇率制度下,均衡汇率的决定是不同的。根据汇率的决定方式不同,汇率制度大体可以分为两类:浮动汇率制度和固定汇率制度。

1. 浮动汇率制度下汇率的决定

在浮动汇率制度下,外汇价格的决定与普通商品的价格决定是一样的,即由美元的供求曲线决定的。

图 1-1 中的纵坐标表示美元的人民币价格 S,或者说是美元与人民币的汇率,横坐标表示美元的数量 Q。市场上对美元的供求曲线相交于 E 点,它决定了均衡汇率水平为 S_E,均衡数量为 Q_E。中国对美元的需求曲线 D_s 斜率为负,说明汇率(美元的价格)越低,美元就越便宜,中国居民需要的美元就越多。相反,美元的供给则是伴随着美元的价格上涨而增加。这是因为美元的价格上涨就意味着人民币的价格便宜,美国对中国产品的需求随之增加,美国进口商向中国提供了更多的美元。

例如,在 S_1 的价位上,美元存在供给缺口,即对美元的需求数量 Q_2 大于供给数量 Q_1,这会推动美元价格的上涨,最终在 S_E 的水平上实现均衡。如果中国对美元的需求增加,即美元的需求曲线向右移动到 D_{s_1} 的位置,与供给曲线相交于 A

点,此时均衡汇率上升到 S_2 水平,美元的均衡数量增加 Q_2,此时就称人民币(本币)贬值(Depreciation)了,即以本币表示的外币价格上涨了。如果美元的需求曲线向左移动到 $D_{\$2}$ 的位置,与供给曲线相交于 B 点,均衡汇率为 S_1,此时就称人民币(本币)升值(Appreciation)了。

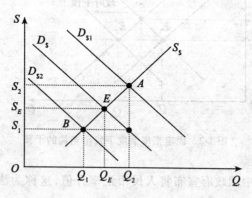

图 1-1　均衡汇率水平的确定

2. 固定汇率制度下的汇率决定

假定中国政府把汇率水平固定在 S_E 的水平上。如果本国进口扩大,由此导致对美元的需求增加,从 $D_{\$1}$ 移动到 $D_{\$2}$,这会导致美元价格的上升,为了消除美元的升值压力,中国人民银行必须在外汇市场上抛售 Q_1Q_2 数量的美元,同时收购等值的人民币,中国人民银行的抛售行为使得美元的供给增加,供给曲线从 $S_{\$1}$ 移动到 $S_{\$2}$,这使得人民币兑美元的汇率仍然固定在 S_E 的水平上。此时中国人民银行的外汇储备下降,人民币基础货币的规模也随之下降。如果中国政府不对外汇市场进行干预,由于外汇需求的增加,需求曲线 $D_{\$2}$ 与供给曲线 $S_{\$1}$ 相交于 E^*,中国政府宣布将汇率水平调整至 S_E^*,相对于此前的 E_1,人民币汇率贬值了,这称为法定贬值(Devaluation)(见图 1-2)。

如果市场上美元的供给增加(由于本国出口的扩大),外汇供给曲线从 $S_{\$1}$ 移动到 $S_{\$2}$,说明美元有贬值的压力,此时为了保证双边汇率仍然固定在 S_E 的水平上,中国人民银行必须在外汇市场上买入 Q_1Q_2 数量的美元,同时投放等值的人民币,此时外汇需求曲线从 $D_{\$1}$ 移动到 $D_{\$2}$,使得双边汇率稳定在原来的水平上。此时中国人民银行的美元储备增加,人民币基础货币的规模相应地增加。由

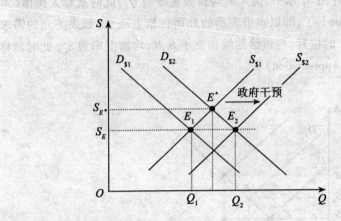

图 1-2 固定汇率制度下货币当局的干预

于外汇供给增加,中国政府宣布将人民币汇率升值,这称为法定升值(Revaluation)。

中央银行进行外汇干预时对其资产负债表的影响如表 1-2 所示。

表 1-2　　　　中央银行进行外汇干预时对其资产负债表的影响

中央银行卖出外汇储备时的资产负债表		中央银行买入外汇储备时的资产负债表	
资产	负债	资产	负债
外汇储备　－	基础货币　－	外汇储备　＋	基础货币　＋

1.2.4　汇率的种类

在现实生活中,汇率的种类繁多,下面介绍其中最常用的汇率种类。

1. 按制定汇率的方法不同,可分为基本汇率和套算汇率

(1)基本汇率(Basic Rate)。基本汇率是指一国货币与关键货币的比率。关键货币(Key Currency),是指在国际经济交易中使用最多、在外汇储备中所占比重最大,同时又可以自由兑换、国际上可以普遍接受的货币。目前,美元是世界上最主要的关键货币,因此往往把本国货币对美元的汇率作为基本汇率。

(2)套算汇率(Cross Rate)。套算汇率是指两国货币通过各自对关键货币的汇率计算出的汇率。套算汇率又称为交叉汇率。例如,EUR/USD 的汇价为 1.1542,同时又知道 USD/CNY 的汇价为 7.2536,那么 EUR/CNY 的汇价为 8.3721。

2. 按银行买卖外汇角度不同,可分为买入汇率、卖出汇率、中间汇率和现钞汇率

(1)买入汇率(Buying Rate)。买入汇率亦称买入价,是指银行向客户买入外汇时的汇率。

(2)卖出汇率(Selling Rate)。卖出汇率亦称卖出价,是指银行向客户卖出外汇时使用的汇率。外汇的买入价与卖出价之间的差价就是经营外汇买卖银行的收益,两者的差价一般在 1‰~5‰之间。如在外汇市场上,银行外汇报价为 USD/CNY = 6.8325/35,这表示银行买进美元的价格为 6.8325 元人民币,同时银行卖出美元的价格为 6.8335 元人民币。注意,斜杠前面的价格表示银行对基准货币的买入价,斜杠后面的价格表示银行对基准货币的卖出价。

(3)中间汇率(Middle Rate)。中间汇率又称中间价,是指银行买入价与卖出价的算术平均数,即中间汇率 =(买入汇率 + 卖出汇率)/2。国际货币基金组织公布的各国汇率标价中,均采用中间汇率。

(4)现钞汇率(Bank Notes Rate)。现钞汇率是指银行买卖外国货币现钞时使用的汇率,亦称现钞价。各国一般都不允许外国法偿货币在本国流通,只有将外币兑换成本国货币,才能购买本国的商品和服务,因此产生了买卖外币现钞的汇率。银行买入外币现钞的价格低于银行买入现汇的价格,但是卖出外币现钞的价格与现汇的价格相同。其原因在于本国银行在收兑外币现钞时要花费一定成本用于外币的清点、运输以及相关的保险支出,为抵补这部分的费用,银行买入外币现钞的价格要低于其买入外汇现汇的价格。

以上是银行与客户之间的报价,此外在银行间外汇市场上银行彼此买卖外汇也有买入价和卖出价(Bid nd Offer Rate)之分。按国际惯例,国际大银行在外汇买卖时通常同时报出买入价和卖出价,此时扮演做市商的角色。不论是银行与客户之间的买入价和卖出价,还是银行间的买入价和卖出价,这一价差的高低往往用买卖差价百分率来衡量,这一差率越小,银行的报价就越具有竞争力。

基准货币的买卖价差率 =(卖出价 - 买入价)/卖出价 × 100%

3. 按外汇买卖交割的时间不同,可分为即期汇率和远期汇率

(1)即期汇率(Spot Rate)。即期汇率也称现汇汇率,是在买卖双方成交后当日或两个营业日(Working Day)内进行外汇交割所采用的汇率。外汇银行报价时,一般都直接报出即期汇率。

(2)远期汇率(Forward Rate)。远期汇率也称期汇汇率,是外汇买卖双方事先签订协议,并约定在未来某一时间进行外汇交割的汇率。一般期汇的买卖差价要大于现汇的买卖差价。

银行对远期汇率的报价有两种方式:

一是直接报价(Outright Rate)。银行直接将各种不同交割期限的期汇的买入价和卖出价表示出来,这与现汇的报价方式相同。日本、瑞士等国银行采取这种报价方法。

二是用远期差价(Forward Margin)报价或称掉期率(Swap Rate)报价,即银行在报出即期外汇汇率基础上再报出应加或减的远期差价(远期差价用基点表示)。差价有升水、贴水和平价三种:升水(at Premium)表示远期外汇汇率比即期外汇汇率高;贴水(at Discount)表示远期外汇汇率低于即期外汇汇率;平价(at Par)表示远期外汇汇率等于即期外汇汇率。在直接标价法下,远期汇率等于即期汇率加上升水或减去贴水;在间接标价法下,远期汇率等于即期汇率减去升水或加上贴水。

例如,即期外汇汇率 EUR/USD = 1.2340/60

　　3 个月的远期差价为　20/30

请问 3 个月后的远期外汇汇率是多少?

解:根据远期差价计算远期汇率有一个规则:

　　　　远期差价前小后大往上加;远期差价前大后小往下减。

因此,3 个月后的远期外汇汇率为 EUR/USD = 1.2360/90。

　　如果 3 个月的远期差价为　40/30

那么 3 个月后的远期外汇汇率为 EUR/USD = 1.2300/30。

检验远期外汇汇率正确与否的一个重要方法就是远期汇率差价要大于即期汇率差价。相对于银行来说,远期交割的外汇意味着风险的增加,为补偿这一期限风险,银行就扩大了远期外汇汇率的差价。

4. 按外汇管理的宽严程度不同,可分为官方汇率和市场汇率

(1)官方汇率(Official Rate)。官方汇率亦称外汇牌价或法定汇率。它是指由一国货币当局(如中央银行或经指定的外汇专业银行)所规定的汇率,要求一

切外汇交易都要按此汇率进行。官方汇率又可分为单一汇率和复汇率。复汇率中常见的又有两种,双重汇率和多重汇率。双重汇率(Dual Exchange Rates)就是政府对资本项目交易和经常项目交易采取不同的两种汇率,即金融汇率和贸易汇率。

金融汇率(Financial Rate)是指用于资本流动方面结算的汇率。这种官方汇率的目的在于减少外国货币兑换本国货币的数量,以保护本国利益。

贸易汇率(Commercial Rate)是指用于进出口贸易及其从属费用结算的汇率。这种官方汇率的目的在于鼓励出口,改善国际收支状况。

除此之外,有些国家还采取更为复杂的汇率安排,涉及的汇率有三种以上,以适用于不同的交易,这种复汇率就是多重汇率(Multiple Exchange Rates)。复汇率的存在一方面损害了国际贸易的发展和其他国家的利益,另一方面采用复汇率制度安排的国家不仅扭曲了价格机制,使得消费及投资决策发生扭曲,而且刺激了寻租(Rent Seeking)活动的产生,使政府必须维持成本高昂的行政管理机构。

(2)市场汇率(Market Rate)。市场汇率是指自由外汇市场上买卖外汇的现实汇率。它由市场上外汇供求关系所决定,随外汇供求关系的变化而自由波动。在外汇管制较松的国家,官方公布的汇率往往只起中心汇率(Central Rate)的作用。当然,政府不仅会运用货币政策、财政政策等政策措施进行干预,而且会在外汇市场上直接干预汇率水平,使市场汇率不过于偏离官方汇率。

在外汇管制较严格的国家,正常的外汇需求得不到满足,非法的外汇市场由此发展起来,以满足交易者的需求,这就是所谓的黑市市场(Black Market)。还有些国家的政府对非法交易的市场保持默许态度,像这种政府允许存在且作为正规外汇市场的替代市场就是平行市场(Parallel Market)。黑市市场和平行市场的汇率往往会大大偏离官方汇率。

5. 按银行营业时间不同,可分为开盘汇率和收盘汇率

(1)开盘汇率(Opening Rate)。开盘汇率是指外汇银行在每个营业日开始营业时进行首批外汇买卖的汇率,也称开盘价。

(2)收盘汇率(Closing Rate)。收盘汇率是指外汇银行在每日将结束营业时的外汇买卖的汇率,也称收盘价。

1.3 实际汇率与有效汇率

以上介绍的各种汇率均是名义汇率(Nominal Exchange Rate)。在国际金融领域,还有两个非常重要的概念就是实际汇率(Real Exchange Rate)与有效汇率(Effective Exchange Rate)。

1.3.1 实际汇率

所谓实际汇率,又称真实汇率,指名义汇率经由两国价格调整后的汇率。通常,实际汇率也有多种表示方法。

1. 实际汇率的定义及经济含义

设直接标价法下的名义汇率为 S,实际汇率为 Q,则 $Q = S \cdot \dfrac{P_f}{P_d}$,式中:$P_f$ 和 P_d 分别代表外国和本国商品的物价水平。当然,实际汇率 Q 还可以表示成以下形式,即 $Q = \dfrac{P_d}{SP_f}$。这两种表达形式没有实质性差异,只不过第二种形式是第一种形式的倒数。这两种形式的实际汇率含义都是将外国商品以本国价格来表示 (SP_f),并与本国商品价格(P_d)进行比较。如果一价定理(the Law of One Price)成立,那么 $P_d = SP_f$,即 $Q = 1$。以 $Q = S \cdot \dfrac{P_f}{P_d}$ 为例,实际汇率的经济含义在于如果 $Q > 1$,表示本国商品具有较强的竞争力;反之,本国商品的竞争力较弱。例如,一件衬衫在本国价格为 100 单位本国货币,同样这件衬衫在外国的价格经过汇率折算后为 150 单位本国货币,其比率为 1.5。其含义就是外国 1 件衬衫相当于本国 1.5 件衬衫。显然,Q 值越大,本国衬衫的价格竞争优势就越显著。因此,名义汇率的含义是两国货币的兑换比率,实际汇率则是两国商品的兑换比率。

顺着这一思路,实际汇率还可以表示为以外币计价的两国商品价格的比率,具体表示形式如下:

$$Q = \frac{P_d/S}{P_f} \text{ 或者 } Q = \frac{P_f}{P_d/S}$$

其中,S 仍然为直接标价法下的名义汇率。如果将汇率以间接标价法 E

$(E = 1/S)$ 来表示,此时实际汇率则可以表示为:

$$Q = \frac{P_d E}{P_f} \text{ 或者 } Q = \frac{P_f}{P_d E}$$

如果将上述单个商品的比价关系扩大到两国的可贸易品之间的比价关系,则需要对可贸易品的价格按权重进行加总,从而得到两国可贸易品的价格比率。具体来看,假定两国可贸易品的权重相同,两国可贸易品的实际汇率为:

$$Q = \frac{S \sum_{i=1}^{m} \alpha_i P_{fi}}{\sum_{i=1}^{m} \alpha_i P_{di}} = \frac{SP_f}{P_d}$$

如果将实际汇率视为名义汇率的函数,以横坐标表示名义汇率 S(直接标价法),纵坐标表示实际汇率 Q,S 和 Q 越大,分别表示本币名义汇率和实际汇率贬值。实际汇率就是一条过原点的直线,P_f/P_d 表示斜率。其中,过原点的 45° 的直线就是名义汇率等于实际汇率的曲线,该曲线斜率为 1($P_f/P_d = 1$)。当 P_f/P_d 不变时,本币名义汇率由 S_1 贬值到 S_2,本币的实际汇率则由 Q_1 贬值到 Q_2。位于该直线上方的点表示实际汇率大于名义汇率,本国商品具有较强的竞争力,同时本国货币高估,如 A 点;位于该直线下方的点表示名义汇率水平高于实际汇率水平,本国商品的竞争力较弱,同时本国货币低估,如 B 点(见图 1-3)。

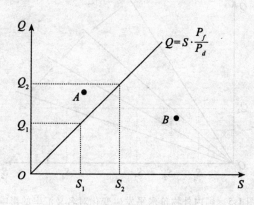

图 1-3　名义汇率与实际汇率的关系图

若 S 固定在 S_1 的水平,斜率 P_f/P_d 由 P_{f1}/P_{d1} 增加到 P_{f2}/P_{d1},即外国物价水平上涨,本国物价水平保持不变,此时实际汇率则由 Q_1 上涨到 Q_2,表示本币实际汇率 Q 贬值,实际汇率曲线向纵坐标方向移动,表示本国商品竞争力增强(见

图 1-4）。相反,如果本国物价水平上涨,外国物价水平保持不变,那么本币实际汇率 Q 出现升值,实际汇率曲线向横坐标方向移动,表示本国商品竞争力下降。

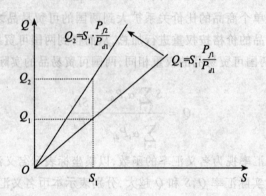

图 1-4 国内外物价水平发生变化对实际汇率的影响

如果两国货币的实际汇率保持不变,即实际汇率保持在 Q_1 的水平,当斜率 P_f/P_d 渐次发生变化时,双边名义汇率也必须出现调整,才能够实现实际汇率的固定(见图 1-5)。

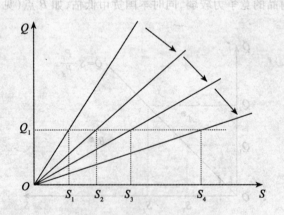

图 1-5 国内外物价水平发生变化对名义汇率的影响

如果说名义汇率反映的是两国货币之间的比价,那么实际汇率反映的则是两国商品与服务的比率关系。相比较而言,实际汇率比名义汇率能更准确地反映一国商品与服务在国际市场上的竞争力,这是因为实际汇率不仅反映了双边名义汇率变化对其竞争力的影响,而且反映两国商品与服务自身价格变化对其竞争力的影响。其中本国名义汇率贬值(S 值增大)和外国价格水平相对上升(P_f/P_d 值增大),都会使得本国实际汇率贬值(Q 值增大),导致本国商品与服务在国际市场上的竞争力上升。如果以上两个因素做相反方向的变化,本国实际汇率的升贬值变化最终取决于其净效果。

2. 其他形式的实际汇率

(1)不可贸易品价格与可贸易品价格的比价

实际汇率除了以上含义外,经济学家们还将本国可贸易品价格 P_{dT} 与不可贸易品价格 P_{dN} 之比视为实际汇率:

$$Q = P_{dT}/P_{dN}$$

或者

$$Q = P_{dN}/P_{dT}$$

如果可贸易品存在一价定理,即 $P_{dT} = SP_{fT}$,且假定 $P_{fT} = 1$,那么实际汇率又可以做如下表示:

$$Q = S/P_{dN} \text{ 或者 } Q = P_{dN}/S$$

以 $Q = P_{dN}/S$ 为例,它表示在国内不可贸易品价格保持不变的前提下,名义汇率与实际汇率之间存在反比例关系,即名义汇率 S 增大,实际汇率 Q 减小。S 增大表示本币名义汇率贬值,Q 减小表示实际汇率贬值(这与名义汇率 S 减小表示升值的含义相反)。

将不可贸易品价格与可贸易品价格的比价视为实际汇率,其经济含义在于在贸易品和不可贸易品的两部门模型中,当可贸易品相对于不可贸易品价格提高时(S 增大),可贸易品的生产变得有利可图,大量的资源(如资本与劳动力)从不可贸易品部门流向可贸易品部门,从而使得本国可以在国际市场上提供更多的产品参与竞争,这是供给方面的影响;同时本国对该贸易品的需求由于价格的上涨而下降,因此该比率又被称为内部实际汇率(Internal Real Exchange Rate)。

(2)本国的单位工资成本(W_d)与外国单位工资成本(W_f)的比价

实际汇率的另外一种定义是本国的单位工资成本(W_d)与外国单位工资成本(W_f)的比值(用同一种货币表示):

$$Q = S \frac{W_f}{W_d}$$

在该式中,如果 Q 上升,意味着本国产品的国际竞争力增强。这由两个因索引起,一个是名义汇率(S)的贬值,另一个是外国单位工资成本相对于本国单位工资成本的上升。

(3)价格贸易条件与实际汇率

价格贸易条件的含义是指一国出口商品价格与进口商品价格的比值,这既可以用本币来衡量 $\left(\mathrm{TT}=\dfrac{P_x}{SP_m}\right)$,又可以用外币来衡量 $\left(\mathrm{TT}=\dfrac{\frac{1}{S}P_x}{P_m}\right)$。

在一个由两国两种商品组成的模型中,本国生产商品 A,并向外国出口该商品;外国生产商品 B,并向本国出口该商品。假定商品 A 的价格为 100 本国货币单位,商品 B 的价格单位为 100 外国货币单位,两国货币的比价为 1:1,在基期本国的贸易条件为 $P_A/P_B = 1$ 或者 100%。在目标期本国 A 商品的价格上涨到 130 本国货币单位,且两国货币的比价和外国 B 商品的价格保持不变,此时本国的贸易条件从 100% 上升至 130%,即本国出口商品价格相对于进口商品价格上升了 30%,本国的贸易条件改善意味着同样的本国商品换回了更多的外国商品。这同时也表明外国的贸易条件从 100 恶化到(100/130)=77%。所以,一国的贸易条件还是另一国贸易条件的倒数。用公式来表示,贸易条件可以表示为 $\mathrm{TT}=\dfrac{P_A}{SP_B}$,其中 S 表示 1 单位外国货币等于 S 单位本国货币。以一个国家整体来看,TT 代表了出口一单位产品能够换回的进口品数量(或者是为换取一单位的进口品而需要出口的数量)。因此,TT 上升表示贸易条件改善,即出口一单位本国产品可以换回更多的外国产品,或者为换取一单位的外国产品而需要更少的出口。

如果将 P_A 替换为本国商品的价格 P_d,将 P_B 替换为外国商品的价格 P_f,该公式与实际汇率的公式之一 $Q=\dfrac{P_d}{SP_f}$ 非常类似。假定国内外商品价格水平保持稳定,本币的贬值将导致本国贸易条件的恶化,但会使得本币实际汇率贬值,刺激出口。

3. 实际汇率指数

为了对更长时间跨度的实际汇率进行分析,必须建立类似物价指数的实际汇率指数,此时往往简称为实际汇率,实际上它是一种指数。

如何来计算实际汇率的变化幅度呢？其公式如下：

$$\tilde{Q} = \frac{Q_1 - Q_0}{Q_0} = \frac{S_1 P_{f1}}{P_{d1}} \bigg/ \frac{S_0 P_{f0}}{P_{d0}} - 1 = \frac{(1 + \tilde{S})(1 + \pi_f)}{1 + \pi_d} - 1$$

其中：$\frac{S_1}{S_0} = 1 + \tilde{S}$，$\frac{P_{d1}}{P_{d0}} = 1 + \pi_d$，$\frac{P_{f1}}{P_{f0}} = 1 + \pi_f$

如果 π_d 的变化率很小，那么实际汇率的变化率则为

$$\tilde{Q} = \tilde{S} + \pi_f - \pi_d$$

其含义为外币对本币实际汇率的变化率等于外币对本币名义汇率的变化率加上两国通胀率之差。注意：由于这里采用的是直接标价法，因此计算的是基准货币的实际汇率变化幅度，而不是本币的实际汇率变化幅度。要计算本币实际汇率的变化幅度，或者某种货币的实际汇率指数，必须将本币或者该种货币置于等号前面基准货币的地位，即采用间接标价法下的汇率。下面通过一个具体的例子来说明（见表 1-3）。

表 1-3

周期	名义汇率 USD/CNY	人民币名义汇率指数	人民币物价指数	美元物价指数	人民币实际汇率指数
1	8.2796	100	100	100	100
2	8.0271	103	103	100	106
3	7.3518	113	103	103	113
4	7.0015	118	110	118	110
5	6.8328	121	130	125	126

在第 1 期，名义汇率 USD/CNY 为 8.2796，基准货币是美元 USD，标价货币是人民币 CNY，我们希望得到的是人民币名义汇率指数和实际汇率指数，因此必须求出间接标价法下的人民币兑美元的汇率，并以此作为基期汇价。从第 2 期开始，USD/CNY 的汇价发生变化，人民币的变化幅度是多少呢？根据前面的介绍，第 2 期人民币名义汇率指数为 103，具体的计算如下：$\dfrac{8.2796 - 8.0271}{8.0271} =$

103%。由于人民币物价指数较上期增加 3%,美元物价指数不变,因此人民币在第 2 期的实际有效汇率指数为:$\dfrac{103\% \times 103\%}{100\%} = 106\%$。

在第 3 期,USD/CNY 的汇价达到 7. 3518,人民币名义汇率的升值幅度达到 $\dfrac{8.2796 - 7.3518}{7.3518} = 113\%$。此时人民币物价相对于第 2 期没有发生变化,但是美元物价出现了 3% 的上涨。此时人民币的实际有效汇率指数为:$\dfrac{113\% \times 103\%}{103\%} = 113\%$。余下的同学们可以自己计算。

1.3.2　有效汇率

通常所说的汇率,主要是指名义双边汇率,事实上一国与其他许多国家存在经济交易,因而就存在若干种名义双边汇率。往往是本国货币对某些国家的货币升值,对另外某些国家的货币贬值,如何考察本国货币对外的整体升贬值态势呢? 这就要将本币与其他国家的双边汇率按照某一种指标进行加权平均,如进出口贸易额。

1. 名义有效汇率

所谓有效汇率,就是指某种加权平均汇率。它是一种货币相对于其他多种货币双边汇率的加权平均数。最常见的有效汇率是以贸易比重为权数,计算某国货币名义有效汇率的公式如下:

$$EER = \sum_{i=1}^{n} W_i S_i$$

其中:S_i 代表某国货币对 i 国的名义汇率(间接标价法),W_i 表示某国对 i 国的出口贸易权重,$W_i = \dfrac{X_i}{\sum_{i=1}^{n} X_i}$。当然,也可以是进口权重,$W_i = \dfrac{M_i}{\sum_{i=1}^{n} M_i}$,甚至还可以是以进出口总额为权重,$W_i = \dfrac{X_i + M_i}{\sum_{i=1}^{n} X_i + M_i}$。

以上仅仅是构造了当年某国货币的有效汇率,为了观察某国货币有效汇率的长期走势,必须构造有效汇率指数(见表 1-4)。因此,有效汇率也被视为一种汇率指数。

表 1-4　　　　　　　　　　人民币名义有效汇率指数的构成

时期	名义汇率指数 美元/人民币	名义汇率指数 欧元/人民币	名义汇率指数 日元/人民币	人民币名义 有效汇率指数
1	100	100	100	100
2	110	95	103	105.55
3	118	90	109	110.10
4	125	104	116	118.85
5	130	115	128	126.05

注:美元、欧元和日元的权重分别为 65%、25% 和 10%。

2. 实际有效汇率

以上介绍的是名义有效汇率(Nominal Effective Exchange Rate),为了能更综合地反映本国商品与服务的国际竞争力,IMF 等机构还编制了主要发达国家货币的实际有效汇率指数(Real Effective Exchange Rate)。实际有效汇率就是采用双边的实际汇率经过加权计算的汇率指数,实际上就是将名义有效汇率剔除本国与贸易伙伴国货币的通货膨胀率之后的汇率指数。计算公式如下:

$$REER = \sum_{i=1}^{n} W_i Q_i$$

其中:W_i 表示 i 国对某国的贸易权重;Q_i 代表某国货币对 i 国的实际汇率(间接标价法)。同样,W_i 可以表示为某国对 i 国的出口贸易权重,也可以是进口权重,抑或还可以是以进出口总额为权重。实际有效汇率的经济含义则是考察某国与其贸易伙伴国的商品与服务竞争力的比价,如果该比率上涨表示货币升值,反之则表示货币贬值。

图 1-6 给出的 1994 年 1 月—2008 年 12 月扣除通货膨胀差异的人民币 REER 走势。在 1994 年 1 月 1 日人民币进行了并轨改革,此后人民币汇率大体历经了亚洲金融危机之前的升值阶段、亚洲金融危机期间的逐步贬值阶段、"9·11"恐怖事件之后的逐步贬值阶段以及 2005 年 7 月 21 日人民币汇率制度改革的逐步升值阶段(这期间爆发了美国次贷危机并演变成全球金融海啸)。

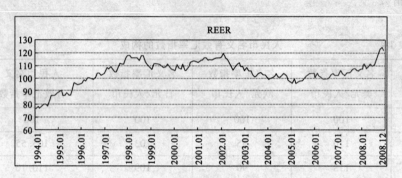

图1-6　1994.01—2008.12 扣除通货膨胀差异的人民币 REER 走势图

注：Monthly averages；2005 = 100。

资料来源：BIS。

本章小结

1. 广义意义上的外汇是以外币表示的可以用做国际清偿的支付手段和资产。狭义意义上的外汇只包括可用于国际清算的外国货币资产。

2. 双边汇率是两种货币的兑换比率，常用的标价法有直接标价法和间接标价法。严格来说，一种货币的升值幅度不等于另一种货币的贬值幅度。

3. 实际汇率是名义汇率经过价格调整后的汇率，最常见的表示方法是 $Q = S \cdot \dfrac{P_f}{P_d}$，其经济含义是两国商品的交换比率。实际汇率与价格贸易条件非常类似，如果本币实际汇率贬值，本国的价格贸易条件将恶化。

4. 有效汇率是一种货币相对于其他多种货币双边汇率的加权平均数，本质上是一种指数概念，它分为名义有效汇率和实际有效汇率。

关键术语

外汇　　双边汇率　　均衡汇率　　实际汇率　　有效汇率

思考题

1. 什么是双边汇率？什么是有效汇率？这两者的联系和差异是什么？

2. 何谓均衡汇率？Depreciation 和 Devaluation 的不同是什么？

3. 什么是实际汇率？它有几种表示方法？它与贸易条件的联系是什么？

4. 如果一国的实际有效汇率出现持续升值，其经济含义是什么？

第 2 章 开放经济下的国民收入与国际收支

与封闭经济(Closed Economy)不同,开放经济(Open Economy)是商品、劳动力和资本等生产要素跨越国界流动的经济。开放经济使得一国政府面临的约束条件增加了,不仅包括内部经济均衡目标,如经济增长、物价稳定和充分就业,而且增加了外部经济均衡目标,即实现国际收支均衡。内部经济均衡目标与外部经济均衡目标在一定经济条件下是统一的,然而在某些经济条件下则是相互冲突的。要认识到这一点,必须首先分析开放经济下的国民收入账户和国际收支账户。

2.1 开放经济下的国民收入核算

开放经济下的国民收入是如何决定的呢? 一国的国际收支与国民收入之间存在什么联系呢? 要了解这些问题,必须先分析封闭经济下的国民收入恒等式。

2.1.1 封闭经济下的国民收入恒等式

国民收入账户是进行宏观经济分析、理解宏观经济现象的基础。要理解开放经济的特征,首先要理解封闭经济下的宏观经济运行。在宏观经济当中,GDP 是最重要的宏观经济变量。GDP 被定义为一国在一定时期内(通常为一年)所生产的全部最终产品和服务的价值总和。考察 GDP 主要有三种方法:支出法、收入法和生产法。前两种方法在理论分析中常常用到。

在封闭经济下,根据支出法,GDP 可分解为私人消费(C)、私人投资(I)和政府消费支出(G)三个部分,即有:

$$Y = C + I + G$$

根据收入法,全部 GDP 即必然以工资、租金、利息或利润的形式成为各经济主体的收入。对于三部门经济(政府、企业和居民),所有这些国民收入必然可以分解为私人消费(C)、私人储蓄(S_p)和政府税收(T)。即有:

$$Y = C + S_p + T$$

由于两种衡量方法是等价的,因此有:

$$C + S_p + T = Y = C + I + G$$

化简后可得:

$$I = S_p + T - G$$

将上式中政府税收与支出之间差额定义为政府储蓄 S_g($S_g = T - G$),并且将国民储蓄 S 定义为 $S_p + S_g$,则有:

$$I = S$$

即在封闭经济下,国民储蓄与国民投资必然相等。

2.1.2 开放经济下的国民收入恒等式

在开放经济下,本国商品和服务不仅销售给本国居民,而且可以销售给外国居民;同时本国居民还可以购买外国商品和服务。前者为本国的出口 X,后者为本国的进口 M。这样本国的 GDP 就必须增加一项——国外净需求($X - M$)。开放经济下的国民收入恒等式可写为:

$$Y = C + I + G + X - M$$

用净出口 NX 表示国外净需求,它又称贸易项目差额,则上式变为:

$$Y = C + I + G + \text{NX}$$

在开放经济下,净出口与私人消费、私人投资和政府支出一样,是国民收入的重要组成部分。以上是从支出方来考察的。如果从国民收入的收入方来考察,那么仍然有

$$Y = C + S_p + T$$

经整理可以得到:

$$Y - C = I + G + \text{NX} = S_p + T$$

$$\text{NX} = (S_p - I) + (T - G)$$

$$NX = S_p - I + S_g = S - I$$

其中:政府部门的储蓄为 $S_g = T - G$。该等式表明在开放经济下本国对外贸易差额等于国内储蓄与投资的差额(私人部门的储蓄投资差额加上政府部门的收支差额),其经济含义为一国在一定时期内,假如投资大于储蓄,其缺口可以通过贸易逆差进行融资;反之,如果投资小于储蓄,则体现为贸易顺差,相当于为他国提供了融资。

有必要进一步区分国内生产总值(GDP)与国民收入总值(GNP)的差别,国内生产总值是基于国土原则核算的国民收入,而国民生产总值则是基于国民原则核算的国民收入。两者的差额为外国净收入(Net Income from Abroad, NY)和净转移支付(Net Current Transfer, NCT),前者主要体现为生产要素(劳动和资本)的净收入——职工报酬和投资收入,后者主要为经常转移净额,它表示本国向外国无偿捐赠或无偿提供其他实际资源与外国向本国无偿捐赠或无偿提供其他实际资源的差额。因此,GNP = GDP + NY + NCT(见图 2-1)。

$$GNP = GDP + NY + NCT = C + I + G + NX + NY + NCT$$

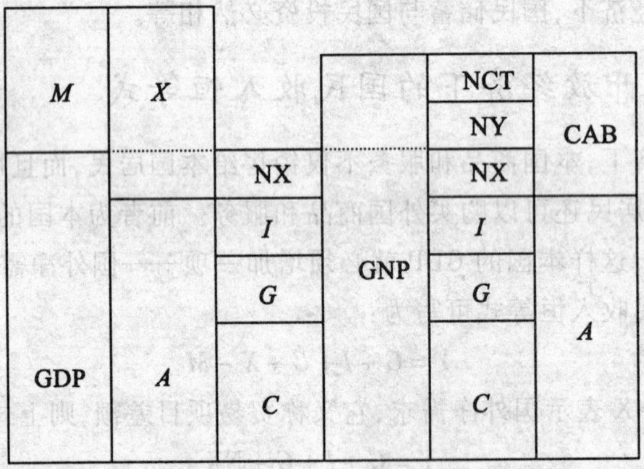

图 2-1　国民收入、吸收和经常项目的关系

本书是以 GNP 为对象展开分析的。将经常项目差额 CAB 被定义为 CAB = NX + NY + NCT,则 GNP = $C + I + G + CAB$。开放经济下,私人消费、私人投资和政府支出构成国内总支出,又可以称为国内吸收(Domestic Absorption),用公式表示为 $A = C + I + G$,那么开放经济下的国民收入恒等式又可以写为 GNP = $A + CAB$。

这表明在开放经济下的国民收入与国内支出的差额等于经常项目差额。当国民收入小于其国内支出时,一国必须通过进口外国商品与服务来满足国内支出的需要;反之,当国民收入大于国内支出时,一国可以将其多余的商品与服务出口到国外。因此,经常项目差额又可以反映为国民收入与国内支出(或国内吸收)的差额。

以上从不同角度对经常项目的宏观经济含义进行了分析。要强调的是,以上等式仅仅是恒等式(Identity),只能够说明上述变量之间的相互联系,不能就此说明各变量之间的因果关系(Causality)。然而,在理论研究当中,研究者基于不同的分析视角,赋予上面的等式不同的逻辑关系,从而得出了不同的结论。

2.2　国际收支与国际收支平衡表[①]

在开放经济下,国民收入核算最重要的关键性概念就是国际收支。什么是国际收支呢? 国际收支(Balance of Payments)是一国居民在一定时期内与外国居民之间各项经济交易的货币价值总和。国际收支平衡表就是对一定时期内一国国际收支的系统记录。对于这一概念,应该从以下几个方面来理解:

第一,国际收支是一个流量(Flow)概念。它是对一定时期内一个经济体与世界其他地方各项交易的系统记录,反映了居民与非居民之间的货物、服务和收入等方面的交易。

第二,国际收支(Balance of Payments)同支付(Payments)没有关系,而是同交易(Transaction)联系在一起。国际收支涉及的若干国际交易可能并不涉及货币支付,其中某些交易根本就无需支付。

第三,国际收支所记录的交易,包括以下四类。一是交换(Exchanges),即交易的一方向另一方提供一定的经济价值(包括金融资产和实际资源,如货物、服务和收入)并从对方得到价值相等的回报。二是转移(Transfers),即交易的一方向另一方提供了经济价值,但是没有得到任何补偿。三是移居(Migration),即一个人把住所从某一经济体搬迁到另一经济体的行为。移居后该个人原有的资产负债关系的转移会使得两个经济体的债权债务关系发生变化,这一变化也记录在国际收支当中。四是其他根据推论而存在的交易(Other Imputed Transac-

---

① 国际货币基金组织出版的《国际收支手册》(第五版)对国际收支平衡表的编制进行了详细的规定。本书根据该手册的内容对此予以介绍。

tions)。如外国直接投资者的收益再投资就是指外国直接投资者所获得收益部分没有汇回母国,继续留在东道国,这部分收益将通过资本化形成外国直接投资的一部分。虽然这不是当年东道国新吸引的外国直接投资,但是根据分析是显而易见存在的。

第四,国际收支所记载的经济交易主要发生于一国居民(Residence)与非居民之间①。判断一项经济交易是否应计入国际收支范围的依据不是国籍和国界,而是依据交易的双方是否分别为该国的居民和非居民。只有居民与非居民之间的经济交易才是计入国际收支的国际经济交易。不同于法律意义上的公民概念,居民是个经济学概念。在国际收支统计当中,居民指在一国的经济领土(Economic Territory)内具有一定经济利益中心(Center of Economic Interest)的经济单位。所谓经济领土,它不仅包括一国的地理领土,还包括在世界其他地方的飞地(Territorial Enclaves)(飞地是明确划分的地权,如大使馆、领事馆、军事基地、科学站、信息或移民办事处、援助机构等——经所在国政府的正式同意由本国政府拥有或租用,用于外交、军事、科学或其他目的)。经济领土还包括在海关控制下的自由区以及由离岸企业经营的保税仓库或工厂。所谓有经济利益中心的单位,是指该单位在某国的经济领土内在一年或一年以上的时间内已经大规模地从事经济活动或交易,或计划如此行事。对于某一经济体来说,居民主要由两大类机构单位组成:一类是家庭和组成家庭的个人,另一类是法定的实体和社会团体,如公司和准公司(国外直接投资者的分支机构)、非盈利机构和各级政府。例如,凡在一个国家内居住满一年及一年以上的个人,除官方外交使节、驻外军事人员外,无论什么国籍,均属该国居民。在一国领土上的外国使馆和联合国,均被当做该国的非居民。国际货币基金组织、世界银行等国际组织机构,是任何国家的非居民。

2.2.1　国际收支平衡表的记账规则

国际收支平衡表是按照复式记账法来记录国际经济交易的,因而每笔交易都是由两笔价值相等的账目来表示。其中一方称为贷方,冠之以数学符号"＋";另一方称为借方,冠之以数学符号"－"。因此借方总额和贷方总额是相

---

① 根据《国际收支手册》第五版的规定,不属于居民/非居民范畴的国际收支交易,包括居民部门之间可转让的金融资产的交换以及程度更低的非居民之间可转让的国外金融负债的交换。

等的。那么,各项交易是如何计入国际收支平衡表的呢?通常,计入贷方的项目包括:(1)实际资源的出口;(2)金融负债的增加或者金融资产的减少。计入借方的项目包括:(1)实际资源的进口;(2)金融资产的增加或者金融负债的减少。

此外,国际收支平衡表采用成交的实际市场价格作为交易计价的基础,同时采用权责发生制(Principle of Accrual Accounting)的原则确定交易的记录时间。这涉及两个关键问题:一是所有权的变化,二是交易价格的确定。

一旦商品与服务的所有权发生变化,债权与债务就随之出现。通常出口货物所有权的变更时间,是出口商停止在其账上把出口货物作为自己的实际资产(即他在账上记入销售)并在金融项目做相应的记录。进口货物的所有权变更的时间,是进口商在自己账上把货物列为实际资产(即他在账上记入购进)并在金融项目做相应的记录。

确定了所有权变化的原则后,那么按照什么价格来确定这笔交易呢?以货物的进出口为例,按国际货币基金组织的规定,货物的出口和进口价值均是在统一的计价点——出口经济体的海关关境——按照市场价值登记的,即按离岸价格(FOB)计价,这就是国际收支统计口径。请注意,海关关境(Customs Frontier)与一国的地理边界(National Boundary)有时候并不一致,它可以在一国国境的内部。例如,海关保税仓库(Customs Bonded Warehouses)、海关保税工厂(Customs Bonded Manufacturing Plants)和自由区(Free Areas)就在一国的国境内而不在其海关关境内。

2.2.2 国际收支平衡表的项目设置

编制国际收支平衡表的指导思想是将整个经济分为实体经济部分(Real Sector)和金融经济部分(Financial Sector)两个部分。前者主要反映商品和服务的生产与销售,后者主要反映金融资产或负债的变动情况。因此整个的国际收支就可以划分为两大类项目(通常也译做账户),一类是反映商品、服务、收入以及其他转移等实际资源流动的项目——经常项目(Current Account),另一个是反映与之相对应的资产或负债变化的项目——资本与金融项目(Capital and Financial Account)。按照复式记账法的原则,每个项目同时设置借方和贷方。每一笔国际经济交易的借贷双方要么同时反映在经常项目或者资本与金融项目当中,要么分别反映在这两个项目当中。

1. 经常项目

经常项目是指对实际资源的跨国流动进行记录的项目。经常项目的差额是核算某一经济体是否有净储蓄(储蓄减投资)的重要指标。当国内储蓄大于国内投资时,则该经济体产生了相对于其他各地的国外净资产;反之,则产生对外净债务。经常项目主要包括货物与服务、收入和经常转移三个子项目。

(1)货物(Goods)和服务(Services)

货物项目记录的交易包括一般商品、用于加工的货物、货物修理、各种运输工具在港口购买的货物以及非货币黄金。货物交易有时又称有形贸易(Visible Trade),它系统记录了一国的商品进出口情况,往往对一国国际收支的经常项目乃至整个国际收支的状况起着决定性作用。服务有时又称无形贸易(Invisible Trade)。此项目记录的内容较为复杂,包括运输、旅游、通信服务、建筑服务、保险服务、金融服务、计算机和信息服务、专有权利使用费和特许费等项目。近年来,服务项目下的收支状况对经常项目的影响日益加大。货物和服务项目的借方记录本国对货物与服务的进口额,而贷方记录本国对货物与服务的出口额。

(2)收入

收入项目包括居民与非居民之间的两大类交易:职工报酬(Compensation of Employees)和投资收入(Investment Income)。

所谓职工报酬,就是包括以现金或实物形式支付给非居民(如边界工人、季节性工人和其他短期工人)的工资、薪金或其他福利。投资收入反映资本与金融账户下各个子项目的投资收入与支出金额。如果从股权和债权的角度分,投资收入还可以区分为各种形式的股本收入(红利、分支机构的利润)和债务收入(利息)。收入项目的借方反映本国对外支付的职工报酬和投资收入,而贷方表示本国从外国得到的职工报酬和投资收入。

(3)经常转移(Current Transfer)

如前所述,转移是指向对方提供了经济价值,但是没有得到任何补偿的一种交易。在第五版《国际收支手册》当中,IMF 区分了经常转移和资本转移,后者在资本与金融项目中进行核算。经常转移分为两大类:各级政府和其他部门。各级政府转移包括如政府间经常性的国际合作或者政府与国际组织之间的合作。例如,政府间用于救济遭受饥荒等自然灾害以及战争折磨的民众的食品、衣物和医疗品以及对慈善、宗教科学文化组织定期的捐赠;政府间的军事援助、各国政府向国际组织每年或定期交纳的款项以及国际组织向各国政府定期提供的转移等。其他部门的转移不仅包括工人汇款(Workers' Remittances),而且包括居民与非居民之间的用于救济遭受饥荒等自然灾害以及战争折磨的民众的食品、衣物和医疗品以及对慈善、宗教科学文化组织定期的捐赠等。

经常转移包括扣除以下三项内容的全部转移:(1)固定资产所有权的转移;(2)同固定资产收买/放弃相联系的或以其为条件的资金转移;(3)债权人不索取任何回报而取消的债务,上述三项都属于资本转移。例如,债务减免(Debt Forgiveness),即某一经济体政府债权人正式与另一经济体的债务人实体达成协议,全部或部分减免债务,减免额则被视为债权人向债务人的资本转移。

该项目的借方反映本国向外支付的经常转移,而贷方反映本国从国外得到的经常转移。

2. 资本与金融项目

该项目分为资本项目和金融项目两个子项目。资本项目包括两个部分:其一,资本转移(Capital Transfers);其二,非生产、非金融资产收买/放弃(Acquisition or Disposal of Nonproduced, Nonfinancial Assets)的所有交易。资本转移的内容已经在上面介绍了。非生产、非金融资产收买/放弃的所有交易既包括同有形资产(土地和地下资产)相关的各种交易,也包括同无形资产相关的各种交易,如专利、版权、商标、经销权等,以及租赁和其他可转让合同。资本项目的借方表示本国对外的资本转移和非生产、非金融资产的收买/放弃;其贷方反映从国外得到的资本转移等内容。

金融项目是指某一经济体的国外资产和负债所有权变化的所有交易内容。它包括同世界其他地方双向债权的产生和清偿。其借方表示本国对外国资产的变化,贷方表示本国对外国负债的变化(也可以视为外国对本国的资产变化)。按照功能进行分类,金融项目主要包括四个子项目,即直接投资、证券投资、其他投资和储备资产。以上各项资产与负债所产生的投资收益(与支出)反映在经常项目下的收入子项目中。

除上述分类原则之外,金融项目还有下面两个分类原则。一个是按照投资的时间长度分为长期资本和短期资本,根据惯例将原始合同的有效期超过一年的投资称为长期投资,一年或短于一年的为短期资本。另一个是按照参与者的属性分为私人和官方两大类,后者又可以分为各级政府和货币当局及其他官方机构等。下面主要按照金融项目的功能分类来讲解。

(1)直接投资(Direct Investment)

29

直接投资是为了寻求对非居民企业的经营管理拥有有效控制权而进行的投资。直接投资可以进一步划分为股本投资(Equity Capital)、收益再投资(Reinvested Earnings)和其他资本(Other Capital)。IMF 规定拥有 10% 或者 10% 以上的普通股(Ordinary Shares)或投票权(Voting Power),就属于直接投资。

直接投资项目具体又分为本国在国外的直接投资和外国在本国的直接投资两个项目。本国在国外的投资项目的借方表示本国在国外的直接投资增加,而贷方表示本国从国外直接投资的撤资;外国在本国的直接投资项目的贷方表示本国吸收的国外直接投资,而借方表示国外到本国直接投资的撤资。

值得关注的是,直接投资所获得收入反映在经常项目的收入子项目下。具体来看,其股本收入包括已分配收入(红利和已分配的分支机构的利润)和用于再投资的收益和未分配的分支机构的利润。因此,如果一国吸引的外商直接投资规模(贷方)越大,将来收入项目下的支出额(借方)就越大,这构成了该国经常项目未来出现逆差的重要因素之一。对于企业用于再投资的收益部分,一方面记录在收入子项目的借方,另一方面又记录在直接投资项目的收益再投资子项目下的贷方。

(2)证券投资(Portfolio Investment)

证券投资是指购买非居民政府的长期债券和非居民公司的股票、债券等。证券投资的主要内容包括股本证券(Equity Securities)和债务证券(Debt Securities)。债务证券又可以分为长期债券、中期债券、货币市场工具和其他衍生金融工具。

(3)其他投资(Other Investment)

这是一个剩余项目,它包括所有直接投资、证券投资或储备资产未包括的金融交易,主要项目包括贸易信贷、贷款、回购协议(Repurchase Agreements)等。该项目的借方表示本国对外的其他投资,而贷方表示本国获得的其他投资。

(4)储备资产(Reserve Assets)

储备资产主要包括货币当局可以随时利用并控制的外部资产。其目的包括:为国际收支失衡提供直接融资,通过干预外汇市场影响汇率,以间接的方式调整国际收支失衡或达到其他目的。储备资产包括货币黄金、特别提款权、在基金组织的储备头寸、外汇资产(包括货币、存款和有价证券)和其他债权。该项目的借方表示本国国际储备的增加,而贷方表示本国国际储备的下降。

3. 净错误与遗漏(Net Errors and Omissions)①

除了经常项目和资本与金融项目这两大类项目外,国际收支平衡表还有一个项目——净错误与遗漏。从理论上讲,国际收支平衡表是按照复式记账法记录所有的对外经济交易,因此借贷双方应该是平衡的。然而,当把所有的项目加总之后,不可避免地将得到净的借方差额或贷方差额。形成这一差额的原因是多方面的,有的是由于统计资料来源的不一致,有的是由于人为因素(高报或低报进出口)等,造成了借贷双方的不平衡,因此就要人为地设置一个项目来平衡,这就是净错误与遗漏项目。如果其他项目加总的贷方总额大于借方总额,就在借方增加一个相同规模的差额,即净错误与遗漏项目借方差额。反之,为贷方差额。

这里需要注意的问题是,虽然净错误与遗漏项目最终表现为借方或贷方,但并不是说只有借方或贷方才有错误与遗漏,实际情况是借方和贷方都可能同时存在错误与遗漏,但无法准确记录,所以采用净差额来表示。一般而言,净误差与遗漏项目差额的绝对值过大会影响国际收支统计的可信度。通常国际上认为,净误差与遗漏规模占进出口贸易总值的 5% 以下是可以接受的。

通常来说,在正常情况下,国际收支平衡表中的净误差与遗漏项目的差额一般呈现正负交替的随机分布状态,既可能出现在贷方(为正值),也可能出现在借方(为负值)。不过,对于发展中国家和新兴转轨国家而言,净错误与遗漏项目的差额出现在借方往往表示本国出现了资本外逃,在贷方往往表示本国出现了热钱流入。

综上所述,国际收支平衡表大体将某一经济体对外的全部经济交易分为两大类,一类是和实际资源相关的经常项目,另一类是和金融资源相关的资本与金融项目,在资本与金融项目下,又可以分为私人部门和政府部门两类,前者主要包括资本项目和不含官方储备的金融项目,后者则是在金融项目下的官方储备。通常,经常项目和资本与金融项目无法平衡,需要人为设置一个项目来平衡,即净错误与遗漏项目。该项目往往被视为反映了私人部门的资本流出入状况。因此,该项目又可以和私人部门的资本与金融项目合并分析。简而言之,国际收支平衡表的分类可以用表 2-1 来描述。

---

① 在美国商务部经济统计局(U.S. Department of Commerce,Bureau of Economic Analysis)公布的国际经济交易(International Transactions)中,对净错误与遗漏项目采用统计误差(Statistical Discrepancy)来表示。

表 2-1 国际收支平衡表的子账户及关系

经济层面	项目分类	子项目	经济内容	经济部门
实体经济	经常项目	货物和服务	货物(有形贸易)	主要反映私人部门交易(政府间的经常转移、投资收入下的储备资产收入等除外)
			服务(无形贸易)	
		收入	职工报酬	
			投资收入	
		经常转移	各级政府	
			其他部门	
金融经济	资本与金融项目	资本项目	资本转移	
			非生产、非金融资产的收买/放弃	
		金融项目	直接投资	
			证券投资	
			其他投资	
			储备资产	官方部门
实体经济	净错误与遗漏	净错误与遗漏	净错误与遗漏	私人部门

【专栏】

2008 年中国的国际收支

2008 年我国国际收支经常项目、资本和金融项目呈现"双顺差",国际储备较快增长。2008 年我国国际收支经常项目顺差 4261 亿美元,同比增长15%。其中,按照国际收支统计口径计算①,货物项目顺差 3607 亿美元,服务

---

① 我国海关每年公布的对外贸易差额与国家外管局公布的贸易差额不一致,这是由于我国海关统计口径与国际收支统计口径存在差异问题。在我国,海关统计口径的进口货物按到岸价格(CIF)统计,出口货物按离岸价格(FOB)价值统计,到岸价比离岸价多了货物的运费、保险费和其他费用。

项目逆差 118 亿美元,收益项目顺差 314 亿美元,经常转移顺差 458 亿美元(见表 2-2)。

2008 年,资本和金融项目顺差 190 亿美元,同比下降 74%。其中,直接投资净流入 943 亿美元,证券投资净流入 427 亿美元,其他投资净流出 1211 亿美元。

2008 年年末,外汇储备资产较上年末增加了 4178 亿美元,达到 19460 亿美元。

表 2-2 　　　　　　　　**2008 年中国国际收支平衡表**　　　　单位:千美元

项目	行次	差额	贷方	借方
一、经常项目	1	426107395	1725893261	1299785866
A. 货物和服务	2	348870456	1581713188	1232842732
a. 货物	3	360682094	1434601241	1073919146
b. 服务	4	−11811638	147111948	158923586
1. 运输	5	−11911179	38417556	50328735
2. 旅游	6	4686000	40843000	36157000
3. 通信服务	7	59585	1569663	1510079
4. 建筑服务	8	5965493	10328506	4363013
5. 保险服务	9	−11360128	1382716	12742844
6. 金融服务	10	−250884	314731	565615
7. 计算机和信息服务	11	3086931	6252062	3165131
8. 专有权利使用费和特许费	12	−9748930	570536	10319466
9. 咨询	13	4605315	18140866	13535551
10. 广告、宣传	14	261668	2202324	1940656
11. 电影、音像	15	163322	417943	254622
12. 其他商业服务	16	2885059	26005857	23120798
13. 别处未提及的政府服务	17	−253890	666187	920076
B. 收益	18	31437960	91614872	60176912
1. 职工报酬	19	6400156	9136547	2736391
2. 投资收益	20	25037804	82478325	57440521
C. 经常转移	21	45798979	52565201	6766222

项　目	行次	差　额	贷　方	借　方
1. 各级政府	22	−181611	49205	230816
2. 其他部门	23	45980590	52515996	6535406
二、资本和金融项目	24	18964877	769876094	750911218
A. 资本项目	25	3051448	3319886	268439
B. 金融项目	26	15913429	766556208	750642779
1. 直接投资	27	94320092	163053964	68733872
1.1 我国在外直接投资	28	−53470972	2175785	55646757
1.2 外国在华直接投资	29	147791064	160878179	13087115
2. 证券投资	30	42660063	67708045	25047982
2.1 资产	31	32749936	57672404	24922468
2.1.1 股本证券	32	−1117368	3844800	4962168
2.1.2 债务证券	33	33867304	53827604	19960300
2.1.2.1 (中)长期债券	34	37563103	53827604	16264501
2.1.2.2 货币市场工具	35	−3695799	0	3695799
2.2 负债	36	9910127	10035641	125514
2.2.1 股本证券	37	8721011	8721011	0
2.2.2 债务证券	38	1189116	1314630	125514
2.2.2.1 (中)长期债券	39	1189116	1314630	125514
2.2.2.2 货币市场工具	40	0	0	0
3. 其他投资	41	−121066726	535794199	656860925
3.1 资产	42	−106074263	32563248	138637510
3.1.1 贸易信贷	43	5866953	5866953	0
长期	44	410687	410687	0
短期	45	5456266	5456266	0
3.1.2 贷款	46	−18501123	478305	18979428
长期	47	−6569000	0	6569000

续表

项　目	行次	差　额	贷　方	借　方
短期	48	−11932123	478305	12410428
3.1.3 货币和存款	49	−33528165	17715954	51244120
3.1.4 其他资产	50	−59911928	8502035	68413963
长期	51	0	0	0
短期	52	−59911928	8502035	68413963
3.2 负债	53	−14992463	503230952	518223415
3.2.1 贸易信贷	54	−19049071	0	19049071
长期	55	−1333435	0	1333435
短期	56	−17715636	0	17715636
3.2.2 贷款	57	3620979	442835925	439214946
长期	58	6724078	20129387	13405309
短期	59	−3103099	422706538	425809637
3.2.3 货币和存款	60	2702297	59226206	56523909
3.2.4 其他负债	61	−2266668	1168821	3435489
长期	62	−2236180	34976	2271156
短期	63	−30488	1133845	1164333
三、储备资产	64	−418978429	0	418978429
3.1 货币黄金	65	0	0	0
3.2 特别提款权	66	−7114	0	7114
3.3 在基金组织的储备头寸	67	−1190315	0	1190315
3.4 外汇	68	−417781000	0	417781000
3.5 其他债权	69	0	0	0
四、净误差与遗漏	70	−26093843	0	26093843

资料来源:《2008 年中国国际收支报告》。

2.2.3　国际收支项目差额的分析

国际收支平衡表是对某一经济体对外经济交易的系统记录。从该表中可以得到关于该经济体许多有价值的信息。由于国际收支平衡表是按照复式记账法来记录的,借贷双方的总额是平衡的,然而为什么会有国际收支顺差(逆差)的说法呢? 这是因为对于其中的各个项目或某几个项目的加总而言,借贷双方是不平衡的,其差额反映了一国经济运行的特征。

1. 贸易项目差额(NX)和经常项目差额(CAB)

贸易项目差额是指包括货物和服务在内的进出口差额,用 NX 来表示。经常项目包括贸易项目、收入项目和经常转移项目,经常项目差额(CAB)就是由这三个项目的差额加总而成,分别用 NX、NY 和 NCT 来表示。

$$CAB = NX + NY + NCT$$

一般来说,如果本国经常项目当年顺差,则表示让渡了本国的实际资源,说明国内投资小于国内储蓄,此时该国就处于贷款人(Lender)的地位;反之,如果本国经常项目当年出现逆差,则表示该国占用了他国的实际资源,说明国内投资大于国内储蓄,处于借款人(Borrower)的地位。这是从流量的角度来讨论的。

2. 资本与金融项目差额(KAB)

用 KAB 来表示资本与金融项目的差额,用 NKA 表示不包含储备资产在内的资本与金融项目的差额,储备资产的变化额用 RT 来表示。那么,有以下公式成立:

$$KAB = NKA + RT$$

用 NEO 来表示净错误与遗漏项目的差额,可以得到以下公式:

$$CAB + KAB + NEO = 0$$

其经济含义是经常项目差额、资本与金融项目差额和净错误与遗漏项目差额之和为零。如果忽略 NEO,可以得到 CAB + KAB = 0,即经常项目的顺差意味着资本与金融项目的逆差,反之,经常项目的逆差就意味着资本与金融项目的顺差。

如果要单独反映国际储备的影响因素,可以得到以下公式:

$$CAB + NKA = -RT$$

其经济含义是国际储备的变化来源于两个影响因素:经常项目差额、不包含储备资产在内的资本与金融项目的差额。所谓中国国际收支出现了"双顺差"，即经常项目顺差和不包含储备资产在内的资本与金融项目顺差，后者也通常被简称为资本项目顺差，这就导致了我国国际储备的大幅度上涨。

3. 净错误与遗漏差额(NEO)

如果要考虑净错误与遗漏项目的差额对国际储备的影响，可以得到以下公式：

$$CAB + NKA + NEO = -RT$$

其经济含义是国际储备的变化来源于三个影响因素：经常项目差额、不包含储备资产在内的资本与金融项目的差额和净错误与遗漏项目差额。请注意，RT前面的负号并不代表国际储备的减少，而是国际储备增加的含义(见图2-2)。

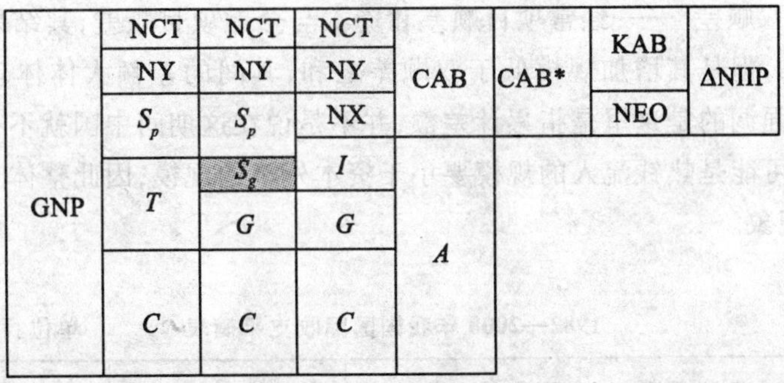

		NCT	NCT	NCT	CAB	CAB*	KAB	ΔNIIP
GNP		NY	NY	NY				
		S_p	S_p	NX			NEO	
	T	S_g	I		A			
		G	G					
		C	C	C				

图 2-2　储蓄、投资和经常项目、资本与金融项目的关系

注：图 2-2 中灰色区域为 S_g，$S_g + S_p = S = NX + I$，ΔNIIP 为净国际投资头寸增加额，CAB* 为外国经常项目差额。

必须区分两种情况，即自主性交易和调节性交易。所谓自主性交易(Autonomous Transactions)是指一国居民自主的或自发的为获取商业利润等动机而进行的交易；调节性交易(Accommodating Transactions)又称补偿性交易(Compensatory Transactions)，是指为调节或弥补自主性交易不平衡而进行的交易。自主性交易所产生的外汇收支并不必然相抵，由此可能导致对外汇的超额需求或超额供给，引起汇率的变动。自主性交易又称为线上项目(Above-the-line Items)的交易。当线上交易差额为零时就意味着国际收支实现了平衡；当线上项目出现了盈余或赤字时就意味着国际收支出现了顺差或逆差。此时，一国货币当局或是必须允许汇率变动,使自主性交易收支自动趋向平衡,或是必须运用调节性交易,向国外借款或增减外汇储备来弥补自主性交易收支不平衡所造成的超额外汇供给或需求,以维持固定的汇率。此时将调节性交易称为线下项目(Below-the-line Items)的交易。这就是说,在维持汇率固定的前提下,一国政府必须运用调节性交易(如动用官方储备或向外国政府、国际金融机构借款等)来弥补自主性交易的差额。因此一国国际收支失衡实际上指的是自主性交易不平衡。换言之,如果政府采用完全的浮动汇率制度,那么自主性交易的差额就可以为零,调节性交易的差额就不存在。

从1982—2008年,我国经常项目累计顺差15076亿美元,资本与金融项目累计顺差5944亿美元,净错误与遗漏项目累计逆差1357亿美元,储备项目累计顺差19662亿美元(见表2-3)。请注意,这里的储备项目差额是不包括在资本与金融项目之中的,因此上述四项之和为零。在这27年里,中国基本上保持国际收支的"双顺差"——经常项目顺差和资本与金融项目顺差,其结果导致储备资产的增加,但是其增加规模低于双顺差之和,其间的差额大体体现为资本外逃,不过要强调的是这里是指累计差额,并不是说在这期间中国就不存在热钱内流,而是很可能是热钱流入的规模要小于资本外逃的规模,因此整体上呈现出资本外逃的现象。

表2-3   1982—2008年我国国际收支平衡表   单位:百万美元

年份	经常项目	资本与金融项目	净错误与遗漏	储备资产
1982	5674	338	293	−6305
1983	4240	−226	128	−4142
1984	2030	−1003	−889	−138
1985	−11417	8971	6	2440
1986	−7034	5944	−958	2048
1987	300	6001	−1518	−4783
1988	−3802	7133	−957	−2374
1989	−4317	3723	115	479
1990	11997	3255	−3205	−12047

年份	经常项目	资本与金融项目	净错误与遗漏	储备资产
1991	13272	8032	-6767	-14537
1992	6401	-250	-8211	2060
1993	-11609	23474	-10096	-1769
1994	6908	32645	-9100	-30453
1995	1618	38674	-17823	-22469
1996	7243	39966	-15504	-31705
1997	36963	21016	-22122	-35857
1998	31472	-6322	-18902	-6248
1999	21115	5178	-17641	-8652
2000	20518	1923	-11748	-10693
2001	17401	34778	-4732	-47447
2002	35422	32290	7794	-75507
2003	45875	52726	18422	-117023
2004	68659	110660	27045	-206364
2005	160818	62964	-16766	-207016
2006	249866	10037	-12877	-247025
2007	371833	73509	16402	-461744
2008	426107	18965	-26094	-418978
合计	1507553	594401	-135705	-1966249

资料来源：国家外管局网站。

2.2.4 国际收支平衡表编制举例

以中国为例，列举"T"笔交易来说明国际收支的编制方法。

例 1. 一家中国公司向美国出口纺织品，中国出口商在美国的银行存款增加

100 万美元。此后向外汇指定银行结汇,后者将其出售给中国人民银行。中国的商品出口记贷方,国际储备增加记借方。

借:国际储备   100 万美元

  贷:货物出口   100 万美元

例 2. 中国钢铁企业从巴西进口铁矿石 200 万美元,并用在海外银行的银行存款进行支付。中国进口商品记借方,对外资产减少记贷方。

借:货物进口   200 万美元

  贷:其他投资   200 万美元

例 3. 中国游客去澳大利亚旅游,支付 15 万美元食宿等费用。中国游客用在招商银行的外汇存款进行支付。中国从外国得到的服务记借方,中国的金融机构对外负债增加记贷方。

借:服务   15 万美元

  贷:其他投资   15 万美元

例 4. 一家中国公司购进一家法国公司 20% 的普通股,价值 150 万美元,用其在海外银行的欧元存款支付。中国对外直接投资增加记借方,在海外金融资产的减少记贷方。

借:直接投资   150 万美元

  贷:其他投资   150 万美元

例 5. 某跨国公司到中国进行直接投资,用其价值 120 万美元的设备入股。中国吸收外国直接投资记贷方,同时中国进口的设备(货物)增加记借方。

借:货物进口   120 万美元

  贷:直接投资   120 万美元

例 6. 中国政府动用官方储备 40 万美元向印尼提供无偿援助,同时还提供相当于 60 万美元的食品药物援助。中国官方储备的减少记贷方,相当于 60 万美元的物品出口增加记贷方,中国政府对外国政府间的无偿援助记借方。

借:经常转移   100 万美元

  贷:官方储备   40 万美元

     货物出口   60 万美元

例 7. 某外国公司在中国投资获得利润 80 万美元,其中 60 万美元用于再投资,20 万美元汇回国内。外国公司在中国的投资利润记录在收入项目下的投资收入子项目下的借方,利润的再投资部分记录在直接投资项目下的收益再投资子项目,利润汇出记录在其他投资子项目下。

借:投资收入   80 万美元

  贷:收益再投资   60 万美元

    其他投资   20 万美元

现将上述各笔交易的有关数据编成一张国际收支平衡表,如表 2-4 所示。

表 2-4   **国际收支平衡表**   单位:万美元

项 目	借 方	贷 方	差 额
货物和服务	335	160	-175
货物	200(2)+120(5)	100(1)+60(6)	-160
服务	15(3)		-15
收入	80(7)		-80
经常转移	100(6)		-100
经常项目合计	515	160	-355
资本项目	0	0	0
金融项目	250	605	+355
直接投资	150(4)	120(5)+60(7)	+30
证券投资			
其他投资		200(2)+15(3)+150(4)+20(7)	+385
储备资产	100(1)	40(6)	-60
资本与金融项目合计	250	605	+355
净错误和遗漏项目	-	-	-
总 计	765	765	0

2.3 国际投资头寸表

国际投资头寸表是从存量角度反映一经济体与其他经济体之间的交易以及其他计价变化的系统记录。

2.3.1　国际投资头寸的含义

所谓国际投资头寸(International Investment Position,IIP),就是某一经济体的对外金融资产与负债的存量,这两者的差异就是净国际投资头寸(Net International Investment Position,NIIP)。若差额为正,该国为 Net Creditor;反之,差额为负,该国为 Net Debtor。国际投资头寸表是反映特定时点上一个国家或地区对世界其他国家或地区金融资产和负债存量的统计报表,它与反映交易流量的国际收支平衡表一起,构成该国家或地区完整的国际账户体系。构成这些头寸的项目包括对非居民的债权与债务、货币黄金及特别提款权。国际投资头寸的变动是由特定时期内交易、价格变化、汇率变化和其他调整引起的。国际投资头寸表在计价、记账单位和折算等核算原则上均与国际收支平衡表保持一致。如果说国际收支平衡表相当于企业的财务状况变动表,反映的是一国国际经济交易的流量情况;那么国际投资头寸表就相当于企业的资产负债表,反映的是一国的对外资产负债存量状况。

2.3.2　国际投资头寸表的项目设置及规则

1. 国际投资头寸表的项目设置

根据国际货币基金组织的标准,国际投资头寸表的项目按资产(Assets)和负债(Liabilities)设置(见表 2-5)。资产细分为本国对外直接投资(Direct Investment Abroad)、证券投资(Portfolio Investment)、其他投资(Other Investment)和储备资产(Reserve Assets)四部分;负债细分为来自海外的直接投资(Dir. Invest. in Reporting Economy)、证券投资(Portfolio Investment)、其他投资(Other Investment)三部分。净头寸是指对外资产减去对外负债。

直接投资:以投资者寻求在本国以外运行企业获取有效发言权为目的的投资,它分为资产方的本国对外直接投资(Direct Investment Abroad)和负债方的外国来本国的直接投资(Direct Investment in Reporting Economy)。

证券投资:证券投资包括股票、中长期债券、货币市场工具、金融衍生品等形式的投资。具体分为证券投资资产和证券投资负债两大类。每一类下面按项目品种又分为股权证券(Equity Securities)、债务证券(Debt Securities)和金融衍生品(Financial Derivatives)。

其他投资:其他投资也是按投资与负债来分类,然后按部门再次分类,即货币当局(Monetary Authorities)、各级政府(General Government)、银行(Banks)和其他部门(Other Sectors)。

  储备资产:指本国货币当局可随时动用和有效控制的对外资产,包括货币黄金、特别提款权、在基金组织的储备头寸和外汇。该项目与国际收支平衡表的储备资产项目一致。

表 2-5   **国际投资头寸**

	年初头寸	交易	价格变化	汇率变化	其他调整	年末头寸
资产						
本国对外直接投资						
证券投资						
股权证券						
债务证券						
金融衍生品						
其他投资						
货币当局						
各级政府						
银行						
其他部门						
储备资产						
负债						
外国来本国的直接投资						
证券投资						
股权证券						
债务证券						
金融衍生品						
其他投资						
货币当局						
各级政府						
银行						
其他部门						

资料来源:IMF,International Finance Statistics.

2. 国际投资头寸表的记账规则

国际投资头寸表主要反映两方面的变化:一是在一定时期内由于经济交易带来的资产与负债头寸的变化,二是反映在资产与负债项目由于现期市场价格变化带来的头寸变化,这里的价格是广义意义的,即不仅包括资产与负债本身的价格,而且包括由于汇率变化带来的价格变化,还包括由于其他因素带来的调整,如特别提款权分配/撤销所引起的变化、黄金货币化/非货币化所引起的变化,重新分类(如在股本额达到10%的分界线,证券投资项目转变为直接投资项目),债权人单方面取消债务等。

例如,在证券市场和外汇市场动荡的情况下,金融资产或负债的价格变化以及外汇折算成本币的汇价变化都对净投资头寸的变化非常关键,进一步说,即便是某一项资产或者负债在当期没有发生交易,但是如果由于该项资产或负债的市价发生了变化,国际投资头寸表也要反映这一事实。原则上,金融资产与负债都应该按现期市场价格来计价。例如,对于直接投资而言,如果直接投资企业资产负债表是采用现期市场价值的原则来记账,就可以采用其账面价值来确定各种直接投资存量的价值。如果直接投资企业采用的是按历史成本计价的方法,那么就不再符合国际投资头寸表的编制要求。因此,编制当局在采集数据之后,应当用当期市场价值来进行调整。

2.3.3 经常项目差额与国际投资头寸

如上所述,当某一经济主体入不敷出时,要么动用其积蓄,要么向他人借款,这将影响其对外资产或负债的状况。对于国家来说也是如此。当国内吸收超过国民收入,必然形成经常项目的逆差,这就会导致该国资产或负债存量状况的变化。换言之,收入支出差额(流量)的变化必然会导致对外资产负债(存量)的变化。反映某国在一定时点上对世界其他国家或地区资产或负债的状况就是国际投资头寸,净国际投资头寸就是对外金融资产存量减去对外金融负债存量后的净值。年度间经常项目差额的变化必然会带来净国际投资头寸的变化,用公式表示就是

$$CAB = NIIP - NIIP_{-1} = \Delta NIIP$$

如果一国长期保持经常项目的顺差,必然会带来净国际投资头寸的上涨;反之,持续的经常项目逆差,必然会降低净国际投资头寸的规模。对此的判断主要是基于存量角度来分析(这一公式没有考虑价格变化、汇率因素变化带来的国

际投资头寸变化)。以中国为例,中国长期的对外贸易顺差必然导致中国净国际投资头寸的增加。到 2008 年末,中国的国际投资净头寸达到 15190 亿美元(见表 2-6)。在本章专栏中,有美国国际投资头寸的相关内容(见表 2-7)。

表 2-6　　　　　　　　　中国国际投资头寸表　　　　　单位:亿美元

项目	2004 年	2005 年	2006 年	2007 年	2008 年
净头寸	2928	4226	6534	11619	15190
A. 资产	9299	12226	16881	23744	29203
1. 对外直接投资	527	645	906	1160	1694
2. 证券投资	920	1167	2652	2846	2519
2.1 股本证券	0	0	15	196	208
2.2 债务证券	920	1167	2637	2650	2311
3. 其他投资	1666	2157	2515	4265	5328
3.1 贸易信贷	670	900	1161	1399	1340
3.2 贷款	590	719	670	888	1071
3.3 货币和存款	323	429	474	723	1060
3.4 其他资产	83	109	210	1255	1857
4. 储备资产	6186	8257	10808	15473	19662
4.1 货币黄金	41	42	123	170	169
4.2 特别提款权	12	12	11	12	12
4.3 在基金组织中的储备头寸	33	14	11	8	20
4.4 外汇	6099	8189	10663	15282	19460
B. 负债	6371	8001	10347	12125	14013
1. 外国来华直接投资	3690	4715	6144	7037	8763
2. 证券投资	566	766	1207	1466	1612
2.1 股本证券	433	636	1065	1290	1440
2.2 债务证券	133	130	142	176	172
3. 其他投资	2115	2519	2996	3622	3637

项目	2004 年	2005 年	2006 年	2007 年	2008 年
3.1 贸易信贷	654	908	1040	1331	1141
3.2 贷款	880	870	985	1033	1030
3.3 货币和存款	379	482	589	785	910
3.4 其他负债	202	260	382	473	557

说明:1. 本表计数采用四舍五入原则。

2. 净头寸是指资产减负债,"+"表示净资产,"-"表示净负债。

资料来源:国家外管局网站。

2.3.4 国际投资头寸与外债头寸

某一经济体净国际投资头寸通常被用来分析截至某日为止相对世界其他地方而言该经济体对外金融资产与负债(External Financial Assets and Liabilities)的差额。对外金融资产包括债务工具(Debt Instruments)和股权(Shares and Other Equity)工具两大类;对外金融负债也是如此。

外债净头寸(the Net External Debt Position)是指外债总额(Gross External Debt)减去债务工具形式的对外资产(External Assets in the Form of Debt Instruments),其中外债总额是指在任意一时点上一国居民对非居民未偿付的契约性负债余额(Outstanding Contractual Liabilities)。

中国对外债实行规模管理,并对外负债进行较为详细的统计。截至 2008 年末,中国外债余额为 3746.61 亿美元(不包括香港特区、澳门特区和台湾地区对外负债)(见表 2-8)。其中,中长期外债余额为 1638.76 亿美元,比上年末增加 103.42 亿美元,增长 6.74%,占外债余额的 43.74%;短期外债余额为 2107.85 亿美元,比上年末减少 92.99 亿美元,下降 4.23%,占外债余额的 56.26%。我国外债余额分为登记外债和贸易信贷两部分。前者又分为国务院部委借入的主权债务、中资金融机构债务、外商投资企业债务、境内外资金融机构债务、中资企业债务和其他机构债务几个子项。据初步计算,2008 年我国外债偿债率为 1.78%,债务率为 23.69%,负债率为 8.65%,短期外债与外汇储备的比为 10.83%,均在国际标准安全线之内。

【专栏】

表 2-7　2000—2007 年美国国际投资头寸表

单位：百万美元

投资类型	2000	2001	2002	2003	2004	2005	2006	2007ᵖ
美国国际投资头寸[1]	-1330630	-1868875	-2037970	-2086513	-2245417	-1925146	-2225804	-2441829
金融衍生品净额[1]	...	...	...	...	...	57915	59836	83529
净国际投资头寸,不含金融衍生品	-1330630	-1868875	-2037970	-2086513	-2245417	-1983061	-2285640	-2525358
美国的海外资产	6238785	6308681	6649079	7638086	9340634	11961552	14381297	17639954
金融衍生品,以公允价值计价的总正值[1]	...	...	...	...	...	1190029	1238995	2284581
美国的海外资产,不包括金融衍生品	6238785	6308681	6649079	7638086	9340634	10771523	13142302	15355373
美国的官方储备资产	128400	129961	158602	183577	189591	188043	219853	277211
黄金[2]	71799	72328	90806	108866	113947	134175	165267	218025
特别提款权	10539	10783	12166	12638	13628	8210	8870	9476
在 IMF 头寸	14824	17869	21979	22535	19544	8036	5040	4244
外汇	31238	28981	33651	39538	42472	37622	40676	45466
美国政府拥有的除官方储备资产外的其他资产	85168	85654	85309	84772	83062	77523	72189	94471
美国信贷和其他长期资产[3]	82574	83132	82682	81980	80308	76960	71635	70015

续表

投资类型	2000	2001	2002	2003	2004	2005	2006	2007[P]
以美元标价的应收资产	82293	82854	82406	81706	80035	76687	71362	69742
其他[4]	281	278	276	274	273	273	273	273
美国的外币资产和美国的短期资产	2594	2522	2627	2792	2754	563	554	24456
美国的私人资产	6025217	6093066	6405168	7369737	9067981	10505957	12850260	14983691
按当前成本价计算的直接投资	1531607	1693131	1867043	2054464	2498494	2651721	2935977	3332828
外国证券	2425534	2169735	2076722	2948370	3545396	4329259	5604475	6648686
债券	572692	557062	702742	868948	984978	1011554	1275515	1478087
公司股票	1852842	1612673	1373980	2079422	2560418	3317705	4328960	5170599
由美国非银行机构申报的对外求偿权[5]	836559	839303	901946	594004	793556	1018462	1163102	1176027
美国银行申报的对外求偿权（不包括其他地方计算的部分）[6]	1231517	1390897	1559457	1772899	2230535	2506515	3146706	3826150
外国在美国的资产	7569415	8177556	8687049	9724599	11586051	13886698	16607101	20081783
金融衍生生品，以公允价值计算的总负值[1]	…	…	…	…	…	1132114	1179159	2201052
外国在美国的资产，不包括金融衍生生品	7569415	8177556	8687049	9724599	11586051	12754584	15427942	17880731

续表

投资类型	2000	2001	2002	2003	2004	2005	2006	2007ᵖ
外国在美国的官方储备	1030708	1109072	1250977	1562564	2011899	2306292	2825628	3337030
美国政府债券	756155	847005	970359	1186500	1509986	1725193	2167112	2502831
美国政府债券	639796	720149	811995	986301	1251943	1340598	1558317	1697365
其他	116359	126856	158364	200199	258043	384595	608795	805466
其他美国政府负债[7]	19316	17007	17144	16421	16287	15866	18682	24024
由美国银行申报的美国对外负债（不包括其他地方计算的部分）	153403	134655	155876	201054	270387	296647	297012	405707
其他外国官方资产	101834	110405	107598	158589	215239	268586	342822	404468
其他外国资产	6538707	7068484	7436072	8162035	9574152	10448292	12602314	14543701
按当前成本价计算的直接投资	1421017	1518473	1499952	1580994	1742716	1905979	2151616	2422796
美国政府债券	381630	375059	473503	527223	561610	643793	567885	734776
除美国政府债券外的其他证券	2623014	2821372	2779067	3422856	3995506	4352998	5372361	6132438
公司与其他债券	1068566	1343071	1530982	1710787	2035149	2243135	2824879	3299325
公司股票	1554448	1478301	1248085	1712069	1960357	2109863	2547482	2833113
美元现钞	205406	229200	248061	258652	271953	280400	282627	271952
由美国非银行机构申报的美国对外负债[8]	738904	798314	897335	450884	600161	658177	797495	959544

续表

投资类型	2000	2001	2002	2003	2004	2005	2006	2007[P]
由美国银行申报的美国对外负债（不包括其他地方计算的部分）[9]	1168736	1326066	1538154	1921426	2402206	2606945	3430330	4022195
备忘录：								
以市场价计算的美国海外直接投资	2694014	2314934	2022588	2729126	3362796	3637996	4454635	5147952
以市场价计算的外国在美国的直接投资	2783235	2560294	2021817	2454877	2717383	2817970	3293739	3523600

[1] 2005 年数据不可比反映了美国财政部增加了对金融衍生品的统计。

[2] 美国官方持有的黄金案市值计价。

[3] 还包括向国际金融机构已缴纳的资本金份额和在对外资助计划中对国外提供的资源（未来将会偿付）。不包括一次世界大战中未偿付的债务。

[4] 包括借款人按合同或者自主选择以其本币偿付或者以第三方货币偿付，或者是直接以物资或者服务偿付。

[5] 2003 年数据不可比反映了美国证券商申报的来源于非银行机构向银行申报机构或其海外母公司与资产支持商业票据相关的对外求偿权。2005 年

[6] 数据不可比反映了额外申报的此前未申报的美国金融中介对其来源于非银行机构向银行申报机构的资产的重新分类。

[7] 2003 年数据不可比反映了由美国证券经纪商申报的美国政府债券和其他美国政府官方安排的交易。主要是与军售合同相关的美国政府债务通过与外国官方机构的交易。

[8] 2003 年数据不可比反映了由美国证券经纪商申报的来源于非银行机构向银行申报机构的负债的重新分类以及因消除重记账的减项。

[9] 2003 年数据不可比较反映了美国证券商申报的来源于非银行机构向银行申报机构的负债的负债的重新分类。

注：有关这些数据的详细资料，请参阅 2008 年第 6 期 Survey of Current Business。

资料来源：美国商务部（经济分析局）

表 2-8　　　　　　　2001—2008 年中国长期与短期外债的结构　　　　单位:亿美元

项目	2001 年	2002 年	2003 年	2004 年	2005 年	2006 年	2007 年	2008 年
外债余额	1848.0	1863.3	208.76	247.49	281.05	3229.9	3736.2	3746.6
中长期外债余额	1195.3	1155.5	1165.9	1242.9	1249.0	1393.6	1535.3	1638.8
占比(%)	64.68	62.02	55.85	50.20	44.44	43.1	41.1	43.7
短期外债余额	652.7	70.78	92.17	123.21	156.14	1836.3	2200.8	2107.9
占比(%)	35.32	37.98	44.15	49.80	55.56	56.9	58.9	56.3

资料来源:国家外管局网站.

　　总而言之,净外债头寸仅考察对外金融资产与负债的债务工具方面,净国际投资头寸(NIIP)不仅反映了净债权与债务的变化,而且反映了股本(股本证券、直接投资以及收益再投资)的变化(见表 2-9)。

表 2-9　　　　　经常项目差额、国际投资净头寸、外债头寸差额的经济含义

		差额	
		+	−
流量角度	经常项目	本国让渡了实际资源(Lender)	本国占有了实际资源(Borrower)
存量角度	国际投资净头寸	本国拥有对外净金融资产(Net Creditor)	本国拥有对外净金融负债(Net Debtor)
	外债头寸	本国拥有对外净负债	本国拥有对外净债权

2.4　开放经济下的资金流量分析

　　前面几节分别从流量和存量角度对一国对外经济与金融交易进行了单独分析,接下来从资金流量核算的角度对上面的分析进行总结。在一个开放经济体当中,整个经济包括五个部门:私人部门、政府部门、银行部门、中央银行部门和外国部门。私人部门包括生产部门和家庭。政府部门包括一国中央政府、各级地方政府和政府的所有部门、机构。银行部门包括商业银行、储蓄银行和中央银

行之外的其他金融机构。中央银行部门指中央银行。外国部门包括所有非居民。

开放经济体同时存在六个市场：商品和服务市场、国内基础货币市场、国内银行存款市场、国内证券市场、外汇市场和外国证券市场。商品与服务市场包括由所有商品和服务交易（生产、交换和转移）构成的实际资源交换市场。该市场反映的是商品与服务流，那么其对应的就是资金流，这又可以分为国内基础货币市场、国内银行存款市场和国内证券市场。通常货币基础是中央银行的负债，包括硬币、钞票和商业银行在中央银行的存款。这里不具体涉及货币的口径问题，凡是不属于银行存款的金融资产就全部划入证券资产的类别当中。本国居民在与外国居民发生经济交易时，还会有外币金融资产的交易，这里进一步将其划分为外汇市场和外国证券市场。外汇市场没必要区分外币中的基础货币和银行存款。对外国证券市场的理解与对本国证券市场类似。

各个部门在相应的市场或者作为需求者，或者作为供给者，相互发生经济交易，这既包括实体经济的交易，又包括金融经济的交易。表 2-10 中每一行代表一个市场，每个市场的供给和需求必然相等，因此其差额为零。每列各项总和为零反映的是该列所表示部门的预算约束，即每一部门的收入和支出必然相等。请注意，这里是从事后的角度来考察的，即事后的总供给必然等于事后的总需求。这同时也是一个恒等式的概念，这不代表等式左右两侧存在因果关系。

表 2-10　　　　　　　　实体经济与金融经济的资金流量矩阵

市场　　　部门	私人 p	政府 g	商业银行 b	中央银行 c	非居民 f	合计
商品和服务市场	$I-S$	$G-T$	~	~	CAB	0
国内基础货币市场	ΔH_p	~	ΔH_b	ΔH^c	~	0
国内银行存款市场	ΔD_p	~	ΔD^b	—	ΔD_f	0
国内证券市场	ΔN_p	ΔN^g	ΔN_b	ΔN_c	ΔN_f	0
外汇市场	ΔR_p	~	ΔR_b	ΔR_c	ΔR^f	0
外国证券市场	ΔF_p	~	ΔF_b	ΔF_c	ΔF^f	0
合计	0	0	0	0	0	

注：上角标/下角标分别表示各部门作为各资产的发行/持有部门。

（本外币）金融资产持有量是个存量概念,但是本表考察的是在一定时期内的流量变化,因此采用"Δ"符号来表示金融资产的变化额度。上标表示所标的部门为该资产的发行部门(即供给部门),下标表示所标的部门为该资产的持有部门(即需求部门)。符号"～"表示这一项为空白,符号"–"表示这一项在逻辑关系上不存在。

2.4.1　各行的恒等式

第一行的恒等式为:$(I-S)+(G-T)+\mathrm{CAB}=0$

其经济含义为私人部门对商品与服务的超额需求和政府部门对商品与服务的超额需求(财政赤字)必然通过贸易赤字来补偿。第一行中第三列与第四列两项都为(～),这里假定银行和中央银行不参与商品与服务市场上的交易,只参与金融市场交易。

第二行的恒等式为:$\Delta H_p+\Delta H_b+\Delta H^c=0$

其中,H 表示国内基础货币,它由中央银行发行(ΔH^c),由私人部门(ΔH_p)和银行部门(ΔH_b)分别持有,前者为居民持有的现钞,后者为银行部门持有的库存现金和存款准备金。该行第二列和第五列两项为(～),分别假定政府不持有或发行基础货币,外国部门也不持有本国基础货币。

第三行的恒等式为:$\Delta D_p+\Delta D_f+\Delta D^b=0$

其中,D 表示本国银行存款,其含义为由本国银行部门发行的银行存款(ΔD^b)由私人部门(ΔD_p)和外国部门(ΔD_f)持有,ΔD_f 表示非居民的本币存款。第三行的横线表示中央银行不在银行部门持有存款。

第四行的恒等式为:$\Delta N_p+\Delta N^g+\Delta N_b+\Delta N_c+\Delta N_f=0$

其中,N 表示国内证券。假定只有政府部门发行国内债券(ΔN^g),该等式的含义为政府发行的国内债券的持有部门包括:私人部门(ΔN_p)、银行部门(ΔN_b)、中央银行(ΔN_c)和非居民部门(ΔN_f)。

第五行的恒等式为:$\Delta R_p+\Delta R_b+\Delta R_c+\Delta R^f=0$

其中,R 表示外汇,由非居民发行本国私人部门、银行部门和中央银行持有外汇。

第六行的恒等式为:$\Delta F_p+\Delta F_b+\Delta F_c+\Delta F^f=0$

其中,F 表示外国证券,由非居民发行,私人部门、银行部门和中央银行持有外国证券。中央银行持有的外汇(ΔR_c)和外国证券(ΔF_c)构成了外汇储备。

2.4.2　各列的恒等式

第一列的恒等式为：$(I-S)+\Delta H_p+\Delta D_p+\Delta N_p+\Delta R_p+\Delta F_p=0$

这是私人部门的预算约束。该式可以变形为：$S-I=\Delta H_p+\Delta D_p+\Delta N_p+\Delta R_p+\Delta F_p$。该式表明私人部门超额储蓄（假定该超额储蓄为正）的持有形式包括：基础货币（ΔH_p）、存款（ΔD_p）、国内债券（ΔN_p）、外汇（ΔR_p）和外国债券（ΔF_p）。等式右侧表示某一时期私人部门持有的金融财富的增加量。

如果在上式左右两侧同时增加一个负号，则可以变形为：$(I-S)=-\Delta H_p-\Delta D_p-\Delta N_p-\Delta R_p-\Delta F_p$。其经济含义为私人部门靠减少其持有的基础货币（$-\Delta H_p$）、存款（$-\Delta D_p$）、国内债券（$-\Delta N_p$）、外汇（$-\Delta R_p$）和外国债券（$-\Delta F_p$）的存量来为其超额投资提供资金。必须指出，以上各项并不必然全部为负，完全有可能出现各资产增量出现相反方向的变化，但必须符合预算约束，即其加总的和等于超额投资。

第二列给出的是政府预算约束：$G-T+\Delta N^g=0$

其经济含义为如果政府预算出现赤字，政府将发行政府债券来进行融资。这里没有考虑政府在中央银行存款的情况。

第三列是银行部门的资产负债表约束：$\Delta H_b+\Delta D^b+\Delta N_b+\Delta R_b+\Delta F_b=0$

其经济含义为不考虑的银行部门的资本金，银行部门的资产增量等于负债增量。具体来看，负债方为银行部门发行的银行存款 ΔD^b，资产方为银行部门在中央银行的存款（即基础货币 ΔH_b），银行部门持有的国内证券（ΔN_b），以及其持有的外汇（ΔR_b）和外国证券（ΔF_b）。由于以上各项符号均为正，因此在理解过程中需要注意。在银行部门的资产负债表中，将贷方项目符号通常记为正，借方项目符号通常记为负，由于借贷双方各自总和数量相同，但符号相反，因此有：Δ 资产 $+\Delta$ 负债 $=0$。换言之，贷方项目如 H_b 数量增加，表示 $\Delta H_b>0$，而 H_b 减少则表示 $\Delta H_b<0$。相反，借方项目如 ΔD^b 则为负，如果存款增加（D^b 数量增加）意味着此时 ΔD^b 为负，而存款减少（D^b 数量减少），意味着此时 ΔH_b 为正。

第四列是中央银行的资产负债约束：$\Delta H^c+\Delta N_c+\Delta R_c+\Delta F_c=0$

其经济含义为中央银行的资产等于负债。具体来看，中央银行负债方为其发行的基础货币（ΔH^c），资产方包括两大部分，一是其持有的国内证券（ΔN_c），二是其持有外汇（ΔR_c）和外国债券（ΔF_c），这两者构成中央银行的外汇储备。如果将银行部门的资产负债表和中央银行的资产负债表合并，就可以构成整个银行体系的资产负债表。

$$(\Delta H_b + \Delta H^c) + \Delta D^b + (\Delta N_b + \Delta N_c) + (\Delta R_b + \Delta R_c) + (\Delta F_b + \Delta F_c) = 0$$

对上式重新整理,其目的是希望得到外汇储备的影响因素:

$$(\Delta R_c + \Delta F_c) + (\Delta R_b + \Delta N_b + \Delta F_b + \Delta N_c) = -\Delta D^b - (\Delta H_b + \Delta H^c)$$

由第二行可以得到,$-(\Delta H_b + \Delta H^c) = \Delta H_p$,由第三行可以得到,$-\Delta D^b = \Delta D_p$ $+ \Delta D_f$,将中央银行持有的外汇和外国证券合计为外汇储备,即 $\Delta R = \Delta R_c + \Delta F_c$, 将本国中央银行持有的本国证券和商业银行持有的本国证券以及外币和外国证 券之和定义为 $\Delta Q = \Delta R_b + \Delta N_b + \Delta F_b + \Delta N_c$,这可以近似地理解为本国银行体系 持有的除了外汇储备之外的其他资产。将本国的货币供应量(增量)定义为本 国居民持有的现钞(ΔH_p)、银行存款(ΔD_p)和非居民持有的本国银行存款 (ΔD_f),即 $\Delta M = \Delta D_p + \Delta D_f + \Delta H_p$。可以得到以下恒等式:$\Delta M + \Delta R + \Delta Q = 0$,其 经济含义就是整个银行体系的负债方为货币供应量(增量为 ΔM),资产方对应 的是中央银行持有的外汇储备(ΔR)和整个银行体系持有的国内证券与商业银 行持有本外币资产(ΔQ)。

第五列是非居民部门的预算约束:$CAB + \Delta D_f + \Delta N_f + \Delta F^f + \Delta R^f = 0$

这是一国国际收支平衡表的约束条件。CAB 即为经常项目差额,ΔD_f 和 ΔN_f 为本国对外负债的变化(也可以理解为外国对本国资产的变化),ΔF^f 和 ΔR^f 为本国对外资产的变化。其经济含义为本国经常项目的差额必然带来本国对外 金融资产与金融负债的净变化,经常项目顺差会带来本国对外净金融资产的增 加,反之将会带来对外净金融资产的下降。

如果将第五行和第六行的恒等式带入上式,可以得到以下恒等式:

$$CAB + \{(\Delta D_f + \Delta N_f) - [(\Delta R_p + \Delta F_p) + (\Delta R_b + \Delta F_b)]\} = \Delta R_c + \Delta F_c$$

该等式进一步将本国对外金融资产与金融负债按照部门进行分类,其含义 为本国经常项目的差额等于本国私人部门和银行部门对外净金融资产的变化额 与中央银行外汇储备的变化额之和。

本章小结

1. 国民收入账户和国际收支账户是开放经济下宏观经济学必 不可少的分析工具。

2. 一国的国民生产总值(GNP)按照支出法计算,可以分为消 费、投资、政府支出和贸易项目差额;它与国内生产总值(GDP)的差 异是国外的净要素收入和净经常转移。GNP = GDP + NY + NCT =

$$C + I + G + NX + NY + NCT = C + I + G + CAB。$$

3. 国际收支是一国居民在一定时期内与外国居民之间各项经济交易的货币价值总和。它是一个流量概念。国际收支平衡表是根据复式计账法编制的国际收支的报表。它不仅反映本国实体经济的对外交易部分,而且反映本国金融经济的对外交易部分。

4. 国际收支平衡表包括三大项目,经常项目、资本与金融项目和净错误与遗漏项目。这三个项目的差额相加为零,即 $CAB + KAB + NEO = 0$。

5. 国际投资头寸是某一经济体的对外金融资产与负债的存量,这两者的差异就是净国际投资头寸,它是一个存量概念。外债净头寸是指以债务形式存在的对外负债总额减去的对外债权的差额,这也是一个存量概念。

6. 如果不考虑价格、汇率及其他调整因素,经常项目差额的变化必然会带来净国际投资头寸的变化,$CAB = NIIP - NIIP_{-1}$。如果一国长期保持经常项目的顺差,必然会带来净国际投资头寸的上涨;反之,持续的经常项目逆差,必然会降低净国际投资头寸的规模。

7. 从资金流量核算的角度,考察开放经济下的本国实体经济与金融经济,存在一系列均衡条件。

关键术语

国民收入　　国际收支　　经常项目　　资本与金融项目
经常转移　　净错误与遗漏　　国际投资头寸　　债权人
债务人　　外债头寸

思考题

1. 开放经济体系下的国民收入决定与封闭经济体系下的国民收入决定的差异体现在什么地方?其经济含义是什么?

2. 为什么说国际收支是一个流量概念?一国的国际储备是存量还是流量?一国国际储备的变化由什么因素决定?

3. 净错误与遗漏项目差额的经济含义是什么?在理论上,从长期来看,该项目差额应该处于什么状态? 如果一国外汇储备出现持续增长,在国际收支平衡表上应该用什么符号来表示? 请解释其经济含义。

4. 什么是国际投资头寸? 国际投资头寸表的设置与国际收支平衡表的设置有何相似之处? 两者的相互关系是什么? 请解释净国际投资头寸的含义,该头寸为正表示本国对外净金融投资头寸增加,为什么? 这与本国经常项目差额为正的关系如何?

5. 国际投资头寸、外债头寸和经常项目差额三者间的关系如何? 请详细解释。中国改革开放 30 年了,经常项目基本处于顺差状态,试分析中国是否利用了外国资源。

第 **3** 章 汇率决定理论（上）

汇率是货币间的兑换比率，这一比率是如何决定的？它又受哪些因素的影响？经济学家们从不同角度进行了研究，并形成了各种流派的汇率理论。本章及下一章将介绍几种有代表性的汇率理论。

3.1 金本位制下的汇率水平决定及波动

如果从人类社会货币制度的演进来看，全球范围内货币制度先后历经了金属货币时代、可兑换的信用货币时代和完全的信用货币时代。在金属货币时代，人类社会先后采用过银本位、金银复本位和金本位等不同的货币制度。这一时期各国货币之间的汇率是如何决定的呢？下面以金本位下的汇率水平决定及波动来进行解释。

金本位制度（Gold Standard System）是以黄金作为本位货币的货币制度，它具体包括金币本位制（Gold Coin Standard System）、金块本位制度（Gold Bullion System）和金汇兑本位制度（Gold Exchange Standard System）。英国是最早采取金本位制度的国家，它在1816年就实行这一制度。全球范围内金本位的繁荣时期是从19世纪70年代开始，到第一次世界大战之前。此后，由于黄金在全球范围内分布的不平衡，各国开始采取典型金本位的变形制度，即金块本位以及金汇兑本位制度。

3.1.1　金本位制度的主要特征

金本位制度有三个特征:自由铸造、自由兑换和自由输出入。所谓自由铸造,就是公民有权向政府要求将黄金铸造成金币,这保证了金币与贵金属——黄金之间的稳定;所谓自由兑换,就是银行券可以自由兑换成金币,保证了银行券价值的稳定;所谓自由输出入,就是各国之间的贸易差额最终用黄金来清算,保证了各国间货币汇率的稳定。

具体来说,在金本位时代,两国汇率水平的决定取决于两国货币的含金量,也就是所谓的铸币平价(Mint Parity)。例如,当时英国规定 1 英镑的重量为 123.27447 格令,成色为 22 开金,即含金量为 113.0016 格令(约 7.32238 克)纯金;美国政府规定 1 美元的重量为 25.8 格令,成色为 900‰,即含金量为 23.32 格令(约 1.50463 克)纯金。根据这两者的含金量,就可以确定英镑与美元的兑换比率,也就是铸币平价为 1 英镑等于 4.8665 美元。这决定了两国货币的兑换比率,但是市场上实际成交的汇率水平又是多少呢?市场上实际成交的汇率围绕铸币平价,并且在黄金输出入点(the Gold Transport Points)之间的范围内上下波动。

3.1.2　金本位下汇率的波动范围——黄金输出入点

什么是黄金输出入点呢?众所周知,在两国间输送黄金进行贸易结算,通常需要支付运输费、包装费、保险费等相关费用。在第一次世界大战之前,在英美两国之间黄金的运输各项费用为所送黄金价值的 6‰左右。换言之,运输 1 英镑黄金的费用为 0.03 美元。

当外汇市场上英镑的价格上涨到 1 英镑 4.8965 美元以上的水平(如 4.92 美元),对于美国进口商而言,购买 1 英镑黄金并且将其运到英国采用黄金结算的成本为 4.8665 + 0.03 美元,而没有贸易商愿意花 4.92 美元来买 1 英镑,因此这是英镑汇价上涨的最大幅度,也是美国的黄金输出点(the Gold Export Point),也是英国的黄金输入点(the Gold Import Point)。所以美国的英镑供给曲线 E_1ABCD 在汇率 1 英镑等于 4.8965 美元的水平上变得具有无限弹性,即呈现出水平状态(见图 3-1)。

当外汇市场上英镑的汇价下跌到 1 英镑 4.8365 美元之下的水平(如 4.82 美元)时,对于美国出口商而言,他们获得的 1 英镑如果兑换成黄金值 4.8665 美

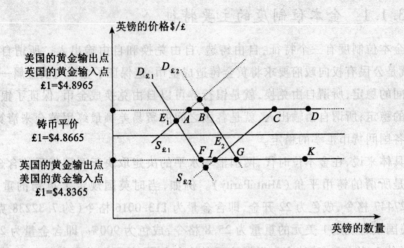

图 3-1　金本位下的汇率波动及黄金输出入

元,扣减运输黄金的费用 0.03 美元,最少也值 4.8365 美元,远高于 4.82 美元的水平。因此美国出口商更愿意以黄金的形式进行结算,英镑的供给在减少。简言之,4.8365 美元是美元汇率升值的最大值,此时美国的英镑需求曲线(E_1FIGK)在这一水平变得具有无限弹性(水平的),也是英镑汇率贬值的最大值,这既是美国的黄金输入点,也是英国的黄金输出点。E_1 点表示均衡汇价,此时没有黄金在两国之间的输出入,这也表示美国实现了国际收支平衡。

英镑需求曲线 $D_{£2}$ 和英镑供给曲线 $S_{£1}$ 相交的点落在黄金输出入点的区间之外,该点汇价大于 $£1 = \$4.8965$,因此汇价最高上升至该水平,但是英镑的需求水平为 B 点对应的数量,但是英镑的供给水平为 A 点对应的数量,因此美国需要向英国出口黄金规模为与英镑数量 AB 等值的黄金数量,此时美国出现国际收支逆差。同样,英镑需求曲线 $D_{£1}$ 和英镑供给曲线 $S_{£2}$ 相交的点,对应的汇率价格小于 $£1 = \$4.8365$,该点也落在黄金输出入点的区间之外,因此这是不可能实现的均衡价格。此时英镑的需求量为 F,英镑的供给量为 I,此时美国从英国输入黄金的规模为与英镑数量 FI 等值的黄金数量,此时美国出现国际收支顺差。

综上所述,金本位制度是一种固定汇率制度,但是汇率并不是完全的固定,而是有一定的波动范围。本国黄金输入点是本币升值的上限,外币贬值的下限;本国黄金输出点是本币贬值的下限,外币升值的上限。

3.2　购买力平价理论

购买力平价(Purchasing Power Parity,PPP)理论是国际金融理论中最有影响力的汇率理论之一。对购买力平价理论做出清晰阐述的是 20 世纪 20 年代瑞典斯德哥尔摩大学(Stockholm University)的经济学教授斯塔夫·卡塞尔(Gustav Cassel)。

卡塞尔认为,本国对外币的需求是一种引致需求(Derived Demand),是因为这些货币在外国市场上具有购买力,可以买到外国生产的商品和服务;外国之所以需要本币,则是因为本币在本国市场上具有购买力。因此,货币的价格取决于它对商品的购买力,两国货币的兑换比率就由两国货币各自具有的购买力的比率决定。购买力平价有两种形式:绝对形式的购买力平价(Absolute Purchasing Power Parity)和相对形式的购买力平价(Relative Purchasing Power Parity)。

3.2.1　绝对购买力平价

假设两国同一种商品差异很小,而且忽略运输费用和贸易关税等,可以认为在自由贸易条件下,该种商品无论在何地出售,折算成同一种货币计价的价格是相同的,这就是著名的一价定理(Law of One Price)的核心思想。按照一价定理,假设某种商品在美国卖 1 美元,在中国卖 7 元人民币,而外汇市场上现实的双边汇率为 1 美元等于 6 元人民币,那么有

$$P_d > SP_f$$

国际商品套购(Commodity Arbitrage)就是贸易商在美国买入这种商品并运到中国出售,即贸易商在美国以 1 美元的价格买入这种商品,运到中国出售,获得 7 元人民币,再按 1 美元兑换 6 元人民币的汇率换回 1.17 美元,1 个单位商品净赚 0.17 美元。上述活动将导致以下情况:不断地商品套购使得美国商品的供给减少,该商品在美国的售价 P_f 上升;中国商品的供给增加,该商品在中国的售价水平 P_d 不断下降;同时对美元的需求不断增加,导致美元汇率 S 不断上升。上述三个变量将同时发生变化,最终使得 $P_d = SP_f$。

如果将单个商品换成一篮子商品,并且假定两国的一篮子商品的构成相同,那么这就是绝对购买力平价的思想。绝对购买力平价是指在某一时点上,两国的一般物价水平之比决定了两国货币的兑换汇率。设 S 为直接标价法表示的名义双边汇率,P_d 为一篮子商品的本国物价水平,P_f 为一篮子商品的外国物价水

61

平,则有绝对购买力平价公式:

$$S = \frac{P_d}{P_f}$$

将上式变换,可以得到:

$$P_d = SP_f$$

以汇率 S 为横坐标,国内物价 P_d 为纵坐标,可以得到绝对购买力平价线。P_f 就是绝对购买力平价线的斜率(见图3-2)。该线的上方表示本国货币高估的区域,如 A 点;其下方表示本国货币低估的区域,如 B 点。

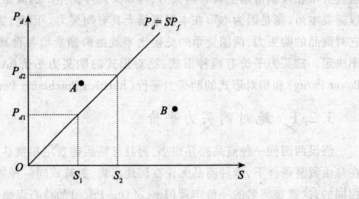

图3-2 绝对购买力平价线

根据绝对购买力平价理论,如果商品的外国价格上涨,即绝对购买力平价线的斜率扩大,要保持汇率固定,那么必然带来国内商品价格的上涨,如国内物价由 P_{d1} 上涨至 P_{d2} (见图3-3)。

同样,根据绝对购买力平价理论,如果要保持国内物价稳定,那么外国物价的上涨必然导致本币汇率从 S_1 升值到 S_2 (见图3-4)。

3.2.2 相对购买力平价

以上考虑的是绝对形式的购买力平价。然而,绝对形式的购买力平价在现实中比较难以成立,这是由运输费用、信息不完全以及关税和其他形式的贸易保护导致的。然而,经济学家们认为即使存在上述扭曲,作为绝对购买力平价的弱形式(Weaker Form)——相对购买力平价仍然成立。

如果令 π_d 和 π_f 分别表示 t 期本国和外国的通货膨胀率,则有:

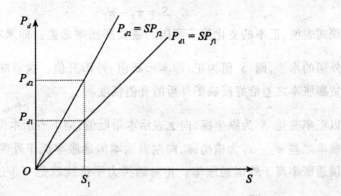

图 3-3　汇率固定下外国物价上涨对国内物价的冲击

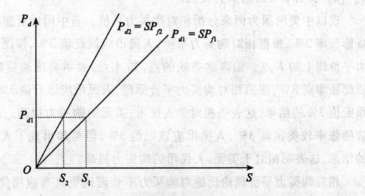

图 3-4　国内物价不变条件下外国物价上涨对本币汇率的冲击

$$P_{d_t} \Big/ P_{d_{t-1}} = 1 + \pi_d$$

$$P_{f_t} \Big/ P_{f_{t-1}} = 1 + \pi_f$$

其中，P_{d_t}、$P_{d_{t-1}}$ 分别为本国 t 时刻和 $t-1$ 时刻的物价水平；P_{f_t}、$P_{f_{t-1}}$ 分别为外国 t 时刻和 $t-1$ 时刻的物价水平。

由此可以得到：

$$\frac{S_t - S_{t-1}}{S_{t-1}} = \frac{\pi_d - \pi_f}{1 + \pi_f}$$

其中，$\dfrac{S_t - S_{t-1}}{S_{t-1}}$ 为汇率在 t 期的变化率，令其为 $\tilde{S}$，且当外国通胀率 π_f 不太高的情况下，上式可简化处理为：

$$\tilde{S} = \pi_d - \pi_f$$

该式表明,汇率的变化等于两国的通货膨胀率之差。如果本国通货膨胀率高于外国的水平,则 $\tilde{S}$ 值为正,即本币贬值,外币升值。这意味着,本国与外国的通货膨胀率之差恰好反映了外币的升值幅度。

以汇率变化 $\tilde{S}$ 为纵坐标,向上表示本币贬值,向下表示本币升值;本外币通货膨胀率之差 $\pi_d - \pi_f$ 为横坐标,向左表示本国通胀率低于外国通胀率,向右表示本国通胀率高于外国通胀率。相对购买力平价线就是一条过原点的45°线。

图的上半部分表示 $\tilde{S} > \pi_d - \pi_f$,即外币的购买力较强;图的下半部分表示 $\tilde{S} < \pi_d - \pi_f$,表示本币的购买力较强。

现以中美两国为例来分析相对购买力平价。若中国通货膨胀率高出美国通货膨胀率3%,根据相对购买力平价,人民币应该贬值3%,即图3-5中相对购买力平价线上的 E 点。偏离这条线的点,如 A 点,表示美国通货膨胀率较中国通货膨胀率高3%,按照相对购买力平价原理,人民币应该升值3%,但出现了人民币贬值2%的结果,这表明相对于人民币,美元的购买力提高。B 点表示中国通货膨胀率较美国高3%,人民币应该贬值3%,但是却出现了人民币升值1.5%的结果,这表明相对于美元,人民币的购买力提高。

相对购买力平价理论比绝对购买力平价理论更具有应用价值,因而更富有意义。它从理论上避开了"一价定律"关于绝对价格水平 P_d 和 P_f 的问题,着力分析其相对变化水平 π_d 和 π_f。相对购买力平价的政策含义也非常明显:本国通货膨胀率相对较高,那么本国货币就应该贬值。反之,如果本国物价涨幅相对较低,本国货币就应该升值。

然而,相对购买力平价在中美两国之间表现得如何呢?从2007年下半年到2008年上半年,就中美两国 CPI 和汇率水平分析,中国的 CPI 涨幅更高,但人民币兑美元出现了缓慢的升值,恰如图3-5中的 B 点。是什么原因导致了这一现象呢?同学们可以仔细思考。

3.2.3 巴拉萨—萨缪尔森效应

经济学家们发现存在这样一种现象:贸易品部门发达国家的劳动生产率高于贫穷国家的劳动生产率,同时发达国家的 CPI 水平也更高。为什么会出现这

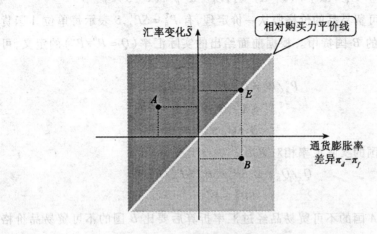

图 3-5　相对购买力平价线

一现象呢?巴拉萨和萨缪尔森在 1964 年还发现:发达国家非贸易商品与服务和贸易商品与服务的价格之比系统性地大于发展中国家的这一比率。为什么呢?

在前面的分析中,没有区分可贸易品(Tradable Goods)和不可贸易品(Nontradable Goods),笼统地考察一国物价总水平。那么什么是不可贸易品?所谓不可贸易品,就是价格差异无法通过国际贸易的套购活动而消除的商品和服务,主要包括不动产和服务等项目,如乘出租车、理发、宾馆住宿等项目。

1. 巴拉萨—萨缪尔森(Balasa-Samuelson)效应的推导

将商品区分为可贸易品和不可贸易品,并且假定可贸易品的价格服从一价定理 $P_d = SP_f$,不可贸易品由各国国内因素决定,那么相对购买力平价还可以做以下变形。具体推导如下:

假定 A、B 两国都生产贸易品(P_A^T 和 P_B^T)和不可贸易品(P_A^N 和 P_B^N),且两国贸易品所占的权数 α 相同;两国国内劳动力自由流动,因而一国国内各部门之间工资是均等化的($W_A^T = W_A^N$;$W_B^T = W_B^N$);在贸易品部门两国的劳动生产率存在差异,假定 A 国劳动生产率较高($X_A^T > X_B^T$),在非贸易品部门两国的劳动生产率相同($X_A^N = X_B^N$)。不论是贸易品还是不可贸易品,其价格为 $P = W/X$。

根据以上假定,有以下公式:

$$P_A^T = W_A^T/X_A^T ; P_A^N = W_A^N/X_A^N$$

$$P_B^T = W_B^T/X_B^T ; P_B^N = W_B^N/X_B^N$$

$$P_A = \alpha P_A^T + (1 - \alpha)\ P_A^N; P_B = \alpha P_B^T + (1 - \alpha) P_B^N$$

由于两国可贸易品的价格服从一价定理,有 $P_B^T = SP_A^T$,S 表示每单位 A 国货币等于 S 单位的 B 国货币。根据前面给出的实际汇率($Q = P^N/P^T$)的定义,可以得到

$$P_A^N/P_A^T = Q_A, P_B^N/P_B^T = Q_B$$

由于 $$X_A^T > X_B^T, Q_A > Q_B$$

$$Q_A/Q_B > 1$$

这表明 A 国的实际汇率相对更高。

根据 $$Q_A/Q_B > 1, SP_A^N/SP_A^T > P_B^N/P_B^T$$

$$SP_A^N > P_B^N$$

其含义为 A 国的不可贸易品经过汇率折算后要比 B 国的不可贸易品价格更高。

$$P_B = \alpha P_B^T + (1 - \alpha) P_B^N = \alpha SP_A^T + (1 - \alpha)\ P_B^N < \alpha SP_A^T + (1 - \alpha) SP_A^N = SP_A$$

$$P_B < SP_A$$

其含义是就一般物价水平而言,劳动生产率相对较高的 A 国,其物价要高于 B 国的物价水平($SP_A > P_B$)。这也意味着在发达国家,非贸易商品与贸易商品的价格之比要系统性地高于发展中国家的这一比率($Q_A/Q_B > 1$)。

2. 巴拉萨—萨缪尔森效应的政策含义

巴拉萨—萨缪尔森效应认为劳动生产率高的国家,其实际汇率更高。如果用该效应来解释近年来中国人民币汇率的升值,那么其主要原因就在于中国劳动生产率的快速上升。

巴拉萨—萨缪尔森效应还可以用来解释同一货币区内,不同的地区为什么物价水平会出现差异。在同一货币区内,不同地区的汇率恒久固定($S = 1$),由于各地可贸易品的劳动生产率存在差异,而不可贸易品的劳动生产率假定相同,要保持当前的汇率固定(也就是单一货币区始终成立),各地物价水平必须存在差异($P_A > P_B$)。

3.3　利率平价理论

所谓利率平价理论(the Theory of Interest Rate Parity),就是揭示利率与汇率之间变化关系的理论。国际经济领域的经验事实表明:这种密切关系是通过国

际套利性资金流动而产生的。如果说购买力平价理论主要分析汇率水平的长期变化趋势,则利率平价理论更多地是从短期内来分析汇率的变化走势。该理论的核心思想可追溯到 19 世纪下半叶,到 20 世纪 20 年代由凯恩斯等人予以完整的阐述。利率平价理论可以分为抵补的利率平价(Covered Interest Rate Parity, CIP)和非抵补的利率平价(Uncovered Interest Rate Parity, UIP)。

3.3.1　抵补利率平价理论

为了解释抵补利率平价理论,假定某投资者拥有一笔资金,他既可以在本国投资这笔资金,也可以在其他国家进行投资。同时假定资金的转移不存在任何限制和交易成本。

如果该投资者将这笔资金投资一年期存款,他既可以在本国投资,也可以在外国投资。后者则涉及汇率问题,即当他将本币资金兑换成外币(涉及即期汇率),投资一年后获得的本利和必须兑换成本币(该投资者事先按远期汇率卖掉其外币的本利和),其投资外币的最终收益与投资本币的收益相比较,如果前者更高,资金从本国流向外国;反之,资金从外国流向本国。当两者的收益相等时,资金不发生流动。这就是抵补利率平价理论的核心思想(见图 3-6)。

假定本国金融市场上一年期存款利率为 i_d,外国金融市场上一年期存款利率为 i_f,即期汇率为 S(直接标价法)。如果资金投资于本国,则 1 单位本币资金的本利和为:

$$1 \times (1 + i_d) = 1 + i_d$$

如果投资于外国金融市场,具体分为三个步骤:第一,必须先将 1 单位本币资金兑换成外币;第二,将外币在外国金融市场上投资于一年期存款;第三,将投资于外币的本利和按远期外汇汇率(F)兑换成本币。因此,1 单位本币资金投资于外国金融市场最终的收益为:

$$\frac{1}{S} \times (1 + i_f) \times F$$

如果 $1 + i_d = \frac{F}{S} \times (1 + i_f)$,市场上的资金流动将实现均衡。同学们可考虑如果投资者拥有 1 单位外国货币的情况。

将以上公式进行整理后,可以得到以下等式:

$$\frac{F}{S} = \frac{1 + i_d}{1 + i_f}$$

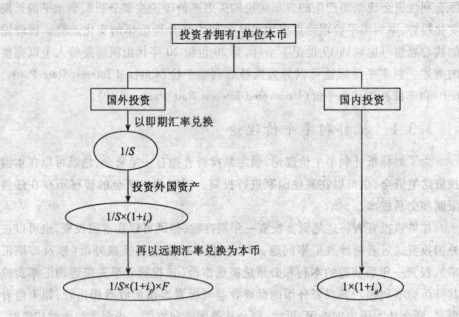

图 3-6 抵补利率平价理论的推导

$$\frac{F-S}{S}=\frac{i_d-i_f}{1+i_f}\approx i_d-i_f$$

因此,如果外国利率 i_f 较小,该公式的含义就是外币的升贴水率等于两国利差。具体来说,抵补的利率平价理论就是认为当本国利率较高时,本币远期贴水;当本国利率较低时,本币远期升水。如果令外币的升贴水率(($F-S)/S$)为 y,两国利差(i_d-i_f)为 x,抵补的利率平价就是过原点的 45°直线 $y=x$,这条直线又称为利率平价线(见图 3-7)。其中,横坐标向左表示外国利率高于本国利率,向右表示本国利率高于外国利率;纵坐标向上表示外汇升值,本币贬值;向下表示外汇贬值,本币升值。

请注意,抵补的利率平价理论揭示的是一种均衡状态,即在利率平价线上资金转移无法实现利润。利率平价线上面的区域,投资外国金融市场将获得利润,本国资本将流出,也就是资本外流区域;利率平价线下面的区域,投资本国金融市场将获得利润,外国资本将流入,也就是资本内流区域。具体来看,利率平价线、横坐标和纵坐标可以将整个平面分成 A、B、C、D、E 和 F 六个区域。

在 A 区,外币出现升水,本币利率高于外币利率。然而,外币的升水幅度要大于本币高于外币的利差幅度。此时如果按照 i_d 的价格借入本币到国外投资,

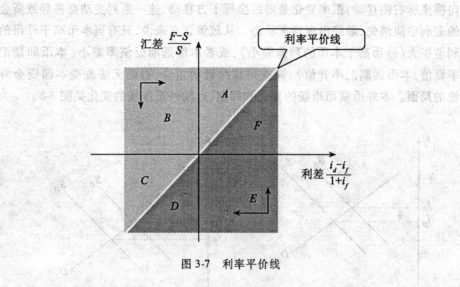

图 3-7　利率平价线

可以获得汇差收益,损失利差收益,但汇差收益要高于利差损失,投资者的最终收益为$(F-S)/S - (i_d - i_f)/(1+i_f)$,因此在这种状态下,本国资金会出现外流。

在 B 区,一方面远期外币出现升水,另一方面外币的利率要高于本币利率,此时借入本币在国外投资,不仅可以获得汇差收益,而且可以获得利差收益,其收益之和为$(F-S)/S + (i_f - i_d)/(1+i_f)$,而持有本币则会受到双重损失,在这种情况下,国内资金会大量转移至国外。

在 C 区,外币利率要高于本币利率,外币在远期出现贴水,但投资外币的利差收益要大于其汇差损失,其最终收益为$(i_f - i_d)/(1+i_f) - (S-F)/S$,仍然会出现国内资金转移至外国的现象。

在资本自由流动的情况下,处于 A、B 和 C 区域的利率与汇率组合点,将导致本国资金流向外国(也有可能是套利者借入本国资金然后投资外国),这必然造成本国资金供给的减少,由此导致本国利率 i_d 的上升(本国货币市场的变化),相应地,资金大量流入外国,导致外国利率 i_f 的下降(外国货币市场的变化);两国利率的上述变化使得利差扩大,即$(i_d - i_f)$上升。

与此同时,本国资金流向外国,对外币的即期需求增加,必然导致本币贬值,即 S 上升(即期外汇市场的变化);投资结束后,资金再流回本国,因而对本币远期需求增加,这将导致本币远期汇率的升值,即 F 下降(远期外汇市场的变化)。即期和远期汇率的上述变化使得汇差缩小,即$(F-S)$下降。因此,利差变化是向横坐标右侧移动,汇率变化是向纵坐标下方移动,这一系列变动必将导致资金的套利空间消失,最终出现均衡状态。从政策含义来说,只有当本币高于外币的利差扩大(外币高于本币的利差缩小),或者本币远期贬值率缩小(本币即期汇率贬值,本币远期汇率升值),抑或是这两者的组合,否则无法改变本国资金外流的局面。本外币货币市场的变化和即期、远期外汇市场的变化见图3-8。

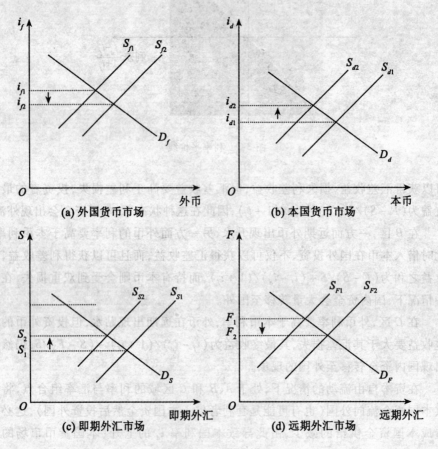

图 3-8　各市场的变化

在 D、E 和 F 区,资本流动所受的影响恰恰与 A、B 和 C 三个区域相反,但最终都表现为资本内流。就政策含义来说,只有当本币高于外币的利差缩小(外币高于本币的利差扩大),或者本币远期贬值率扩大(本币即期汇率升值,本币远期汇率贬值),抑或是以上方法的组合,否则将无法改变外国资金内流的局面

(见图 3-9)。

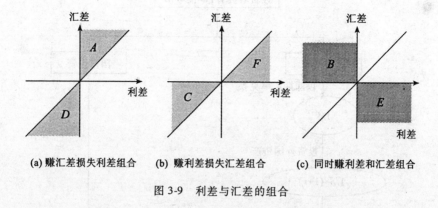

(a) 赚汇差损失利差组合　　**(b) 赚利差损失汇差组合**　　**(c) 同时赚利差和汇差组合**

图 3-9　利差与汇差的组合

3.3.2　非抵补的利率平价

如果经济主体对未来汇率的预期有相当的准确性,现在该经济主体要将一笔本币资金进行投资,可以在以下两个策略中进行选择(见图 3-10):

(1)投资国内资产,利率为 i_d。

(2)投资国外资产,即在即期外汇市场上以汇率 S 将本币兑换成外币,投资国外资产,假定利率为 i_f,在投资期结束后将外币本利和按照预期即期汇率 S^E 兑换成本币。

当以下公式成立时,这两种策略对投资者无差异。

$$1 + i_d = S^E / S \times (1 + i_f)$$

其中,S 为初始时刻的即期汇率,S^E 为下一时刻即期汇率的预期,i_d 和 i_f 分别为从初始时刻到下一时刻期间的本国利率和外国利率。

整理后可以得到:

$$\frac{S^E - S}{S} = \frac{i_d - i_f}{1 + i_f} \approx i_d - i_f$$

令 $\dfrac{S^E - S}{S} = \tilde{S}^E$(汇率的预期变化率),则 $i_d - i_f = \tilde{S}^E$

其经济含义为两国利率之差等于双边名义汇率预期变化率,这就是非抵补的利率平价。

国际金融学

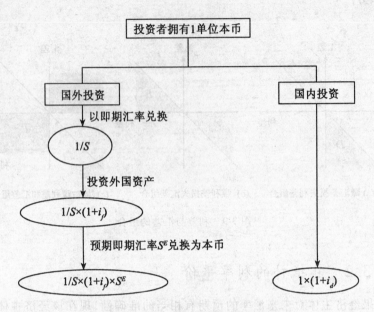

图 3-10　非抵补利率平价理论的推导

3.3.3　有交易成本的利率平价理论

以上套利分析没有考虑交易成本问题。所谓交易成本,在套利分析中主要是指外汇买卖的差价以及银行同业拆借市场上货币借贷利率间的差价。如果考虑上述交易成本问题,利率平价线就扩大为利率平价带。在利率平价带内,利率与汇率的组合点不论是使资金从本国流向外国还是从外国流向本国,都无法获利(见图3-11)。

如果考虑交易费用,如何判断套利的可能性呢?银行又应该如何报价才能够使得套利者无利可图呢?

假定货币市场:1年期美元和英镑的利率分别为

$$i_s = 5.5325 \sim 5.6675(\% \text{ p. a.})$$

$$i_\pounds = 2.7860 \sim 2.9040(\% \text{ p. a.})$$

外汇市场:GBP/USD = 1.2475/85,1年期的远期汇率应该是多少呢?

其中,5.5325%和2.7860%分别是银行报出的美元和英镑的存款年利率,5.6675%和2.9040%分别是银行报出的美元和英镑的贷款年利率。

在上述报价情况下,套利者的操作有两个方向,一种是将资金从英国转移至

72

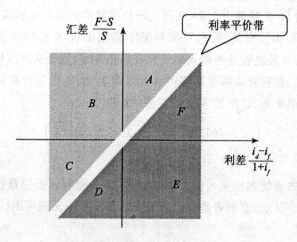

图 3-11　利率平价带

美国,另一种是将资金从美国转移至英国。

第一种情况:资金从美国转移至英国(见图 3-12)

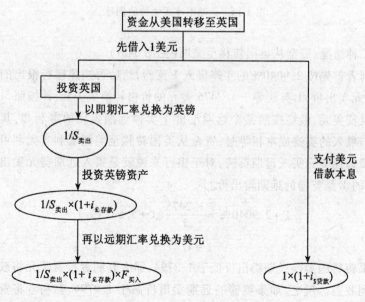

图 3-12　有交易成本的抵补利率平价理论的推导之一

套利者首先按 5.6675% 的年率借入美元,然后再按照银行报出的英镑卖出价(美元买入价)1 英镑等于 1.2485 美元的价格将借入的美元转换成英镑,并按照 2.7860% 的年率投资英镑,最终按照某个远期汇价 X 卖掉远期英镑的本利和,其投资英镑的最终收益与借入的美元成本相等时,资金从美国转移至英国套利者无利可图。套利者卖掉远期英镑买入远期美元,对于银行来说就是买入远期英镑卖出远期美元,这里的 X 就是英镑的远期买入价。

$$1 + 5.6675\% = \frac{X}{1.2485}(1 + 2.7860\%)$$

$$X = 1.2835$$

如果银行的英镑远期买入价大于 1.2835,那么套利者投资英镑将获得无风险的套利收益。反之,套利者将资金从美国转移至英国无利可图(见图 3-13)。

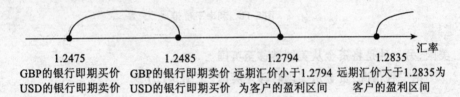

1.2475	1.2485	1.2794	1.2835	汇率
GBP的银行即期买价	GBP的银行即期卖价	远期汇价小于1.2794	远期汇率大于1.2835为	
USD的银行即期卖价	USD的银行即期买价	为客户的盈利区间	客户的盈利区间	

图 3-13　远期汇率买卖价的推导

第二种情况:资金从英国转移至美国(见图 3-14)

套利者首先按 2.9040% 的年率借入 1 英镑,然后再按照银行报出的英镑买入价(美元卖出价)1 英镑等于 1.2475 美元的价格转换成美元,并按照 5.5325% 的年率投资美元,最终按照某个远期汇价 Y 卖掉远期美元的本利和,其投资美元收益与借入的英镑成本相等时,资金从英国转移至美国套利者无利可图。套利者卖掉远期美元买入远期英镑,对于银行来说就是买入远期美元卖出远期英镑,这里的 Y 是英镑的远期卖出价。

$$1 + 2.9040\% = \frac{1.2475}{Y}(1 + 5.5325\%)$$

$$Y = 1.2794$$

如果银行的英镑远期卖出价低于 1.2794,那么套利者投资美元将获得无风险的套利收益。反之,如果英镑的远期卖出价高于 1.2794,套利者将资金从英国转移至美国将无利可图。

可以发现以上计算的英镑远期卖出价 1.2794 居然小于英镑的远期买入价

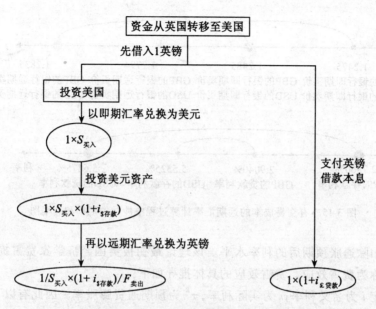

图 3-14 有交易成本的抵补利率平价理论的推导之二

1.2835,为什么会出现这种情况呢? 1.2794 到底是银行远期英镑的买入价还是卖出价呢? 请注意,根据前面的分析,英镑的远期汇价(F),在 $1.2794 < F < 1.2835$ 时,套利者无利可图。反之,在 $F > 1.2835$ 和 $F < 1.2794$ 的区间内,套利者都将有利可图。因此,1.2794 构成银行远期英镑的买价,而 1.2835 则构成银行远期英镑的卖价(见图 3-15)。在图 3-15 中,我们可以发现,银行远期外汇汇率的买价(卖价)通过银行即期外汇汇率的买价(卖价)得到,在利率的选择方面,则采用相互交叉的原则,选用一种货币的存款利率,则同时还会涉及另一种货币的贷款利率。

因此可以得到以下更为一般的公式:

$$F_{买入价} = \frac{1 + 标价货币的存款利率 \times n/12}{1 + 基准货币的贷款利率 \times n/12} S_{买入价}$$

$$F_{卖出价} = \frac{1 + 标价货币的贷款利率 \times n/12}{1 + 基准货币的存款利率 \times n/12} S_{卖出价}$$

3.3.4 实际利率平价

在分析实际利率平价之前,首先要介绍实际利率的概念。实际利率是指名

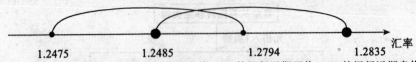

图 3-15　有交易成本的远期汇率计算过程中涉及的汇率和利率图

义利率扣除通胀预期后的利率水平。该理论最初被美国经济学家费雪提出,因此又被称为费雪效应。费雪效应的具体推导如下:

假定 i 为名义利率,r 为实际利率,π^E 为预期通货膨胀率。因此有以下公式成立

$$(1+i) = (1+r)(1+\pi^E)$$
$$i = r + \pi^E + r\pi^E$$
$$r = i - \pi^E$$

当实际利率 r 和预期通货膨胀率 π^E 均很小的时候,这两项的乘积就是高阶的无穷小,因此上式可以简化为 $i = r + \pi^E$。请注意,以上公式中的预期通货膨胀率 π^E 不可简化为通货膨胀率 π。这是因为通货膨胀率、预期通货膨胀率以及利率的时间跨度是不同的。名义利率通常是从现在时刻开始的未来一段时间内(比如说是一年)的利率,预期通货膨胀率也是从现在时刻开始的未来一段时间内(也假定为一年)的物价上涨率,而通货膨胀率则是从过去开始的某一时点到现在时刻(假定为过去的一年)的物价上涨率。换言之,名义利率、预期通货膨胀率和通货膨胀率的时间跨度是不同的。因此,预期通货膨胀率不可简化为通货膨胀率。

从两国的角度来看,则分别有 $r_d = i_d - \pi_d^E$ 和 $r_f = i_f - \pi_f^E$ 公式成立。两式相减后,可以得到以下公式:

$$r_d - r_f = i_d - i_f + \pi_f^E - \pi_d^E$$

由非抵补的利率平价理论可以得到 $i_d - i_f = \tilde{S}^E$,那么上式可以简化为

$$r_d - r_f = \tilde{S}^E + \pi_f^E - \pi_d^E$$

在相对购买力平价中有 $\tilde{S}^E = \pi_d - \pi_f$ 成立,进一步将预期因素考虑进去,则有 $\tilde{S}^E = \pi_d^E - \pi_f^E$,这一关系式又被称做事前购买力平价,因此可以得到 $r_d = r_f$。这就是实际利率平价,其经济含义是两国的实际利率相等意味着两国资本的边际产出相等。

如果将等式 $r_d - r_f = i_d - i_f + \pi_f^E - \pi_d^E$ 的右侧同时增加和减去汇率的预期变化率 $\tilde{S}^E$ 和远期升贴水率 $f(f = \dfrac{F-S}{S})$,$r_d - r_f = (i_d - i_f - f) + (f - \tilde{S}^E) + (\tilde{S}^E + \pi_f^E - \pi_d^E)$,那么等式右侧的三项分别为对抵补的利率平价的偏离、对远期汇率无偏估计的偏差和对事前购买力平价的偏离,如果这三个平价同时实现,那么实际利率平价成立。

在实际汇率概念的分析中,有公式 $\tilde{Q} = \tilde{S} + \pi_f - \pi_d$ 成立,其经济含义是实际汇率的变化率等于名义汇率的变化率与两国通胀率差的和。如果购买力平价成立,实际汇率变化率为零。该公式并没有涉及预期的因素,若考虑实际汇率的预期变化率公式,则有 $\tilde{Q}^E = \dfrac{Q^E - Q}{Q} = \tilde{S}^E + \pi_f^E - \pi_d^E$,又可以得到 $r_d - r_f = \tilde{Q}^E$,即两国实际利率之差等于两国实际汇率的预期变化率。

3.3.5　各种平价之间的相互关系

综上所述,货币的价格包括利率、通胀率和汇率。利率是货币的时间价值,它又可以再分为名义利率 i_d 和实际利率 r_d。反映货币与商品之间的比价的指标有两个,一个是绝对的物价水平 P,另一个是相对水平的 π(物价水平的变化率),这两者之间的关系是 $\pi = (P - P_{-1})/P_{-1}$。双边汇率是两国货币交换的比价,它又可以再分为名义汇率 S、实际汇率 $Q(Q = SP_f/P_d)$、预期汇率 S^E、远期汇率 F,双边汇率可以进一步扩展为有效汇率。

从时点和时间跨度来看,在 t 时刻两国货币的价格分别有双边名义汇率 S,当期绝对价格水平 P_d 和 P_f;在 t 到 $t+1$ 的时间段内,分别有两国利率 i_d 和 i_f;在 $t-1$ 到 t 的时间段内,分别有两国通胀率 π_d 和 π_f。同样,在 t 时刻,也有两国的预期通胀率 π_d^E 和 π_f^E,这反映从 t 到 $t+1$ 的时间段内物价的预期变化率。在 $t+1$ 时刻,有两国货币间的远期汇率 F,也有该时刻的预期即期汇率 S^E。

利率、通胀率和汇率这三个价格存在各种均衡关系,名义利率、即期汇率与远期汇率之间有利率平价理论(t 到 $t+1$ 的这段时间),名义汇率与两国物价水平之间有绝对购买力平价(反映在 t 时刻),名义汇率的变化率与两国通胀率之间有相对购买力平价($t-1$ 到 t 的这段时间)和事前购买力平价(t 到 $t+1$ 的这段时间)。在本国范围内,名义利率、实际利率与预期通胀率之间存在费雪效应(t 到 $t+1$ 的这段时间)。在两国范围内,有抵补的利率平价、对远期汇率的无偏估计和事前购买力平价同时成立,实际利率平价成立,反映的是两国实际利率相等的平价关系(t 到 $t+1$ 的这段时间),如表 3-1、图 3-16 所示。

表 3-1 　　　　　　　　　　　各种平价公式一览表

绝对购买力平价	$P_d = S P_f$
相对购买力平价	$\tilde{S} = \pi_d - \pi_f$
事前购买力平价	$\tilde{S}^E = \pi_d^E - \pi_f^E$
抵补的利率平价	$\dfrac{F-S}{S} = \dfrac{i_d - i_f}{1 + i_f} \approx i_d - i_f = f$
非抵补的利率平价	$\dfrac{S^E - S}{S} = \dfrac{i_d - i_f}{1 + i_f} \approx i_d - i_f$
费雪效应	$r = i - \pi^E$
实际利率平价	$r_d = r_f$

3.3.6　现代远期汇率理论

利率平价理论在现实当中难以解释远期汇率的变化,该理论把影响远期汇率的因素只归结于利率,实际上并不能完整地解释远期汇率的变化,由此引发了现代远期汇率理论诞生。现代理论将远期汇率看做由外汇市场上所有交易者的供给与需求共同决定。

1. 外汇市场上的交易者分类

在外汇市场上,所有的交易者分为三类:对冲者(Hedger)、套利者(Arbitrager 或 Arbitrageur)和投机者(Speculator)。

(1)外汇市场上的对冲者

所谓对冲者,又称为套期保值者,就是在进行外汇交易之前,已经有了外币

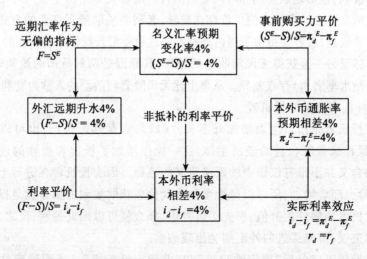

图 3-16　从 t 时刻到 $t+1$ 时刻的各种均衡关系

标价的远期资产或者负债头寸(Positions),由于担心外汇汇率变化使得上述资产或负债在折算成本币后发生不利的变化,因此采取一定的避险措施,锁定这笔远期资产或负债的本币价格,其目的是减少他们面临的风险。例如,某出口商有一笔 3 个月以后到期的 100 万美元收入,由于本币出现显著的升值趋势,他担心这笔外汇资产在将来出现缩水,因而事先卖出这笔远期外汇资产,以锁定到期的这笔外汇资产的本币价格。对于这位出口商而言,资产方有一笔未来到期的外汇资产,在进行外汇交易之后,增加了一笔远期到期外汇负债,因此此时其外汇净头寸(Net Position)为零。

　　注意这仅仅是消除了他的汇率风险,但并不是说这不会带给他收益或者损失。例如,如果外汇汇率急转直下,从升值态势转变为贬值态势,对于这位出口商而言,如果事先不卖出而是到期后再卖出外汇资产,那么他反倒可以获利。这是不是意味着这位出口商就不需要进行远期外汇交易呢?不是的,出口商进行了远期外汇交易,使得其外汇净头寸为零,消除了外汇风险。相反,不进行远期外汇交易,则必定存在外汇头寸,外汇汇率的波动必然增加了其折算成本币的风险。因此,如果用方差的概念来度量风险,对冲操作后的风险为零,而没有进行对冲操作的风险必定不为零,此时,他既可能盈利,也可能亏损。一般来说,对冲者主要是贸易商或者事先已有相应外汇头寸的交易者。

　　(2)外汇市场上的套利者

所谓套利,包括地点套利和时间套利两种。前者就是指由于某一外汇的汇价在两个或两个以上的市场上的报价存在差异,套利者采取低买高卖的方式获得无风险的差价收益;后者是指由于国内外利差与远期外汇升贬值率存在差异,将资金从一国转移至另一国获得无风险收益的操作,其原因是两种货币的盈利率(利率和汇率升贴水率之和)存在差异。从事上述无风险套利活动的人称为套利者。

(3)外汇市场上的投机者

外汇投机者是指以主动增加外汇头寸(既可以是外汇资产,也可以是外汇负债)的操作来获取收益的经济主体,这一操作增加了投机者面临的风险。这里投机的含义并不带有汉语中的贬义意义的色彩。因为投机者在进行上述操作后,其风险也随着增加,所以以风险增加为代价来获取盈利的操作就是投机。如果外汇投机者预测外汇升值,事先买进外汇,那么就可以因此盈利;反之,如果其预测出现失误,事先买进的外汇则会出现缩水。

投机操作可以分为"稳定性投机"和"非稳定性投机"。所谓稳定性的投机(Stablizing Speculation)是指当外汇贬值时买入外币,期待外汇在不久之后升值而获利;或者相反,当外汇升值时卖出外汇,到外汇贬值时再买回外汇而从中获利。稳定性的投机可以抑制汇率的过渡波动。所谓非稳定性的投机(Destablizing Speculation)是指外汇贬值时继续卖出外汇,或者是外汇升值时继续买入外汇。因此非稳定性的投机将加剧汇率的波动,从而对国际贸易和国际投资产生破坏性的影响。图 3-17 给出了不存在投机、稳定性投机和非稳定性投机三种情况对汇率的影响。横坐标表示时间,纵坐标表示外汇汇率。其中,不存在投机的情况下,汇率伴随着经济周期而产生波动;稳定性投机使得汇率波动变小;非稳定性的投机使得汇率波动增大。

2. 不同交易者在远期外汇市场上的操作

(1)对冲者在远期外汇市场上的操作

利用图 3-18 可以较清晰地解释对冲者的买卖操作(HH 曲线)。横坐标的左右两侧分别是卖和买的数量。纵坐标表示即期汇率和远期汇率水平。F^* 表示按照利率平价理论计算的远期汇率。$F^* = F$ 表示对冲者既不买进远期外汇,又不卖出远期外汇。根据利率平价理论,$F^* > S$ 表示本国利率高于外国利率,本币远期贬值,外币远期升值。如果 $S > F^*$,则表明本国利率低于外国利率,本币远期升值,外币远期贬值。同学们可以思考上述两种情况分别对应的是利率平价线的哪一部分。

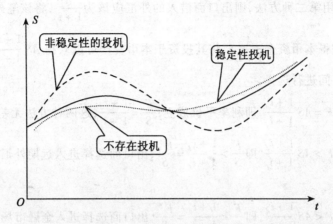

图 3-17 不存在投机、稳定投机和非稳定投机对汇率的影响

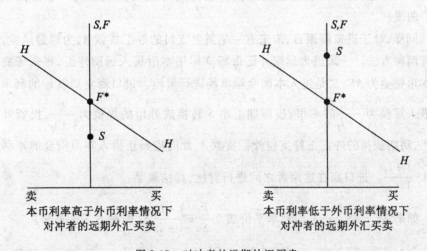

本币利率高于外币利率情况下
对冲者的远期外汇买卖

本币利率低于外币利率情况下
对冲者的远期外汇买卖

图 3-18 对冲者的远期外汇买卖

　　对冲者买卖远期外汇的曲线是过点 F^* 的向右下方倾斜的曲线。为什么这是一条向右下方倾斜的曲线呢? 对于出口商来说,为了规避汇率风险,在签订贸易合同时,他有两种选择方案。一种方案是进入远期外汇市场出售远期外汇,另一种方案是进入本国金融市场进行避险。具体过程是在金融市场上借入外汇资金并立即兑换成本币售出,将来以远期收到的外汇支付外汇贷款。如果应收外汇贷款规模为 A,则采用第一种方法立即出售远期外汇可以获得的本币资金为

AF；如果采用第二种方法，则出口商借入的外汇应该为 $\dfrac{A}{1+i_f}$，将该笔外币资金立即出售可获得本币资金 $\dfrac{A}{1+i_f}S$，将其投资于本币资产可以获得 $AS\dfrac{1+i_d}{1+i_f}$。出口商在这两者之间进行选择。

如果 $AF=AS\dfrac{1+i_d}{1+i_f}$，即利率平价成立：$\dfrac{F}{S}=\dfrac{1+i_d}{1+i_f}$，这两种方法无差异。

如果 $AF>AS\dfrac{1+i_d}{1+i_f}$，即 $\dfrac{F}{S}>\dfrac{1+i_d}{1+i_f}=\dfrac{F^*}{S}$，出口商选择进入远期外汇市场，卖出远期外汇。

如果 $AF<AS\dfrac{1+i_d}{1+i_f}$，即 $\dfrac{F}{S}<\dfrac{1+i_d}{1+i_f}=\dfrac{F^*}{S}$，出口商选择进入金融市场，不在远期外汇市场上进行操作。因此，出口商买卖远期外汇的曲线就是纵坐标左侧的 HF^* 曲线。

同样，对于进口商而言，未来有一笔需要支付的外汇货款 A，为规避风险，同样有两种方法。一是进入远期外汇市场立即用本币买入远期外汇，将来需要支付本币资金为 AF；二是进入本国金融市场进行避险。进口商立刻以 i_d 的利率水平借入规模为 $\dfrac{AS}{1+i_f}$ 的本币，按即期汇率 S 转换成外币的规模为 $\dfrac{A}{1+i_f}$，投资外币资产，到期获得的外汇正好支付外汇货款 A，此时应归还借入本币资金的本利和为 $AS\dfrac{1+i_d}{1+i_f}$。进口商在这两者之间进行对比，其结果是：

如果 $AF=AS\dfrac{1+i_d}{1+i_f}$，即利率平价成立 $\dfrac{F}{S}=\dfrac{1+i_d}{1+i_f}$，这两种方法无差异。

如果 $AF>AS\dfrac{1+i_d}{1+i_f}$，即 $\dfrac{F}{S}>\dfrac{1+i_d}{1+i_f}=\dfrac{F^*}{S}$，进口商选择进入金融市场，不在远期外汇市场上进行操作。

如果 $AF<AS\dfrac{1+i_d}{1+i_f}$，即 $\dfrac{F}{S}<\dfrac{1+i_d}{1+i_f}=\dfrac{F^*}{S}$，进口商选择进入远期外汇市场，买进远期外汇。因此，进口商买卖远期外汇的曲线就是纵坐标右侧的 HF^* 曲线。

综上所述，就远期外汇市场而言，在远期汇率 $F>F^*$ 的水平上，出口商将卖出远期外汇，其卖出的汇价高于按照利率平价理论计算的远期价格。在远期汇率 F 处于 $F<F^*$ 的水平上，进口商选择将买进远期外汇，其买进的价格低于按

照利率平价理论计算的远期价格。如此便形成了一条向右下方倾斜的曲线 HH。

（2）套利者在远期外汇市场上的操作

外汇市场上套利者对远期外汇的买卖又是如何操作的呢？外汇市场上套利者对远期外汇的买卖操作曲线也是一条过点 F^* 向右下方倾斜的曲线 AA。这里可以分两种情况来讨论：按照利率平价理论，如果本国利率高于外国利率，则会出现 $F^* > S$；反之，如果本国利率低于外国利率，则会出现 $F^* < S$。

①本国利率高于外国利率的情况下套利者在远期外汇市场上的操作。 在本国利率高于外国利率的情况下，按照利率平价原理，会出现 $F^* > S$，它表明本币远期贬值，外币远期升值。如果市场上的远期汇率出现 $F > F^*$，套利者在远期外汇市场上应该如何操作呢？ 在 $S < F < F^*$ 区间和 $F < S$ 区间又应该如何操作呢？

在 $F > F^*$ 区间，套利者应该卖出远期外汇，为什么呢？ 套利者卖出远期外汇的所得大于两国利差水平，即 $\frac{F-S}{S} > \frac{F^*-S}{S} = i_d - i_f$，套利者可以从中获利。完整地来看，套利者的操作是首先以 i_d 的利率水平借入本币，在外汇市场上按照即期汇率 S 卖掉本币，买进即期外汇，然后按 i_f 的利率水平投资外汇资产，并同时卖出这笔远期的外汇资产本利和。套利者将损失利差（由于本币利率高于外币利率 $i_d - i_f$），但是在远期外汇市场上按照低买高卖的原则可以获得汇差（$\frac{F-S}{S}$），并且汇差要大于利差。这种情况在利率平价理论的分析中出现过，它对应的是利率平价线上方的 A 区域，套利者将卖出远期外汇获利。

在 $S < F < F^*$ 区间，此时套利者面临的仍然是本币远期贬值，此时套利者应该如何操作才能够获利呢？ 套利者正确的做法是买进远期外汇。为什么呢？ 因为 $\frac{F-S}{S} < \frac{F^*-S}{S} = i_d - i_f$，所以套利者首先应该按 i_f 的利率水平借入外币资金，并按照即期汇率 S 买入本币，然后以 i_d 的利率水平投资本币资产，并同时将本币资产的本利和卖掉，买进远期外汇，归还当初借入的外币本利和。上述操作可以简单地归纳为借外币投资本币，赚利差（$i_d - i_f$）亏汇差，也就是卖掉远期本币的价格低于根据利率平价理论计算出来的理论值 F^*，买进远期外汇的价格要高于卖掉即期外汇的价格，按照低买高卖的原则，套利者在远期外汇市场上是亏损的（即实际上是高买低卖），但亏损的幅度要低于其盈利的幅度，整体上仍然是

盈利的。上述操作和盈利模式相当于在利率平价线下方 F 区的操作。

在 $S<F$ 的区间,套利者如何操作呢? 实际上套利者的操作与在 $S<F<F^*$ 区间的操作是一致的,也是借外币投资本币,不过其收益是不同的。具体来看,套利者不仅将由于本国利率高于外国利率而获得利差收入,还将获得汇差收入,这是由于在远期外汇市场套利者可以实现低买高卖(买进远期外汇的价格 F 低于其卖掉即期外汇的价格 S),这相当于利率平价线下方的 E 区。

综上所述,当本国利率高于外国利率的情况下,套利者在远期外汇市场上的操作是,当 $F>F^*$ 时,套利者卖掉远期外汇;当 $F<F^*$ 时,套利者买进远期外汇。如此便形成了一条向右下方倾斜的过点 F^* 的曲线 AA(见图 3-19)。

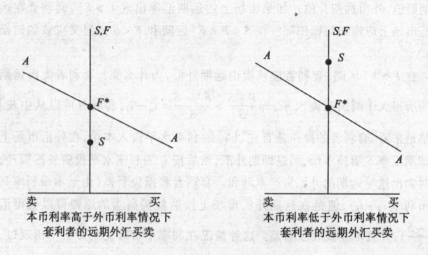

图 3-19　套利者的远期外汇买卖

②本国利率低于外国利率的情况下套利者在远期外汇市场上的操作。在本国利率低于外国利率的情况下,按照利率平价原理,意味着 $F^*<S$,即本币远期升值,外币远期贬值。如果市场上的远期汇率 $F>S$,套利者在远期外汇市场上应该如何操作呢? 在 $F^*<F<S$ 区间和 $F<F^*$ 区间又应该如何操作呢?

在 $F>S$ 区间,套利者应该卖出远期外汇,其操作方法是借本币投资外币,一方面本国利率相对较低,另一方面按照利率平价原理,本应该是远期汇率的理论价低于即期汇率,但结果是 $F>S$,因此套利者在外汇市场上低价买进即期外汇,高价卖出远期外汇,同时赚外币高于本币的利差。这与利率平价线上方的 B 区域操作模式相同。

在 $F^* < F < S$ 区间,套利者仍然应该卖出远期外汇,操作方法同上,但是所赚取的利润却有所不同。在该区间内,套利者赚取了外币高于本币的利差,但是在外汇市场上,尽管按照高于即期汇率的价格卖出远期汇率,但是这一卖出价低于根据利率平价原理确定的远期汇率的理论值,导致套利者在外汇市场上是相对亏损的,但是其利差收入大于这一亏损额,因此从整体上看套利者仍然是盈利的。这与利率平价线上方的 C 区域操作模式相同。

在 $F < F^*$ 区间,套利者应该如何操作呢?请同学们仔细思考。

由于对冲者曲线和套利者曲线都是向右下方倾斜的,将两者合并便可以形成 HA 曲线。对这两类交易者而言,在远期汇率 $F > F^*$ 的情况下,卖掉远期外汇;在远期汇率 $F < F^*$ 的情况下,买入远期外汇。要使得交易成立,就必须要有相应的交易对手方,这就是远期外汇市场上的投机者,此时要采取怎样的操作策略呢?

(3)投机者在远期外汇市场上的操作

投机者在远期外汇市场上的操作可以分为以下几种情况:其买卖均在远期外汇市场上进行;在远期外汇市场上买进,于交割日在即期外汇市场上卖出;在远期外汇市场上卖出,于交割日在即期外汇市场上买进。这里讨论后面两种情况。

S_t^E 为投机者预测的在未来 t 时刻的即期汇率。如果投机者预测 $S_t^E > F$,并且预测准确 $S_t^E = S_t$,那么他们将买入远期外汇,并在远期合约的交割日按合约的价格 F 买进外汇,同时在即期外汇市场上按照 S_t 的价格卖掉外汇,则可以从中获利。如果投机者预测 $S_t^E < F$,投机者则进行相反的操作,卖掉远期外汇并从中获利。如果投机者预测 $S_t^E = F$,则投机者不进行任何操作。因此,投机者在远期外汇市场上的买卖操作曲线是一条向右上方倾斜的曲线 SS(见图 3-20)。注意,此时横坐标的左侧是买入,右侧是卖出,与 HH 曲线和 AA 曲线所对应的横坐标含义完全相反。当远期外汇市场上的汇价 $F_1 > S_t^E$ 时,投机者将卖出 Q_1 数量的远期外汇;当远期汇率 $F_2 < S_t^E$ 时,投机者将买入 Q_2 数量的远期外汇。此时 S_t^E 与远期汇率的理论价 F^* 并不必然相等。

不过需要指出的是,不论是对冲者、套利者还是投机者,他们在远期外汇市场的操作都遵循同一个规律,即低买高卖,只是对冲者和套利者判断依据的是利率平价的理论值,而投机者判断的依据是对未来的预期值。

3. 远期均衡汇率的确定

远期汇率的现代决定理论认为,远期汇率是由对冲者、套利者和投机者对远

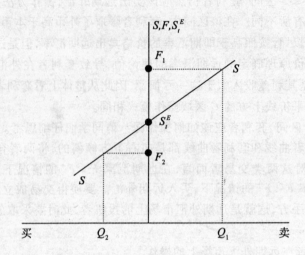

图 3-20　投机者在远期外汇市场上的操作

期外汇的供求共同决定的。在图 3-21 的左侧图(本币利率高于外币利率情况下)中,根据利率平价理论计算,即期汇率低于远期汇率($S < F^*$),本币未来贬值。然而,投机者预测未来 t 时刻的即期汇率 S_t^E 较低,不仅低于根据利率平价理论计算出来的远期汇率 F^*,而且低于即期汇率 S,说明投机者认为本币未来将会大幅度的升值。HA 曲线与 SS 曲线相交的点对应的汇价为 F',这就是远期外汇市场上的均衡汇价,它高于投机者的预期值 S_t^E,低于根据利率平价理论计算出来的理论值 F^*,此时套利者和对冲者买入 OO' 规模的远期外汇,投机者卖出 OQ' 规模的远期外汇,远期外汇的成交量为 OQ'。

在图 3-21 的右侧图(本币利率低于外币利率情况下)中,即期汇率高于远期汇率($S > F^*$),说明本币未来升值。不过,投机者却预测未来 t 时刻的即期汇率较高,不仅高于根据利率平价理论计算出来的远期汇率 F^*,而且高于即期汇率 S,说明投机者预测本币在未来会出现强烈的贬值。HA 曲线与 SS 曲线相交的点对应的汇价为 F'',这是远期外汇市场上的均衡汇价,它低于投机者的预期值 S_t^E,高于根据利率平价理论计算出来的理论值 F^*,此时套利者和对冲者卖出 OQ'' 规模的远期外汇,投机者买入 OQ'' 规模的远期外汇,远期外汇的成交量为 OQ''。

对以上两种情况的分析表明,均衡远期汇率都出现了偏离根据利率平价理论计算出来的远期汇率 F^*,这都是在投机者预期出现严重偏离的情况下。在正常情况下,不会有如此大的偏离。

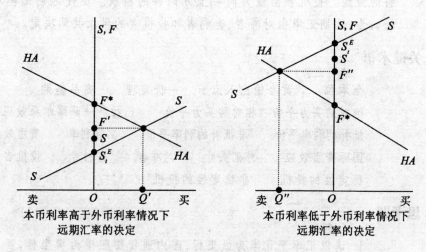

图 3-21　远期汇率的决定

本章小结

1. 金币本位是典型的固定汇率制度,金币本位下的汇率波动在黄金输出入点的范围内。

2. 一价定理就是在不考虑关税、运输和保险等费用的情况下,以不同货币计价的同一种商品在经过汇率折算之后,如果存在差异,可以通过商品套购实现价格的趋同。这就是绝对购买力平价原理。

3. 相对购买力平价就是两国汇率水平的变化率等于两国通货膨胀率的差异。巴拉萨—萨缪尔森效应解释了为什么发达国家的非贸易商品价格在经过汇率折算之后相对较高的原因。

4. 抵补的利率平价理论揭示了两国利率水平之差与外币的升贴水率之间的关系。非抵补的利率平价理论表明两国利率水平之差等于预期的汇率变化率。实际利率等于名义利率减去通货膨胀率的预期率。实际利率平价是两国实际利率相等。

5. 在外汇市场上,所有交易者分为对冲者、套利者和投机者三种。在远期外汇市场上,套利者曲线和对冲者曲线均为向右下方倾斜的曲线。投机者曲线为向右上方倾斜的曲线。现代远期汇率理论认为,远期汇率由对冲者、套利者和投机者的供求共同决定。

关键术语

金本位　　黄金输出入点　　一价定理　　商品套购

绝对购买力平价　相对购买力平价　　巴拉萨—萨缪尔森效应

抵补的利率平价　非抵补的利率平价　　实际利率　　费雪效应

国际费雪效应　　外汇头寸　　对冲者　　套利者　　投机者

稳定性的投机　　非稳定性的投机

思考题

1. 请以汇率变化率为纵坐标,国内通货膨胀率为横坐标,画出相对购买力平价线,标出本币高估的区域,并解释其理由。

2. 请推导巴拉萨—萨缪尔森效应,并解释巴拉萨—萨缪尔森效应的经济含义。

3. 什么是利率平价原理?请推导利率平价理论并画出利率平价线。使得套利资金可同时获得汇差和利差的区域是哪一块?

4. 何谓有交易成本的利率平价理论?请推导远期汇率的买入价和卖出价的决定公式。

5. 请解释为什么套利者曲线和对冲者曲线均向右下方倾斜。

6. 请画出本币利率高于外币利率情况下远期汇率的决定的套利者曲线、对冲者曲线和投机者曲线,并解释均衡点的经济含义。

第 **4** 章　汇率决定理论（下）

　　本章主要介绍汇率决定的资产市场分析法。20世纪70年代之后，外汇市场上的交易主要和国际资本流动有关，汇率的变化极为频繁，与股票价格的变化类似，汇率变化也非常易受预期因素的影响。这导致人们将外汇汇率视为一种资产价格，这一分析方法被统称为汇率决定的资产市场分析法。如果此前的汇率理论是基于国际收支流量的角度来分析，那么本章则主要是基于资产存量的角度来分析。

　　根据本币债券资产与外币债券资产可替代程度的不同，资产市场说可以分为货币分析法（Monetary Approach）和资产组合分析法（Portfolio Approach），但是资本完全流动是这两者的共同假定。本外币资产的完全可替代性意味着 $i_d = i_f + \tilde{S}^E$，不完全可替代性意味着 $i_d = i_f + \tilde{S}^E + \lambda$，其中 λ 是指风险溢酬（Risk Premuim）。货币分析法根据对商品价格弹性的不同假定，分为弹性价格货币分析法（Flexible-price Monetary Approach）和黏性价格货币分析法（Sticky-price Monetary Approach）。

4.1　弹性价格货币分析法

　　汇率的弹性价格货币分析法又被称为汇率的货币模型，其指导思想是将汇率视为货币的价格之一，该价格的高低由货币供应量（存量）的多少来决定。该模型假定本国债券与外国债券完全替代，因此这不仅意味着资本的完全自由流动，而且表明非抵补的利率平价成立。本国居民持有本国货币、本国债券和外国债券,外国居民不持有本国货币和本国债券。

4.1.1 模型的基本假设

在弹性价格货币分析法中,分析对象是一个小国,这意味着本国经济的变化无法影响其他国家的经济,其他主要假设条件包括:

(1)经济实现了充分就业,因此总供给是一条垂直的曲线,即 $y_s = \overline{y}$,这意味着总需求的变化只可能会影响物价水平。总供给曲线反映在以总收入为横坐标、国内物价为纵坐标的平面上就是一条垂线(见图 4-1)。

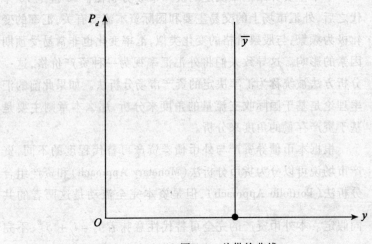

图 4-1 总供给曲线

(2)资本完全自由流动,因此非抵补的利率平价 $\tilde{S}^E = i_d - i_f$ 始终成立。

(3)购买力平价始终成立。

$$S = \frac{P_d}{P_f}$$

其中:S 为直接标价法下的外币价格,P_d 为本国物价水平,P_f 为外国物价水平。

购买力平价曲线反映在以汇率为横坐标和物价为纵坐标的平面图中就是一条过原点的45°线,在购买力平价线的上方反映的是本币高估,本国产品不具价格竞争力,在其下方是本币低估,本国产品具有价格竞争力。换言之,对于国际收支而言,购买力平价线的上方是国际收支逆差状态,下方是国际收支顺差状态。购买力平价线本身则是国际收支平衡状态。如果外国物价假定为1,那么购买力平价线就是一条过原点的45°线(见图4-2)。

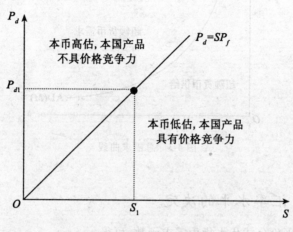

图 4-2　绝对购买力平价线

(4)货币需求函数根据货币数量论方程式确定。本国货币需求是实际国民收入和物价水平的函数,即剑桥方程式 $M_D = kP_d y_d$,其中:k 为马歇尔的 k,也就是货币需求相对于名义收入的比重;P_d 为本国价格水平;y_d 为本国实际国民收入。

同样,假设外国的货币需求函数为 $M_f = kP_f y_f$,并假设两国马歇尔的 k 相同。

(5)货币供给则是货币当局可以控制的外生变量,在货币市场均衡条件下,货币需求等于货币供给($M_d = M_s = M$)。

在以总收入为横坐标、国内物价为纵坐标的平面上,假定货币市场实现均衡($M_d = M_s = M$),这意味着物价水平与实际总收入之间存在反向的关系,即 $P_d = \dfrac{M}{ky_d}$,在该曲线的右侧表示超额货币需求,左侧表示超额货币供给。如果货币供应量增加,该曲线向右移动。同时,该曲线上的任何一点表示名义总收入($Y = P_d y_d = \dfrac{M}{k}$),因此该曲线又代表着商品的总需求(AD)。该曲线向右的移动也代表商品总需求的增加(见图4-3)。

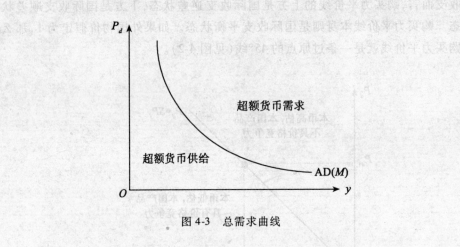

图 4-3 总需求曲线

4.1.2 汇率水平的决定

将购买力平价公式代入货币需求函数,可得:

$$S = \frac{M}{P_f k y_d}$$

其经济含义是汇率的影响因素包括:本国货币供给、本国实际收入和外国物价水平(这里假定 k 保持不变)。下面分析这些因素变动对汇率水平的影响。

1. 本国货币供给一次性增加的影响

假定其他因素不变,本国货币供给水平的一次性增加,会造成现有价格水平上(P_{d1})的超额货币供给和对商品的超额需求,公众将增加支出以减少其实际货币持有额。由于产出不变,增加的支出会使得物价上涨,直到实际货币余额(M/P)恢复均衡为止。换言之,本国货币供给的一次性增加不会增加产出,只会带来本国物价的上涨。

由于购买力平价始终成立,所以本国物价的上涨会带来本币的贬值。因此,本国货币供给一次性增加会导致本币的贬值(在图 4-4 中将购买力平价线进行了转置,不过其经济含义仍然是该曲线的上方是本币高估,本国产品不具价格竞争力,该曲线的下方是本币低估,本国产品具有价格竞争力)。

2. 本国国民收入增加的影响

假定其他因素不变,本国实际收入从 y_1 增加到 y_2,这意味着本国货币需求

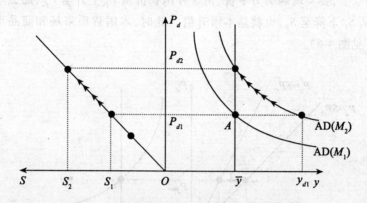

图 4-4　本国货币供给一次性增加对汇率的影响

的增加。由于货币供给没有相应的增加,只有通过本国物价水平的下降才能使得货币市场实现均衡($M = kP_{d1}y_{d2} = kP_{d2}y_{d1}$)。按照购买力平价要求,本国物价的下降必将导致本币的升值。

所以在货币模型中,当其他因素不变时,本国国民收入的增加将会带来本国物价的下跌,本国货币升值(见图 4-5)。

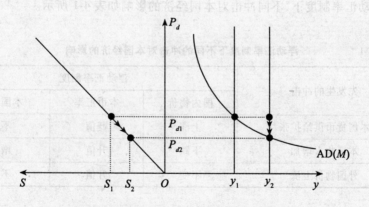

图 4-5　本国国民收入增加对汇率的影响

3. 外国物价上升的影响

外国物价水平上升时,意味着购买力平价线向纵坐标的方向移动,在初始物

价水平 P_{d1} 上,要实现购买力平价,由于外国物价从 P_{f1} 上升至 P_{f2},那么本币汇率必然是从 S_1 下降至 S_2,也就是本币升值。此时,本国货币市场和商品市场不发生变化(见图4-6)。

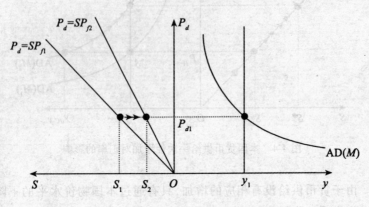

图4-6　外国物价的上涨对汇率的影响

在浮动汇率制度下,外国物价的上涨不会对本国物价产生冲击,也意味着本国货币政策具有独立性。

浮动汇率制度下,不同冲击对本国经济的影响如表4-1所示。

表4-1　　　　浮动汇率制度下不同的冲击对本国经济的影响

先发生的冲击	浮动汇率制度		
	国内物价	本币汇率	本国收入
本国货币供给扩张	上涨	贬值	不变
本国收入增加	下跌	升值	增加
外国物价上涨	不变	升值	不变

4. 本国利率上升的影响

以上分析没有明确考虑利率因素,如果要考虑利率因素,我们同样可以将其反映在以国民收入—价格的平面图当中,不过在这个二维平面图中利率并不直接反映出来。

对利率因素而言,收入水平一定时,利率(i)的上涨必然带来货币需求的下降,在货币供给不变的情况下,货币供给过剩。这同样意味着对商品的超额需求。因此,货币需求曲线向右移动。当利率上涨,在P_{d1}的价格水平上,产生超额商品需求($y_1 - \bar{y}$),在产出不变的情况下,逐渐产生通货膨胀,物价水平上升至P_{d2},在新的价格水平上,货币的超额需求逐渐消失,货币供求恢复均衡。由于本国物价上涨,在购买力平价作用下(外国物价假定不变),S 将上升,即本币汇率贬值。因此,本国利率上涨带来的是本币汇率的贬值(见图4-7)。

当然,如果要明确考虑利率因素,我们还可以采用凯恩斯学派的货币需求函数,即假定一国货币需求是利率、收入和价格的函数,货币需求方程为$\dfrac{M_d}{P_d} = Y_d^{\alpha}e^{-\beta i_d}$,对该式取对数后得到以下模型:$m_d = p_d + \alpha y_d - \beta i_d$。

其中:m_d、p_d 和 y_d 分别是以对数值表示的本国货币供给量、本国物价水平和本国实际收入;i_d 表示本国利率水平;α 和 β 分别为货币需求的收入弹性和利率半弹性(Semi-elasticity)。

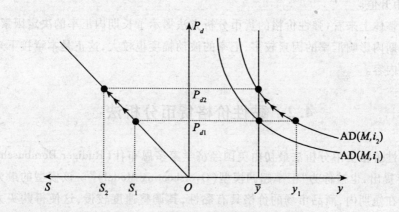

图 4-7　本国利率的上涨对汇率的影响

同理假设外国的货币需求函数为:

$$m_f = p_f + \alpha y_f - \beta i_f$$

并假设两国的货币需求的收入弹性和利率半弹性相同。

将两国货币需求函数相减,得到

$$m_d - m_f = p_d - p_f + \alpha(y_d - y_f) - \beta(i_d - i_f)$$

将购买力平价公式取对数可以得到:

$$s = p_d - p_f$$

其中,s 为直接标价法下外汇汇率的对数值,p_d 为本国物价水平的对数值,p_f 为外国物价水平的对数值。将其代入上式,可得:

$$s = (m_d - m_f) - \alpha(y_d - y_f) + \beta(i_d - i_f)$$

其经济含义是汇率的影响因素包括:两国货币供给、实际收入和利率水平的差异。显然,在上述模型中,本国货币供给一次性增加和本国国民收入的增加对本币汇率的影响方面其效果是相同的。

在包含利率因素的货币模型中,本国利率(i_d)的上升会降低货币需求,在原有的价格水平和货币供给水平上,形成超额货币供给,这将导致支出的增加。在垂直的总供给曲线约束下,这会导致物价的上涨,由购买力平价会导致本币的贬值($s\uparrow$)。

在这一点上,弹性价格货币分析理论的观点与人们的经验观念正好相反。通常认为,本国利率上升会吸引外资流入,使本国出现国际收支顺差,从而使本币升值,外币贬值。弹性价格货币分析理论则认为,本国利率上升会使本币贬值,外币升值。

从整体上来看,弹性价格的货币分析方法揭示了长期内汇率的决定因素,但是在短期内影响汇率的因素较多,汇率的波动幅度也较大,这正是本章接下来要讨论的内容。

4.2 黏性价格货币分析法

黏性价格货币分析法最初由美国经济学家多恩布什(Rudiger Dornbusch)于1976年提出,也被称为"汇率超调模型(Overshooting Model)"。该模型的最大特征在于在短期内,商品市场的价格具有黏性,其调整速度较慢,这使得购买力平价在短期内不会成立,然而在长期内购买力平价成立。汇率作为资产的价格,其调整速度非常迅速。正是出于价格在短期内的黏性,使得汇率必然出现调整过度,即调整幅度要超过长期均衡水平。

4.2.1 模型的基本假设

在汇率超调模型中,考察的对象仍然是"小国",其假设条件包括:

(1)货币需求方程为 $\dfrac{m_d}{p_d} = Y^\alpha \cdot e^{-\beta i_d}$,对该式取对数后得到 $m_d = p_d + \alpha y -$

βi_d。其中，m_d、p_d 和 y 分别是以对数值表示的本国货币供给量、本国物价水平和本国实际收入；i_d 表示本国利率水平；α 和 β 分别为货币需求的收入弹性和利率半弹性。在国内货币市场实现均衡时，$m_d = m_s = m$。

（2）假定本国债券与外国债券完全可相互替代，那么非抵补利率平价条件 $\tilde{s}^E = i_d - i_f$ 成立，即两国利率之差为本币的预期贬值率。

（3）假定购买力平价只有在长期内才能成立，即 $\bar{s} = \bar{p}_d - \bar{p}_f$、$\bar{s}$、$\bar{p}_d$ 和 $\bar{p}_f$ 分别表示长期均衡汇率、本国物价水平和外国物价水平的对数值。

（4）该模型的主要特征在于汇率在短期内出现与购买力平价的偏离，其汇率预期的回归方程表达式为：

$$\tilde{s}^E = \theta(\bar{s} - s)，其中 \theta > 0$$

该等式说明外汇的预期贬值率是由调节参数（θ）与当前汇率水平（s）和其长期均衡值（$\bar{s}$）之间的差所决定的。如果即期汇率水平超过了长期均衡值，本币预期升值，即 $\tilde{s}^E$ 为负；反之，如果即期汇率低于长期均衡值，本币汇率预期贬值，即 $\tilde{s}^E$ 为正。其中，当前汇率水平和其长期均衡值均为对数值。

（5）该模型假定通货膨胀率由短期内总需求和长期内的总供给之间的差别来决定，即

$$\pi_d = \varphi(y^d - y)$$

其中，π_d 为本国通货膨胀率，φ 为通胀率的调节速度，y^d 为短期内的总需求（对数值），y 为外生的 GDP，即总供给（对数值）。

（6）假定短期的总需求为政府支出（g）、实际汇率（$s + p_f - p_d$）、国内产出（y）和国内利率（i_d）的函数，其表达式如下：

$$y^d = g + \delta(s + p_f - p_d) + \phi y - \gamma i_d$$

其中，除利率外，其他变量均为对数值。

4.2.2　商品市场均衡线

商品市场均衡线是在横坐标为汇率（取对数值）、纵坐标为价格（取对数值）的平面上商品需求等于商品供给的点的组合。

将短期总需求公式代入通胀率的决定公式，可以得到

$$\pi_d = \varphi[g + \delta(s + p_f - p_d) + (\phi - 1)y - \gamma i_d]$$

将货币需求函数 $m_d = p_d + \alpha y - \beta i_d$ 代入上式，可以得到

$$\pi_d = \varphi \left[g + \delta(s + p_f - p_d) + (\phi - 1)y - \frac{\gamma}{\beta}(p_d + \alpha y - m_d) \right]$$

如果商品市场实现均衡,意味着商品需求等于商品供给,即 $\pi_d = 0$,该条件成立意味着得到商品市场均衡线 GG,其斜率为 $\dfrac{\mathrm{d}p_d}{\mathrm{d}s} = \dfrac{\delta}{\delta + \gamma/\beta}$。由于该曲线斜率为正,因此商品市场均衡线是一条向右上方倾斜的曲线,GG 曲线的斜率取决于总需求的实际汇率弹性(δ)、总需求的国内利率半弹性(γ)以及货币需求的利率弹性(β)。该曲线斜率小于 45°线,其经济含义是本国货币贬值(汇率升高),本国出口需求增加,在商品供给不变的情况下,这种外部需求增加只能由国内价格上涨来抵消,因为国内价格水平上涨会抵消其贬值带来的竞争优势。与此同时,由于本国价格上涨增加了对本国货币的需求,在本国货币供给不变的情况下,本国利率将会上升,影响投资需求,这进一步减少了商品需求。这意味着本国货币的贬值率要超过价格的上涨率,以保持商品总需求和总供给相一致。

GG 曲线的左边代表了商品供给大于商品需求,这是因为在任何给定的价格水平上,且总供给是固定的,本币升值(横轴向原点的方向)会使得商品总需求减少,商品处于供给过剩状态,从而对价格产生下跌压力。相反,在 GG 曲线的右边,在任何给定的价格水平上,本币贬值将导致对国内商品的超额需求,对价格产生上行压力(见图4-8)。

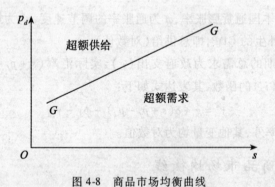

图4-8　商品市场均衡曲线

4.2.3　货币市场均衡线

货币市场均衡线是货币供给与货币需求相一致的价格和汇率(均取对数

值)的点的组合。通过货币需求函数求解出国内利率水平,即 $i_d = \dfrac{-m_d + p_d + \alpha y}{\beta}$。联立非抵补利率平价条件 $\tilde{s}^E = i_d - i_f$ 和汇率变动的回归方程

$\tilde{s}^E = \theta(\bar{s} - s)$,决定了 $s = \bar{s} - \dfrac{i_d - i_f}{\theta}$,将国内利率水平的表达式代入后,可以得到

$$p_d = -\theta\beta s + \theta\beta\,\bar{s} + md - \alpha y + \beta i_f$$

这意味着货币市场均衡曲线 MM 的斜率是 $\dfrac{\mathrm{d}p_d}{\mathrm{d}s} = -\theta\beta$,具体如图 4-9 所示。这说明 MM 曲线的斜率取决于货币需求的利率半弹性(β)和汇率的调整速度(θ)。

MM 曲线上的点表示货币供求相等,MM 曲线的左边代表了货币供给大于货币需求,这是因为在任何给定的汇率水平上,在其左侧的点的价格水平要更低,使得实际货币供给增加,因此处于超额货币供给状态;相反,在 MM 曲线的右边,则表示处于超额货币需求。

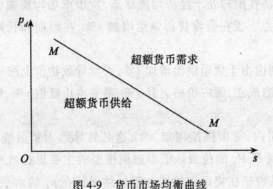

图 4-9　货币市场均衡曲线

4.2.4　购买力平价线

购买力平价线是能够使购买力平价成立的物价和汇率(均取对数值)的组合。它是一条 45°线,表明如果国内价格水平上涨 1%,则本币必须贬值 1%。在这条线的下方,表明本币汇率相对高于价格水平,因而存在本币低估;在这条线的上方,表明本币存在高估。当货币市场均衡线、商品市场均衡线和购买力平价线三条曲线相交于一点时,表明整个经济处于均衡状态。此时,对应的物价水平和汇率水平分别为 p_E 和 s_E(见图 4-10)。

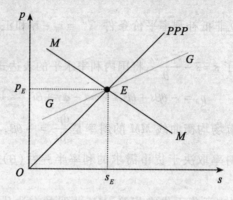

图 4-10 · 购买力平价曲线

4.2.5 汇率超调

假设一国经济在期初处于经济均衡状态,货币市场均衡曲线和商品市场均衡曲线相交于 A 点。现在假设货币供给增加 $x\%$,在短期和长期内汇率将发生怎样的变动?

首先,在长期内由于货币供给增加 $x\%$,必然导致物价上涨 $x\%$,这是由于购买力平价在长期内成立,国内价格上升 $x\%$,需要本币贬值 $x\%$,即均衡点从 A 点最终移动到 C 点。

其次,在短期内,货币供给增加 $x\%$,这必然导致 MM 曲线向右移动,即从 M_0M_0 向右移动到 M_1M_1 的位置。汇率超调模型的主要思想就是在短期内商品价格不变,即商品价格在货币供给增加后仍然保持在 p_A 的水平,而货币市场由于调整速度非常快,迅速实现了均衡。此时,在 p_A 的水平上 M_1M_1 曲线对应的汇率水平为 s_B,该汇率水平超过了长期均衡水平 s_C,这一现象就被称为"汇率超调"。

为什么会出现汇率超调现象呢?其原因是在短期内,国内价格是固定的,扩大货币供给会产生过剩的实际货币余额,在产出水平固定的情况下,只有降低国内利率,人们才会愿意增加持有这部分过剩的实际货币余额。根据非抵补利率平价条件,国内利率的下降意味着有本币升值的预期,以弥补国内的低利率。只有在短期内的汇率贬值幅度超过长期内贬值幅度,这样才会出现升值的可能,即汇率由最初的 s_A 贬值到 s_B,然后才从 s_B 的水平逐步升值到 s_C 的水平。在这一过程中，有两个因素发生重要作用：当经济处于 B 点，位于 G_0G_0 曲线的下方和 PPP 曲线的右方时，则意味着本币汇率低估，进而刺激出口需求；同时 B 点也位于 M_0M_0 曲线的右方，这意味着国内利率水平的下降从而鼓励投资支出，这两者都将使得商品市场均衡线从 G_0G_0 的位置向上移动到 G_1G_1 的位置。因此在长期内，购买力平价线 PPP、商品市场线 G_1G_1 和货币市场线 M_1M_1 相交于 C 点（见图 4-11）。

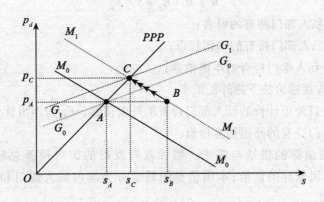

图 4-11　汇率超调现象

4.2.6　黏性价格货币分析法的意义

黏性价格模型的显著特征在于它假定价格是黏性的，该模型认为不同市场的调整速度是客观存在的。其研究重点放在资本市场，直观生动地揭示了汇率变化与物价变化之间的关系，解释了相对于其他变量而言，为什么汇率的变化率如此之高，即最初为了应对货币供给增加 $x\%$，在短期内汇率贬值超过了 $x\%$，所以汇率波动得更加厉害。

4.3　资产组合平衡分析法

汇率的资产组合平衡模型（Portfolio Lio-balance Model of Exchange Rate）形成于 20 世纪 70 年代，其理论基础来源于托宾的"资产组合选择理论"（Theory of Portfolios Selection），其代表人物是美国普林斯顿大学教授布朗森（W. Branson）。

4.3.1　模型的基本假设

(1)在国际资本完全流动的前提下,本国居民所持有的金融资产不仅包括本国货币(M)和本国债券(B_P),还包括外国债券(F_P)。同时假定本国是一个小国,世界其他国家不会持有本国资产(即本国货币与本国债券)。一国私人部门(包括个人居民、企业和银行)的财富(本币)可用以下方程表示:

$$W = M + B_p + S \cdot F_p$$

式中:W——私人部门持有的财富;

　　　　M——私人部门持有的本国货币;

　　　　B_p——私人部门持有的本国债券;

　　　　S——直接标价法下的外汇汇率;

　　　　F_p——以外币计价的私人部门持有的外国债券,SF_p为本币计价的私人部门持有的外国债券价值。

(2)本国债券的供给与需求。假设政府发行的国内债券总额为一定值($\overline{B}$),这是本国债券的供给;本国债券的需求方为国内私人部门和中央银行,即 $\overline{B} = B_p + B_c$。

(3)外国债券的供给与需求。假设外国债券的需求方分为国内私人部门(F_p)和中央银行(F_c),用公式可表示为 $F = F_P + F_c$,F 为本国持有的外国债券总量,表示由历年经常项目差额累积而成。

本年度与上年度之间外国债券存量之差为本国当年经常项目差额,即 $F - F_{-1} = \text{CAB} = \text{NX} + i_f(F_P + F_c)$,其中,CAB 是以外币表示的当年经常项目差额;NX 是以外币表示的当年贸易项目差额,其含义是当年经常项目的差额由贸易差额和持有的外国债券利息收入构成。

(4)本国中央银行的资产负债约束。对于中央银行而言,按照资产等于负债的会计恒等式(不考虑权益项目),其发行的现钞货币(M)等于其持有的国内债券(B_c)和外国债券(SF_c),即 $M = B_c + SF_c$。

(5)影响本国私人部门财富的因素。影响本国私人部门财富(W)的原因之一是各种资产供给量的变动(如 M、B_p、F_p 的变动),原因之二是本币汇率的变动,其通过影响既定数量的外国债券的本币价值而影响到以本币计价的私人部门财富。

(6)对汇率风险的考察。通常,投资者往往厌恶风险,从而要求额外的风险报酬或者是风险溢价(Risk Premium),在本模型中,投资者厌恶汇率风险,因此尽管资本有较高的流动性,但是由于资产的不完全可替代性,非抵补利率平价不能成立,即两国债券的利差不等于预期的汇率变动($\tilde{S}^E$),其差额为风险报酬(λ)。用公式可表示为:

$$i_d = i_f + \tilde{S}^E + \lambda$$

当投资者是风险中性的,不要求风险报酬($\lambda = 0$)时,上式则演变为无抵补利率平价。如果 $\lambda < 0$,表示外国债券风险更高;如果 $\lambda > 0$,表示本国债券风险更高。

各种资产存在收益率和风险的差别,因而不可以完全替代,这就是资产组合平衡模型与货币模型的根本区别。正是由于这一点,每个投资者根据自己对收益和风险的偏好,将财富分别投资在不同的资产上。各种资产在财富总额中所占的比例,取决于各种资产收益率和汇率风险的大小。

(7)资产市场的均衡。假设在短期内,本国财富是外生变量且规模不变,任何资产收益率的变动只能引起国内居民调整资产组合比例。资产市场一直保持均衡状态,即货币供给等于货币需求,本国债券供给等于本国债券需求,外国债券供给等于外国债券需求。

具体来看,在货币市场上,货币供给是政府控制的外生变量,本国货币的预期收益率是零,私人部门的货币需求则是本国利率、外国利率、本国财富的函数。

本国债券利率(i_d)及外国债券回报率($i_f + \tilde{S}^E$)上升时,投资者倾向于减少货币的持有,导致货币需求的降低;而财富总量增加时,投资者则倾向于将增加的财富总量按原有比例投资在每种资产上,因此对货币的需求相应增加。所以,货币需求函数用公式可表示为:

$$M = m(i_d, i_f + \tilde{S}^E, W)$$

其中,$m_{\tilde{i}_d} < 0$,$m_{i_f + \tilde{S}^E} < 0$,$m_W > 0$。$m_{i_d}$ 为货币需求对本国利率的偏导数,$m_{i_d} < 0$ 表示本国利率上升,本国货币需求下降;$m_{i_f + \tilde{S}^E}$ 为货币需求对外国债券收益率的偏导数,$m_{i_f + \tilde{S}^E} < 0$ 表示外国债券收益率上升,本国货币需求下降;m_W 为货币需求对财富的偏导数,$m_W > 0$ 表示私人部门财富增加,本国货币需求上升。

本国私人部门的债券需求函数可以表示为:

$$B_P = b(i_d, i_f + \tilde{S}^E, W)$$

其中,$b_{i_d} > 0$,$b_{i_f + \tilde{S}^E} < 0$,$b_W > 0$。$b_{i_d}$ 为本国私人部门国内债券需求对本国利

率的偏导数，$b_{i_d}>0$ 表示本国债券利率上升,本国债券需求上升;$b_{i_{f+}\ \tilde{s}\ \varepsilon}$ 为本国私人部门的国内债券需求对外国债券收益率的偏导数,$b_{i_{f+}\ \tilde{s}\ \varepsilon}<0$ 表示外国债券收益率上升,本国债券需求下降;b_W 为本国私人部门国内债券需求对财富的偏导数,$b_W>0$ 表示财富增加,本国债券需求上升。

本国私人部门外国债券需求函数可以表示为:

$$SF_P=f(i_d,i_f+\tilde{S}^E,W)$$

其中,$f_{i_d}<0,f_{i_{f+}\ \tilde{s}\ \varepsilon}>0,f_W>0$。$f_{i_d}$ 为本国私人部门外国债券需求对本国利率的偏导数,$f_{i_d}<0$ 表示本国利率上升,本国私人部门的外国债券需求下降;$f_{i_{f+}\ \tilde{s}\ \varepsilon}$ 为本国私人部门外国债券需求对外国债券收益率的偏导数,$f_{i_{f+}\ \tilde{s}\ \varepsilon}>0$ 表示外国债券收益率上升,本国私人部门的外国债券需求上升;f_W 为本国私人部门外国债券需求对财富的偏导数,$f_W>0$ 表示财富增加,本国私人部门的外国债券需求上升。

(8)资产市场均衡的约束条件。本国私人部门财富的增加表现为本国货币、国内债券和国外债券的增加,因此各类资产对财富的偏导数之和等于1,这被称做资产负债表约束,用等式表示为 $m_W+b_W+f_W=1$。

在本国私人部门财富总额不变的情况下,国内利率和外国债券收益率的变化只会导致本国货币、国内债券和国外债券所占财富总额比重的变化,用公式可以表示为:

$$m_{i_d}+b_{i_d}+f_{i_d}=0$$
$$m_{i_{f+}\ \tilde{s}\ \varepsilon}+b_{i_{f+}\ \tilde{s}\ \varepsilon}+f_{i+\ \tilde{s}\ \varepsilon}=0$$

若本币预期贬值率为零($\tilde{S}^E=0$),那么上式可以进一步简化为 $m_{if}+b_{if}+f_{if}=0$。

4.3.2 货币市场均衡曲线

为了简化分析,假定汇率的初始值是 S,财富水平是1,同时还假定本币预期贬值率 $\tilde{S}^E=0$,对等式 $W=M+B_P+S\cdot F_P$ 求全微分,得到

$$dW=dM+dB+F_PdS+SdF_P$$

在资产组合平衡模型当中,货币市场均衡曲线是货币供给与货币需求平衡时的汇率与本国利率的组合。该曲线的斜率是多少呢? 对货币需求函数求全微分,可以得到

$$dM = m_{i_d}di_d + m_{i_{f+}}\tilde{s}_{\,E}d(i_f + \tilde{S}^{\,E}) + m_W dW$$

$$dM = m_{i_d}di_d + m_{i_{f+}}\tilde{s}_{\,E}d(i_f + \tilde{S}^{\,E}) + m_W(dM + dB + F_P dS + SdF_P)$$

在货币供给不变的情况下,即 $dM = 0$,并且假定本币汇率的预期变化率为零 ($\tilde{S}^{\,E} = 0$),外国利率(i_f)、财富(W)和本国债券(B)均为外生变量。货币市场均衡曲线的斜率为

$$\frac{di_d}{dS} = \frac{-m_W F_P}{m_{i_d}} > 0$$

其含义为本币贬值,即 S 增大导致私人部门财富增加,引起本国货币需求增加。在本国货币供给不变的情况下,只有本国利率的上升才能抵消汇率变化带来的影响,所以货币市场均衡要求汇率与本国利率同方向变化。在货币市场均衡曲线的上方,表示货币需求大于货币供给;反之,在货币市场均衡曲线的下方,表示货币需求小于货币供给。

如果货币供给增加,货币市场均衡曲线如何移动呢? 在图 4-12 中表现为 M_0M_0 曲线向左移动到 M_1M_1 的位置。这是因为给定某一汇率水平(S_0),当本国货币供给增加,就要求本国货币需求随之增加,这只有通过本国利率的下降来实现。

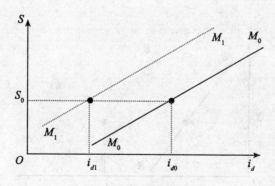

图 4-12　货币市场均衡曲线

4.3.3　本国债券市场均衡曲线

本国债券市场均衡曲线是能够使本国债券供给等于需求的汇率与本国利率的组合。该曲线的斜率是多少呢? 对本币债券需求函数求全微分,可以得到

$$dB_P = b_{i_d}di_d + b_{i_f + \tilde{S}_{\varepsilon}}d(i_f + \tilde{S}^E) + b_w dW$$

$$dB_P = b_{i_d}di_d + b_{i_f + \tilde{S}_{\varepsilon}}d(i_f + \tilde{S}^E) + b_w(dM + dB + F_P dS + SdF_P)$$

在本国债券供给不变的情况下,即 $dB = 0$,并且假定本币汇率的预期变化率为零($\tilde{S}^E = 0$)时,外国利率(i_f)、财富(W)、本国货币(M)均为外生变量。本国债券市场均衡曲线的斜率为

$$\frac{di_d}{dS} = \frac{-b_w F_P}{b_{i_d}} < 0$$

其含义为本币贬值,即 S 增大导致私人部门财富增加,引起本国债券需求增加。在本国债券供给不变的情况下,只有本国利率的下降才能抵消汇率变化带来的债券需求增加,所以本国债券市场均衡要求汇率与本国利率反方向变化。

在本国债券市场均衡曲线的上方,表示本国债券需求大于本国债券供给;反之,在本国债券市场均衡曲线的下方,表示本国债券需求小于本国债券供给。

如果本国债券供给增加,本国债券市场均衡曲线如何移动呢?在图 4-13 中表现为 B_0B_0 曲线向右移动到 B_1B_1 的位置。这是因为给定某一汇率水平(S_0),当本国债券供给增加时,要求本国债券需求随之增加,这只有通过本国利率的上升来实现。

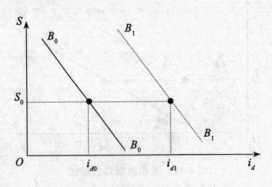

图 4-13　本国债券市场均衡曲线

4.3.4　外国债券市场均衡曲线

外国债券市场均衡曲线是能够使外国债券供给等于其需求的汇率与本国利

率的组合。该曲线的斜率是多少呢? 对外国债券需求函数求全微分,可以得到

$$dSF_P = f_{i_d}di_d + f_{i_{f+}\tilde{S}_\varepsilon}d(i_f + \tilde{S}^E) + f_W dW$$

$$dSF_P = f_{i_d}di_d + f_{i_{f+}\tilde{S}_\varepsilon}d(i_f + \tilde{S}^E) + f_W(dM + dB + F_p dS + SdF_P)$$

在外国债券供给不变的情况下,即 $dF_P = 0$,并且假定本币汇率的预期变化率为零($\tilde{S}^E = 0$)时,外国利率(i_f)、财富(W)、本国货币(M)和本国债券(B)均为外生变量。外国债券市场均衡曲线的斜率为

$$\frac{di_d}{dS} = \frac{(1 - f_W)F_P}{f_{i_d}} < 0$$

其含义为本币贬值(S 增大)使外国债券的本币价值上升从而使私人部门财富增加,此即为外国债券供给的增加,需要使对外国债券需求也随着增加,这只有降低本国利率才能实现,所以货币市场均衡要求汇率与本国利率反方向变化。

在外国债券市场均衡曲线的上方,表示外国债券需求小于外国债券供给;反之,在外国债券市场均衡曲线的下方,表示外国债券需求大于外国债券供给。

如果外国债券供给增加,债券市场均衡曲线如何移动呢? 在图 4-14 中表现为 F_0F_0 曲线向左移动到 F_1F_1 的位置。这是因为给定某一汇率水平(S_0),当外国债券供给增加时,要求外国债券需求随之增加,这只有通过本国利率的下降来实现。

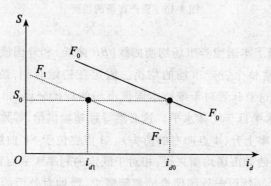

图 4-14　外国债券市场均衡曲线

需要指出的是,FF 曲线比 BB 曲线更平缓,这是因为本国债券市场对本国

利率的变化更为敏感,同样的汇率变动在本国债券市场上只需要较小的利率调整便能维持平衡。

4.3.5 资产市场的均衡

当货币市场、本国债券市场、外国债券市场同时实现均衡时,本国经济处于短期均衡状态,这也就意味着三条曲线的交点之处为经济的短期均衡点。这三条曲线将整个平面分成六个区域,各个区域中三个市场的供求关系如图 4-15 所示。在分析过程中,当财富总量(W)不变时,若其中任何两个市场处于均衡状态,则另一个市场也肯定处于均衡状态,因此可以省略掉一个市场。

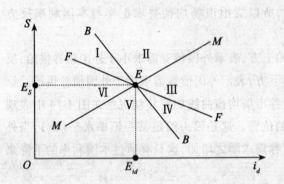

Ⅰ区域	Ⅱ区域	Ⅲ区域
$M^D > M^S$	$M^D > M^S$	$M^D < M^S$
$B^D < B^S$	$B^D > B^S$	$B^D > B^S$
$F^D < F^S$	$F^D < F^S$	$F^D < F^S$
Ⅳ区域	Ⅴ区域	Ⅵ区域
$M^D < M^S$	$M^D < M^S$	$M^D > M^S$
$B^D > B^S$	$B^D < B^S$	$B^D < B^S$
$F^D > F^S$	$F^D > F^S$	$F^D > F^S$

图 4-15　资产市场的均衡

图 4-16 选择了本国债券市场均衡曲线(BB 曲线)和外国债券市场均衡曲线(FF 曲线)来考察整个资产市场的均衡。假定在初始时刻,经济位于 A 点,在 BB 曲线的下方,这意味着对于维持本国债市场的均衡来说,相对于既定的汇率来说,本国利率水平低于均衡水平。这必然导致超额供给,导致本国债券价格下降并使得本国利率上升(A 点向右的箭头)。A 点也位于 FF 曲线的下方,这意味着对于维持外国债券市场均衡来说,相对于既定的利率水平而言,汇率水平太低(本币高估)。这必然引起外国债券的超额需求,增加对外币的需求使得汇率水平上升(A 点向上的箭头)。这两股力量推动 A 点移动到 E 点的位置。该点也是货币市场均衡曲线通过的点。

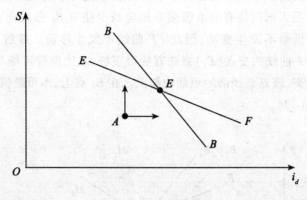

图 4-16　资产市场的均衡

4.3.6　资产组合平衡模型的短期分析

以上给出了资产组合平衡分析法的基本框架。现在考虑本国私人部门财富总量变动对利率和汇率的影响。财富总量变动分两种情况，一种是"相对量"的变动，另一种是"绝对量"的变动。相对量变动是指两种不同资产之间的互换，从而使一种资产的供给量增加而另一种资产的供给量相应减少，私人部门持有的财富总量不变。绝对量变动是指某一种（或两种）资产的供给量增加（或减少）而其他资产的供给量不变从而财富总量发生变化。

1. 财富总量不变，结构发生变动

这里主要有以下三种情况，本国中央银行在本币债券市场进行公开市场操作（Open Market Operation, OMO）、在外币债券市场上的公开市场操作（Foreign Exchange Operation, FXO）以及中央银行的冲销操作（Sterliaztion Foreign Exchange Operation, SFXO）。

（1）中央银行在公开市场上进行买入本币债券的操作①

中央银行在公开市场上进行买入本币债券，使得私人部门持有的国内货币增加，同时私人部门持有的本币债券下降，即 $\Delta M = -\Delta B_P = \Delta B_C$。

---

①　本币公开市场操作还有另外一个方向，就是卖出本币债券。这使得私人部门本币债券增加，但是所持货币下降。

中央银行买进本币债券的公开市场操作导致货币供给增加，M_0M_0 曲线向左移至 M_1M_1，私人部门持有的本国债券相应减少使 B_0B_0 曲线向左移到 B_1B_1。由于外国债券供给不发生变动，因此 FF 曲线不发生移动。显然，M_1M_1 曲线、B_1B_1 曲线与 FF 曲线的交点（E_1）意味着货币市场、本国债券市场与外国债券市场同时实现均衡，该点是经济的短期均衡点。在 E_1 点上，本币贬值、本国利率水平下降（见图 4-17）。

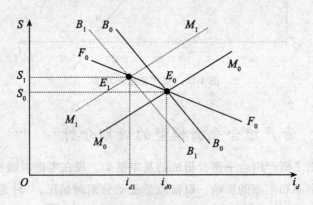

图 4-17　本币债券市场上的公开市场操作

（2）中央银行在公开市场上进行买入外币债券的操作①

中央银行在公开市场上进行买入外币债券，使得私人部门持有的国内货币增加，同时私人部门持有的外币债券下降，即 $\Delta M = -S\Delta F_P = S\Delta F_C$。

由于本国债券供给不发生变动，BB 曲线不发生移动；本国货币供给增加，M_0M_0 曲线向左移至 M_1M_1；BB 曲线和 M_1M_1 曲线的 E_1 点就是经济的短期均衡点。该点也必然是外国债券曲线向右移动经过的点（见图 4-18）。

对比上述两种干预方式，对于相同的货币供给量变动，在本国债券市场上进行的操作对本国利率的影响更大，在外国债券市场上进行的操作对本国汇率影响更大。

（3）中央银行的外汇冲销操作

中央银行的外汇冲销操作分两种情况：第一种情况是在本币面临升值压力

---

①　外币公开市场操作也有另外一个方向，就是卖出外币债券。这使得私人部门外币债券增加，但是所持货币下降。

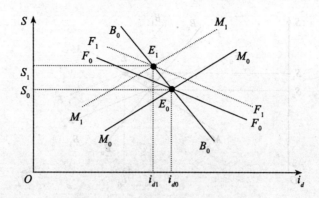

图 4-18　外币债券市场上的公开市场操作

下,本国中央银行一方面在外国债券市场买进外国债券($\Delta M = -S\Delta F_P$),另一方面在本国债券市场上卖出本国债券($-\Delta M = \Delta B_P$),这使得私人部门的资产结构发生变化,即外国债券下降,本国债券上升,本国货币不发生变动。第二种情况是在本币面临贬值压力下,本国中央银行一方面在外国债券市场卖出外国债券($-\Delta M = S\Delta F_P$),另一方面在本国债券市场上买入本币债券($\Delta M = -\Delta B_P$),私人部门的资产结构发生改变,即外国债券增加,本国债券下降,本国货币不发生变动。

下面以本币升值压力下的冲销操作为例进行分析(见图 4-19)。中央银行的外汇冲销操作增加了国内债券的供给,$B_0 B_0$ 曲线向右移到 $B_1 B_1$ 的位置;同时减少了私人部门持有的外国债券,使 $F_0 F_0$ 曲线向右移到 $F_1 F_1$ 的位置;MM 曲线保持不变,因此中央银行的外汇冲销操作的最终效果是本国汇率贬值,利率升高。汇率贬值是因为冲销操作造成了私人部门投资组合里的外国资产短缺,要求汇率贬值以满足私人部门的需求。利率升高是因为私人部门投资组合里的国内债券供给增加,压低了国内债券的价格。

(4)以上三种操作效果的对比

对比以上三种操作,前两种方式在本币公开市场操作和外币公开市场操作方式上,中央银行均采取了扩张性的政策取向,即中央银行的资产与负债同时增加,如表 4-2 所示。对于私人部门而言,仅仅是资产结构的变化,即货币资产增加,本国(外国)债券资产下降。

第三种方式是中央银行在本币存在升值压力下的冲销操作,即中央银行首

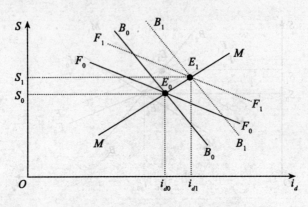

图 4-19　中央银行的外汇冲销操作

先进行外汇买入操作,然后再进行本币债券卖出操作,在前一个环节中央银行采取的是扩张性操作,在后一个环节中央银行采取的是紧缩性操作,最终不影响货币供应量。对比中央银行和私人部门的资产负债表,两者均是资产方发生结构变化。当然也可以将此视为中央银行和私人部门之间的资产置换关系,即中央银行用持有的本币债券置换私人部门的外币债券。

表 4-2　　中央银行货币政策操作对相关部门资产和负债的影响

	私人部门		中央银行	
	资产	负债	资产	负债
本币公开市场操作(OMO)	$-\Delta B_P$ ΔM		ΔB_C	ΔM
外币公开市场操作(FXO)	$-S\Delta F_P$ ΔM		$S\Delta F_C$	ΔM
本币升值压力下的冲销操作(SFXO)	$-S\Delta F_P$ ΔB_P		$S\Delta F_C$ $-\Delta B_C$	ΔM $-\Delta M$
本币贬值压力下的冲销操作(SFXO)	$S\Delta F_P$ $-\Delta B_P$		$-S\Delta F_C$ ΔB_C	$-\Delta M$ ΔM

综上所述,在本币公开市场操作中,均衡点是 B_1B_1 曲线与 F_0F_0 曲线相交的

点 E_{OMO}；在外币公开市场操作中,均衡点是 B_0B_0 曲线和 F_1F_1 曲线相交的点 E_{FXO}；在外汇冲销操作中,均衡点是 F_1F_1 曲线和 B_2B_2 曲线相交的点 E_{SFXO},如图 4-20 所示。

对比 E_{OMO} 和 E_{FXO} 所对应的汇率和利率水平,可以发现:本币公开市场操作导致本国利率下降幅度更大,外币公开市场操作导致本国货币贬值幅度更大。其原理是外币公开市场操作减少了私人部门持有的外国债券,本币公开市场操作却不对外国债券市场形成冲击,所以外币公开市场操作造成的对外国债券的额外需求只能通过汇率大幅贬值才能得到满足。相比之下,本币公开市场操作导致更大的国内债券短缺,产生对国内债券的较大额外需求,只能通过大幅降低国内利率来弥补。相比较而言,中央银行的冲销操作不仅会导致汇率贬值,而且会使得本国利率上升。

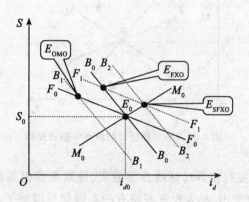

图 4-20　中央银行三种操作方式效果的对比

2. 财富总量发生变动

私人部门财富总量绝对值的增加,涉及的因素包括货币供应量(M)的增加,国内债券(B)的增加或者外国债券(F)的增加。货币供应量的增加是由于政府财政收支出现赤字,中央银行对其进行融资,即买入政府债券,导致货币供应量增加;国内债券的增加同样是由于政府财政收支出现赤字,政府向公众发行债券导致债券供给增加;也可以是本国经常项目出现顺差,使得外国债券供给增加。下面分别对这三种情况进行分析。

(1)中央银行通过对政府财政赤字的融通,增加了货币供应量。在这种情况下,货币供给与财富总量同时增加,即 $\Delta M = \Delta W$。假设私人投资者将新增加的财富总量按原有比例投资各类资产,本国债券与外国债券的供给并没有增加,于是在原有均衡点 E_0 点会出现对本国债券和外国债券的超额需求。在本国债券市场上,对于既定的汇率,对本国债券超额需求会导致利率下降,这意味着 B_0B_0 曲线左移到 B_1B_1(见图4-21)。在外国债券市场上,由于对外国债券需求增加,需要提高本国利率以消除其超额需求,因此 F_0F_0 曲线向右移动到 F_1F_1。B_1B_1 曲线和 F_1F_1 曲线相交的 E_1 点就是经济的短期均衡点。该点也是货币供给增加后新的货币市场均衡曲线 M_1M_1 通过的点。此时,本币贬值,利率下降。

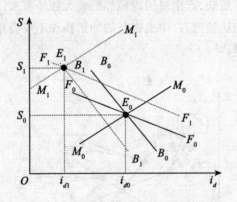

图4-21 中央银行对财政赤字融资操作

(2)政府通过发行债券对财政赤字融资,导致债券供给增加。政府通过发行债券来满足财政支出,私人投资者持有的本国债券增加了。这是否会导致其财富增加呢?在私人投资者本国债券增加的同时,其持有的货币下降了。然而,政府通过财政支出将使得这些货币重新回到私人投资者手中,因此可以认为私人投资者的财富增加了。由于本国债券的比重较此之前要高,上述投资组合必将进行调整。

如图4-22所示,债券的供给增加将使得 B_0B_0 曲线向右移动 B_1B_1,伴随着其财富的增加($\Delta W = \Delta B$),必将导致其对本国债券、货币供应量和外国债券的需求。在初始均衡点 E_0,对货币供应量和外国债券存在超额需求。在外国债券市场上,由于对外国债券需求增加,需要提高本国利率以消除其超额需求,因此 F_0F_0 曲线向右移动到 F_1F_1。在本国货币市场上,需要提高本国利率来消除货币的超额需求,因此 M_0M_0 曲线向右移至 M_1M_1。因此,在新的均衡点,利率必然上升。利率的上升会使得对外国债券的需求转为对本国债券的需求,使得外国债券需求曲线向左移动。是由于利率上升导致外国债券曲线向左移动的幅度大还是由于财富增加导致外国债券向右移动的幅度大呢?由此关键的问题是本币汇率最终是否是升值还是贬值呢?这取决于财富增加和本国利率上涨对外国债券影响力度的差异。如果财富效应大于利率的替代效应,那么F_0F_0曲线向右移动的幅度更大,那么本币汇率贬值;如果利率的替代效应大于财富效应,那么本币汇率升值。因此,扩张性的财政政策对汇率的影响是不确定的。

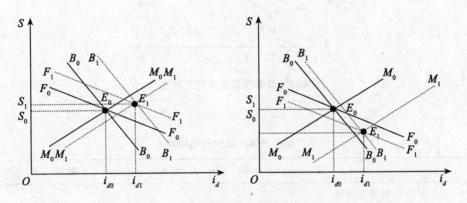

图 4-22 政府利用债券对财政赤字融资

对比扩张性财政政策的两种方式,可以发现通过中央银行融资将使得利率下降,而采用发行债券的方法将导致利率上升。对于汇率的影响,通过中央银行融资将使得本币汇率贬值,采用发行债券的方法对汇率的影响是不确定的。

(3)经常项目盈余导致外国债券供给增加。本国经常项目顺差会导致外国债券供给增加,在外国债券市场上形成超额供给,因此 F_0F_0 曲线向左移动到 F_1F_1。外国债券供给的增加,使一国私人部门财富总量增加($\Delta W = S\Delta F$)。这将导致本国货币市场与本国债券市场上的超额需求,M_0M_0 曲线向右移至 M_1M_1,B_0B_0 曲线左移到 B_1B_1(见图4-23)。曲线 M_1M_1 与曲线 B_1B_1 相交的均衡点,也是曲线 F_1F_1 通过的点。这是由于本国经常项目顺差不仅使得财富增加,而且会暂时提高外国债券在财富中的比重。为了维持资产结构的平衡,私人投资者要出售部分外国债券,买入本国债券,这导致外汇市场上汇率 S 下降(即本币升值)。由于资产结构不变,所以本国利率不变,这也就意味着汇率的升值幅度等于外国债券数额的增加幅度($-\Delta S/S = \Delta F/F$)。相反,经常项目赤字则会造成本币贬值。

表 4-3 归纳了资产组合平衡方法中的短期效应。

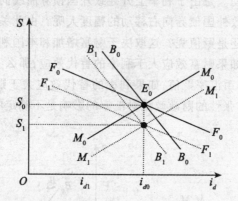

图 4-23　经常项目盈余导致的操作

表 4-3　　　　　　　　资产组合平衡方法中的短期效应

	利率	汇率	财富
扩张性的货币政策			
公开市场业务	下降	上升	增加
买入外汇储备	下降	上升	增加
外汇冲销操作	上升	上升	不变
扩张性的财政政策			
通过发行货币融资	下降	上升	增加
通过发行债券融资	上升	上升/下降	增加
经常项目顺差	不变	下降	不变

以上分析仅仅是短期汇率的决定问题。在长期内,汇率是如何变化的呢?限于篇幅,本书不再对这一问题进行深入的讨论。

4.3.7　对资产组合平衡模型的评价

资产组合平衡模型与其他模型的差异主要在于资产组合平衡模型不仅关注货币供求的变化对汇率的影响,而且将本国债券和外国债券纳入影响汇率的考虑范围内,其重要特征是不同的资产其风险是不同的,这将影响汇率的变化。如果本国债券风险增加,将导致国内利率增加上涨,货币贬值;如果外国债券风险增加,会导致本币升值和国内利率下降。上述效果往往被用来解释汇率的变化。同时,资产组合平衡分析法不仅区分了本国资产与外国资产的不完全替代性,而且将经常项目这一流量因素纳入了存量分析之中,是将凯恩斯主义的短期分析和货币主义的长期分析相结合的分析方法,是更为全面的分析方法。这一方法还对中央银行不同的操作模式(本币公开市场操作、外币公开市场操作和冲销操作)的效果从理论上进行了分析,揭示了其对利率和汇率的不同影响,对中央银行的外汇市场干预提供了理论支持。另外,该分析方法还讨论了不同的财政融资手段对汇率的影响,尤其是从理论上解释了扩张性财政政策既可能导致汇率的贬值,也可能导致汇率的升值。然而,该分析方法也不存在其不足,模型的约束条件较为严格,如假定预期汇率变动率为零,这为对该理论的实证检验增加了难度。

本章小结

1. 20 世纪 70 年代之后,世界主要国家采取浮动汇率制度。本章主要介绍汇率决定的资产市场理论。根据本币债券资产与外币债券资产可替代程度的不同,资产市场说可以分为货币分析法和资产组合分析法。在货币分析法中,根据对价格弹性的不同假定,分为弹性价格货币分析法和黏性价格货币分析法。

2. 弹性价格货币分析法认为汇率的影响因素包括:两国货币供给、实际收入和利率水平的差异,并认为本国货币供给一次性增加会导致本币的贬值,本国国民收入的增加将会带来本国货币的升值,本国利率上升会使本币贬值。

3. 黏性价格货币分析法也被称为"汇率超调模型"。该模型的最大特征在于在短期内,商品市场的价格具有黏性,其调整速度较慢;而汇率的调整速度非常迅速,正是出于价格在短期内的黏性,使得汇率必然出现调整过度,即调整幅度要超过长期均衡水平。

4. 汇率的资产组合平衡分析法认为在总财富不变的情况下,扩张性本币公开市场操作导致本国利率下降幅度更大,外币公开市场操作导致本国货币贬值幅度更大。中央银行的冲销操作不仅会导致汇率贬值,而且会使得本国利率上升。

关键术语

弹性价格货币分析法　黏性价格货币分析法

资产组合平衡分析法　本币公开市场操作

外币公开市场操作　外汇冲销操作　汇率超调

思考题

1. 什么是汇率的弹性价格货币分析法? 其主要结论是什么? 有何政策含义?

2. 黏性价格货币分析法的主要特征是什么? 为什么该分析法又被称为"汇率超调模型"?

弹性价格货币分析理论认为本国利率上升会使得本币贬值,为什么?

3. 汇率的资产组合平衡分析法的假设条件包括哪些? 在短期分析中,该理论得到哪些结论?

4. 汇率的资产组合平衡分析法的货币市场均衡线、本国债券市场均衡线和外国债券市场均衡线的两侧分别代表什么意思?

5. 请分析中央银行卖出本币债券情况下的公开市场操作、中央银行卖出外币债券情况下的公开市场操作以及本币面临贬值压力情况下的中央银行冲销操作对本国利率和汇率的影响,并画图表示。

第 **5** 章 汇率制度及其选择

前两章分析了汇率的决定理论,在现实当中,各国采取的汇率制度不外乎固定汇率和浮动汇率两大类。具体针对某一国而言,应该如何来选择其汇率制度呢? 这涉及汇率制度的设计和选择问题。本章首先介绍当前全球汇率制度安排,然后对固定汇率制度和浮动汇率制度的优劣进行介绍和分析。

5.1　主要的汇率制度

汇率制度(Exchange Rate Regime)是指一国货币当局对本国汇率水平的确定、汇率的变动方式等问题进行的一系列规定或安排。按照汇率的变化方式,国际上最主要的两大类汇率制度是固定汇率制度和浮动汇率制度。固定汇率制是指政府采用直接或间接干预方式维持本国货币与其他货币(或者是某种商品货币)之间的固定比价。被本币挂钩的对象可以是黄金(商品货币),也可以是国际上的关键货币(Key Currency),还可以是某种复合货币(如特别提款权,欧元的前身欧洲货币单位)等。在固定汇率制度下,汇率也并不是完全一成不变的,只是其波动幅度相对较小而已,如在金本位条件下,汇率的波动范围就在黄金输出入点上下波动。

在信用货币时代,各国货币宣布不再与黄金兑换(或者存在某些限制条件才可以兑换黄金),各国货币的固定比价是彼此人为确定的,在国内外经济形势发生重大变化时,汇率可以进行调整,因此这一固定汇率制度又被称为可调整的钉定汇率制度(Adjustable Pegging System)。图 5-1 不仅给出了该制度下中心汇率随时间变化的模式,而且给出了汇率波动幅度(以虚线表示)。其中,1、2、3、4 分别表示中心汇率变化的不同阶段。

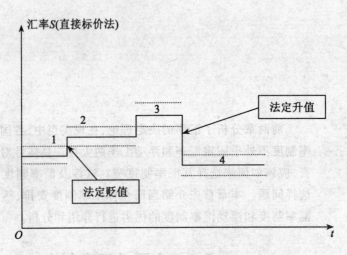

图 5-1　可调整的钉定汇率制度下中心汇率的调整

　　浮动汇率制度是指汇率水平由市场供求决定,政府不予干预的汇率制度。从较长的时间跨度来看,浮动汇率制度下的升贬值与固定汇率制度下的升贬值最大的不同是前者的变化是连续的变化,而不是阶段性的。当然,现在世界各国很少有不干预本币汇率的情况,只是程度高低的问题,因此这种有干预的浮动汇率制度就是管理浮动汇率制度(Managed Flexible Exchange Rate)。此外,在这两种汇率制度之间,还存在一系列中间汇率制度(见图 5-2)。

5.1.1　中间汇率制度

　　从理论上分析,在固定汇率和浮动汇率制度之间有以下几种汇率制度:
　　(1)汇率目标区(Target Zones)。中央银行宣布一个中间汇率和相应的波动区间,并随时准备干预以确保汇率在波动区间内。如果波动区间很小,目标区汇率制度就接近固定汇率制度(如金本位下的波动区间——黄金输出入点);如果波动区间较大,就与浮动汇率制度十分接近了。
　　如果经济基本面保持稳定,汇率目标区是可信的,并且市场认为汇率将在目标区内波动,当汇率接近目标区上下限时,交易者预期汇率将反向调整,市场汇

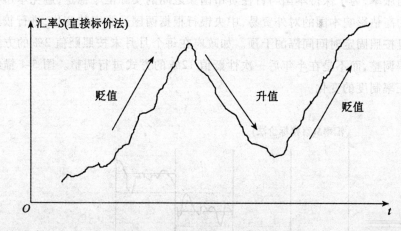

图 5-2　浮动汇率制度下的汇率波动

率会重新回到中心汇率的水平,这一情形宛如热恋中的情人在短暂分离后急于重新相聚,因此又被称为"蜜月效应"(Honeymoon Effect)(见图 5-3)。相反,当经济的基本面已经发生了很大的变化,市场预期中心汇率将会发生较大的调整,此时汇率目标区就具有可信性。在这种情况下,对中心汇率的投机往往会发生,使得市场汇率的波动有可能超过汇率目标区的上下限,远离中心汇率。这一情形恰如夫妻关系已经无法维持下去的状态,因此又被称为"离婚效应"(Divorce Effect)。

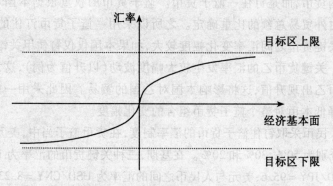

图 5-3　汇率目标区内的汇率波动

　　(2)爬行钉住(Crawling Peg)。由于本国的通胀率往往高于被钉住货币国家的通胀率,为了保持本国与钉住货币国家之间的实际汇率稳定,避免本币实际汇率的高估影响本国的对外贸易,中央银行根据两国通胀率的变化,进行较为频繁并且按照固定时间间隔的干预。如政府在每个月月末按照贬值2%的方式进行汇率调整,而不是在半年后一次性贬值12%的方式进行调整。图5-4描绘了这种汇率制度的变化。

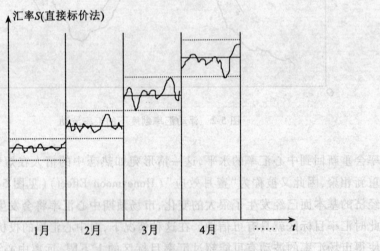

图 5-4　爬行钉住汇率制度下的法定贬值

(3)钉住一篮子货币(Basket Peg)。在不少情况下,一国不只是将本国货币钉住某一国货币,而是钉住一篮子货币。篮子货币的权重根据本国对该国贸易额占本国对外贸易总额的比重确定。之所以采用一篮子货币钉住的方法,主要是世界上关键货币之间汇率变化幅度较大,如果本国仅仅钉住甲关键货币,而甲货币与另一关键货币乙的汇率发生较大幅度波动(以升值为例),这意味着本国货币对货币乙出现升值,这将影响本国对乙国的贸易。因此采用一篮子钉住的方法可以降低本币对整个篮子货币组合的变化幅度。

假定人民币采取钉住篮子货币的汇率制度,在货币篮子当中,美元、欧元和日元的比重分别为50%、30%和20%。在基期,三种关键货币的汇率为 EUR/USD = 1.2335;USD/JPY = 95.6;美元与人民币之间的汇率为 USD/CNY = 8.2330。

根据以上汇率可以由此可套算出:EUR/CNY = 10.16;JPY/CNY = 8.61

8.2330 元人民币 = 1 美元 = 0.5×1 美元 + 0.3×1 美元 + 0.2×1 美元

8.2330 元人民币→0.5 美元 + 0.24 欧元(0.3÷1.2335) + 19.12 日元(0.2×

95.6)(请注意,"→"不代表等于,只代表其构成),其经济含义是每 8.2330 元人民币的篮子货币当中含有 0.5 美元、0.24 欧元和 19.12 日元。

如果在目标期,三种关键货币发生变化,人民币汇率将发生怎样的波动呢(权重不发生变化)?

假设之一:美元兑欧元和日元发生变化,EUR/USD = 1.3560,USD/JPY = 89.60,人民币汇率将如何变化?

期初汇率:EUR/USD = 1.2335;期末汇率:EUR/USD = 1.3560,欧元对美元的变化幅度为 109.9%,欧元的升值幅度为 9.9%。同样,期初汇率:USD/JPY = 95.6;期末汇率:USD/JPY = 89.60,日元对美元的变化幅度为 106.7%,即日元的升值幅度为 6.7%。

篮子货币期末值:8.2330 元人民币 = 0.5 × 1 美元 + 0.24 欧元期末的美元值 + 19.12 日元期末的美元值

8.2330 元人民币 → 0.5 美元 + 0.24 欧元 × 期末的欧元对美元汇率(1.3560)+ 19.12 日元 ÷ 期末的日元对美元汇率(89.6)

8.2330 元人民币→0.5 美元 +0.3 × 欧元对美元的变化率(1.3560/1.2335) + 0.2 × 日元对美元的变化率(95.6/89.6)

8.2330 元人民币 = 0.5 × 1 美元 + 0.3 ×(109.9%)美元 + 0.2 ×(106.7%)美元 = 1.0431 美元

化简后可得:USD/CNY = 7.8928;经套算之后可得 EUR/CNY = 10.7026;JPY/CNY = 11.35

简言之,欧元和日元相对于美元均出现了升值,采用钉住一篮子货币的汇率制度后,人民币对美元升值,同时人民币相对于欧元和日元均出现贬值。

假设之二:美元兑欧元和日元发生变化,EUR/USD = 1.1150,USD/JPY = 106.60,人民币汇率将如何变化?

期末值:8.2330 元人民币 = 0.5 × 1 美元 + 0.3 × 1 美元 × 欧元对美元的变化率 + 0.2 × 1 美元 × 日元对美元的变化率

8.2330 元人民币 = 0.5 × 1 美元 + 0.3 ×(90.4%)美元 + 0.2 ×(89.7%)美元 = 0.9506 美元

化简后可得:USD/CNY = 7.8922;EUR/CNY = 10.7018;JPY/CNY = 8.81。

简言之,美元相对于欧元和日元均出现了升值,采用钉住一篮子货币的汇率制度后,人民币对美元出现贬值,但是人民币对欧元和日元却出现了升值。

表 5-1 是美元汇率发生变化时人民币钉住篮子货币的变化情况。

表 5-1 美元汇率发生变化时人民币钉住篮子货币的变化情况

篮子货币权重	美元	欧元	日元	套算汇率	
	50%	30%	20%		
期初汇率	EUR/USD	USD/JPY	USD/CNY	EUR/CNY	JPY/CNY
	1.2335	95.60	8.2330	10.1554	8.61
篮子货币构成	美元	欧元	日元	CNY8.233 = USD1	
8.233 元人民币	0.50	0.24	19.12		
情况之一 期末汇率	EUR/USD	USD/JPY	USD/CNY	EUR/CNY	JPY/CNY
	1.3560	89.60	7.8922	10.7018	8.81
其他货币相对美元的变化率	欧元	日元	人民币	8.2330 元人民币 = 0.5 × 1 美元 + 0.3 × 1 美元 × (109.9%) + 0.2 × 1 美元 × (106.7%) = 1.0431 美元	
	109.9%	106.7%	104.3%		
人民币相对其他货币的变化率	欧元	日元	美元		
	94.9%	97.8%	104.3%	篮子货币相对美元的变化率为 104.31%	
篮子货币构成	美元	欧元	日元		
8.233 元人民币	0.50	0.22	17.92	USD/CNY = 7.8922	
情况之二 期末汇率	EUR/USD	USD/JPY	USD/CNY	EUR/CNY	JPY/CNY
	1.1150	106.60	8.6614	9.6574	8.13
其他货币相对美元的变化率	欧元	日元	人民币	8.2330 元人民币 = 0.5 × 1 美元 + 0.3 × 1 美元 × (90.4%) + 0.2 × 1 美元 × (89.7%) = 0.9506 美元	
	90.4%	89.7%	95.1%		
人民币相对其他货币的变化率	欧元	日元	美元		
	105.2%	106.0%	95.1%	篮子货币相对于美元的变化率为 95.06%	
篮子货币构成	美元	欧元	日元		
8.233 元人民币	0.50	0.27	21.32	USD/CNY = 8.6614	
情况之三 期末汇率	EUR/USD	USD/JPY	USD/CNY	EUR/CNY	JPY/CNY
	1.0280	78.90	8.6249	8.8664	10.93
其他货币相对美元的变化率	欧元	日元	人民币	8.2330 元人民币 = 0.5 × 1 美元 + 0.3 × 1 美元 × (75.8%) + 0.2 × 1 美元 × (113.6%) = 0.9546 美元	
	75.8%	113.6%	95.5%		
人民币相对其他货币的变化率	欧元	日元	美元		
	114.5%	78.8%	95.5%	篮子货币相对于美元的变化率为 95.46%	
篮子货币构成	美元	欧元	日元		
8.233 元人民币	0.50	0.29	15.78	USD/CNY = 8.6249	

假设之三：美元兑欧元和日元发生变化，EUR/USD = 1.0280，USD/JPY = 78.90，人民币汇率将如何变化？

期末值：8.2330 元人民币 = 0.5 × 1 美元 + 0.3 × 1 美元 × 欧元对美元的变化率 + 0.2 × 1 美元 × 日元对美元的变化率

8.2330 元人民币 = 0.5 × 1 美元 + 0.3 × (75.8%) 美元 + 0.2 × (113.6%) 美元 = 0.9546 美元

化简后可得：USD/CNY = 8.6249；EUR/CNY = 8.8664；JPY/CNY = 10.93

仍然以上述数据为例，在钉住单一货币（美元）条件下，人民币对其他货币的变化率又是多少呢？表 5-2 为钉住单一货币（美元）和钉住一篮子货币制度下美元对其他货币的变化率和人民币对其他货币的变化率的对比表。

表 5-2 　　　　钉住单一货币（美元）与钉住篮子货币汇率制度下
人民币对其他货币变化率的对比

	期初汇率	EUR/USD	USD/JPY	USD/CNY	EUR/CNY	JPY/CNY
		1.2335	95.6	8.2330	10.1554	8.61
	期末汇率	EUR/USD	USD/JPY	USD/CNY	EUR/CNY	JPY/CNY
情况之一	钉住单一货币（美元）	1.356	89.6	8.2330	11.1639	9.19
	美元对其他货币的变化率	91.0%	93.7%	100.0%		
	人民币对其他货币的变化率			100.0%	91.0%	93.7%
	钉住一篮子货币	1.356	89.6	7.8922	10.7018	8.81
	美元对其他货币的变化率	91.0%	93.7%	95.9%		
	人民币对其他货币的变化率			104.3%	94.9%	97.8%
	期末汇率	EUR/USD	USD/JPY	USD/CNY	EUR/CNY	JPY/CNY
情况之二	钉住单一货币（美元）	1.115	106.6	8.233	9.1798	7.72
	美元对其他货币的变化率	110.6%	111.5%	100.0%		
	人民币对其他货币的变化率			100.0%	110.6%	111.5%
	钉住一篮子货币	1.1150	106.60	8.6614	9.6574	8.13
	美元对其他货币的变化率	110.6%	111.5%	105.2%		
	人民币对其他货币的变化率			95.1%	105.2%	106.0%

	期初汇率	EUR/USD	USD/JPY	USD/CNY	EUR/CNY	JPY/CNY
情况之三	钉住单一货币(美元)	1.028	78.9	8.233	8.4635	10.43
	美元对其他货币的变化率	120.0%	82.5%	100.0%		
	人民币对其他货币的变化率			100%	120.0%	82.5%
	钉住一篮子货币	1.028	78.9	8.6249	8.8664	10.93
	美元对其他货币的变化率	120.0%	82.5%	104.8%		
	人民币对其他货币的变化率			95.5%	114.5%	78.8%

通过以上例子的对比可以发现,在钉住(美元)汇率制度下,人民币对其他货币的变化率就等于美元对其他货币的变化率。然而,在钉住一篮子货币的汇率制度下,人民币对其他货币的变化幅度显著缩小了。因此,钉住一篮子货币的汇率制度有助于稳定选择这一制度的货币对其他货币的变化幅度。

5.1.2 角点汇率假说

在亚洲金融危机爆发之后,经济学家们发现采用中间汇率制度的亚洲国家先后遭到攻击,大多数国家放弃了其原来的汇率制度,要么采用了更为灵活的汇率制度,如墨西哥、巴西采用了完全的浮动汇率制度;要么采用了更严格的钉住汇率制度,如厄瓜多尔在亚洲金融危机之后发生了严重的经济与政治危机,其总统不得不在2000年1月提出实施美元化,采用美元作为自己的法偿货币,虽然他很快下台,但是其继任者仍然支持这一方案,并最终实施了美元化方案。还有的国家在保持汇率制度不变的情况下,实施了更为严格的资本管制,如马来西亚。这产生了一种思潮,即中间汇率制度是不稳定的,要么采用严格的固定汇率制度,要么采用完全的浮动汇率制度,采用中间汇率制度的国家在投机攻击的压力下会向其中的一种汇率制度转移,这就是汇率制度选择的角点解假说(the Corner Hypothesis)。

彻底的固定汇率制度包括以下三种类型:

(1)货币联盟(Monetary Union)。各成员国不再拥有自己的货币,而是共同拥有一种货币和一个中央银行,各国之间允许资本自由流动。本国货币不存在,这就意味着投机者失去了攻击的对象;如果要攻击货币联盟的共同货币,所需要的资金规模则更大。1999 年问世的欧洲货币联盟是一个典型案例。

(2)美元化。这里的美元是指世界上的关键货币,如美元、欧元等货币。完全的美元化(Full Dollarization)就是一国放弃本国货币,将一种稳定的外国货币——通常是美元——作为其法定货币(Legal Tender),这也被认为是正式的美元化(Formal Dollarization or Official Dollarization)。其主要优势在于消除一国货币突然急剧贬值的风险,使得其能够降低国际借款的风险补偿率(Risk Premium)。实施"美元化"的经济体可以在国际投资者中享有较高的信心,可以降低国际借款利差和财政成本并促进投资和经济增长。因此阿根廷总统梅内姆曾经就建议采用美元作为解决阿根廷长期存在的货币与汇率问题的最终方法。到目前为止,实施美元化最为成功的国家是巴拿马。

在全面实施"美元化"的情况下,所有的政府和私人部门的债务都以美元计算,公共和私人账户都必须转换为美元标价的账户,因此实施正式美元化的国家必须为转换原有资产与负债确定本币与美元之间的兑换比率。在不少拉美国家和转轨国家,往往由于本国的通胀率较高,实施一种有限的、非正式的"美元化"(Informal Dollarization or Unofficial Dollarization)。这些国家的居民在其国内银行持有外币现钞和外币存款,在日常交易中,美元与其他硬通货与本币一起得到广泛运用。相对于正式的美元化,非正式的美元化则是政府对民间使用外币替代本国货币发挥价值尺度和流通媒介的功能采取默许的态度。

还有必要解释货币替代(Currency Substitution)和资产替代(Asset Substitution)现象。所谓货币替代,就是外币现钞代替本币现钞发挥价值尺度和流通手段功能,这一现象主要发生在本国通胀率较高的国家。这体现了居民防范通胀风险和汇率风险的资产选择行为。所谓资产替代,主要是来自对本币和外币资产的风险和收益率的考虑。持有外币资产,可以使得居民规避汇率风险。在日常交易中,本国居民仍然主要使用本国货币。

(3)货币局制度(Currency Board System)。所谓货币局就是专门从事货币发行的机构,最关键的特征是其发行的纸币与硬币均可以按要求以固定的汇率兑换成外币或者其他储备货币。如果要改变这一兑换比率,必须通过相应的法律程序。货币局持有的储备资产主要是高质量并有利息收入的外币资产,与本币负债相比,其比率至少是 100% 甚至更高一点。资产方的利息收入是货币局的主要收入来源。因此虽然可以将货币局视为一种货币发行制度,但更多地将其视为一种较严格的汇率制度。

由于国际资本流动的日益频繁,在理论上汇率的角点解假说被认为可以规避或者大幅度减少国际资本的投机攻击。对于货币联盟这一汇率制度,对于单个国家而言,已经不存在本国货币,只存在货币联盟的单一货币,因此投机者攻击该货币需要动用更大规模的资金;对于正式的美元化制度,由于不存在攻击的对象,汇率投机也就不复存在;对于采用货币局制度的国家而言,政府当局放弃原有的汇率水平需要经过一系列法律程序,成本与代价高昂,迫使政府更坚定地抵御投机者的攻击。

5.1.3 汇率失调与货币操纵

在不少文献当中,还会提到汇率失调(Exchange Rate Misalignment)问题。所谓汇率失调,就是指汇率水平偏离长期均衡水平。什么是货币操纵(Currency Manipulation)呢? 在 IMF 的《1977 年汇率政策监督决定》当中,货币操纵是指当事国长期、单向、大量地干预外汇市场。IMF 在 2007 年 6 月 21 日通过的《对成员国政策双边监督的决定》认为:货币操纵就是当事国为阻止有效的国际收支调整或取得对其他成员国不公平的竞争优势而操纵汇率。操纵汇率既可能是当事国主动造成汇率变动,又可能主动阻止这种汇率变动,具体包括以下方面:

(1)在外汇市场进行持续、大规模的单向干预。

(2)以国际收支为目的的不可持续的或带来过高流动性风险的官方或准官方借款,或过度的、长时间的官方或准官方外国资产积累。

(3)出于国际收支目的,实行、大幅强化或长期维持对经常交易或支付的限制性或鼓励性措施;出于国际收支目的,实行或大幅修改对资本流入或流出的限制性或鼓励性措施。

(4) 出于国际收支目的,实行非正常鼓励或阻止资本流动的货币和其他国内金融政策。

(5)根本性汇率失调。

(6)大量和持续的经常项目逆差或顺差。

(7)私人资本流动导致的对外部门显著脆弱性,包括流动性风险。

5.2 IMF 对当前全球汇率制度安排的分类

亚洲金融危机之后,国际货币基金组织(IMF)对全球各国的汇率制度进行了重新划分。从 1999 年 1 月开始，IMF 根据全球各国事实上的汇率制度进行了分类，该分类不完全等同于成员国官方宣布的汇率制度安排。新的分类方法根据汇率安排的灵活程度以及是否存在对某些汇率路径的正式或非正式承诺来对汇率安排进行分类（见图 5-5）。截至 2008 年 4 月底，IMF 将 188 个成员国的汇率制度分为三类，实行硬钉住（Hard Pegs）的国家 23 个、实行软钉住（Soft Pegs）的国家 81 个和实施自由浮动（Floating Regimes）的国家 84 个。大多数实行软钉住的国家是传统的固定汇率制度（Conventional Fixed Pegs），共有 68 个国家，大多数实行浮动汇率制度的国家是有管理的浮动汇率制度，共有 44 个国家。

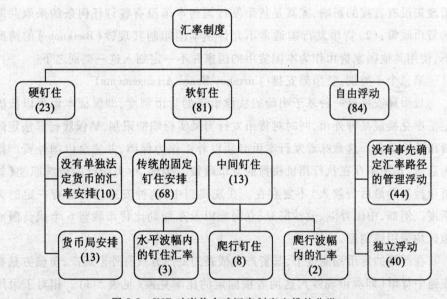

图 5-5   IMF 对当前全球汇率制度安排的分类

资料来源：IMF，http://www.imf.org/external/np/mfd/er/2008/eng/0408.htm.

第一类：硬钉住（Hard Pegs）

第一个子类别：没有单独法定货币的汇率安排（Exchange Arrangements with no Separate Legal Tender）。

所谓没有单独法定货币的汇率安排是指其他国家的货币作为唯一的法定货币流通（正式的美元化），采用这类制度意味着货币当局完全放弃对国内货币政策的控制。该汇率制度类型实际上就是货币联盟,即参加货币联盟的国家不再拥有独立的货币,也不再有独立的货币政策,这相当于参加货币联盟的国家货币永久性的固定,同时各国间资本自由流动。为了更好地定义货币联盟的汇率制度的性质,从 2007 年 4 月 1 日开始,IMF 对货币联盟各成员国汇率制度的分类进行了调整。新的分类方法是基于整个货币联盟对其他货币的波动率,而不是基于货币联盟成员国和货币联盟之间的关系。例如,属于欧元区的 13 个国家的汇率制度在 2007 年被归为独立浮动的汇率制度范畴内。中非法郎区(钉住欧元)被划归钉住汇率制度,东加勒比货币联盟(Eastern Caribbean Currency Union)被视为货币局制度。

此时存在以下两种情况:(1)使用其他国家货币作为本国货币对本国的货币政策没有直接的影响,尤其是货币发行国与本国没有签订任何条约采取共同的货币政策;(2)货币发行国通常不允许在本国印制其现钞(Banknote)的情况下,使用其他国家货币作为本国货币的国家并不一定划入这一类别之下。

第二个子类别:货币局安排(Currency Board Arrangements)

货币局安排是一种基于明确的法律承诺的货币制度,即保证本币可以按固定汇率兑换成某种外币,同时对货币发行当局实行职能限制,确保履行其法定的货币兑换义务。这意味着发行本币必须以外汇作为保障,并完全以国外资产作为后盾,几乎不存在执行相机抉择的货币政策的余地,中央银行的传统职能(如货币控制和最后贷款人)不复存在。在现实当中,这种安排仍可能有一定的灵活度。例如,中国香港、爱沙尼亚、立陶宛以及东加勒比货币联盟 6 个成员国或地区均采用该制度。

在严格的货币局制度下,其资产负债表的资产方只有外汇资产,负债方只有流通中货币(即本币现钞),这两者按固定的比率兑换(见表 5-3)。相对于采用其他汇率制度的中央银行而言,资产方没有对本国政府债权项目,即货币局不存在向本国政府的融资;资产方也没有对本国金融机构债权,即货币局不发挥"最后贷款人"职能。货币局不向本国政府和金融机构提供融资,意味着不存在货币扩张。本国流通中现钞的增长只有伴随着本国持有的外汇资产增加才可能实现。这是传统的货币局制度,现在采用这一汇率制度的政府在某些方面的做法都有所改变,如中国香港金融管理局承诺在银行遇到挤提时将施以援手,阿根廷在 2002 年放弃该制度之前,对本国政府提供信贷等。

表 5-3　　　　　采用货币局制度安排的货币当局资产负债表

资产	负债
外汇储备	货币发行

第二类：软钉住（Soft Pegs）

第一个子类别：传统的固定钉住安排（Conventional Fixed Peg Arrangements）

一国货币钉住另一货币，其波幅在 ±1% 内或更小；或者钉住某种汇率合作安排（如第二阶段的欧洲汇率机制）或一篮子货币，该篮子货币主要由贸易或金融伙伴国的货币组成，其权重反映贸易、服务或资本流动的地理分布。货币篮子也可以是标准化的，如特别提款权。采用这一汇率制度的货币当局不存在不可更改地维持汇率平价的承诺。汇率至少在 3 个月内可以围绕中心汇率在不到 ±1% 的狭窄区间内波动（或者汇率的最大值和最小值可以保持在 2% 的幅度内）。货币当局通过直接干预（例如通过在市场上买卖外汇）或间接干预（例如通过运用利率政策、实行外汇管制或运用道义劝告限制外汇活动，或者通过其他公共机构干预）维持窄幅波动。货币政策的灵活程度虽然有限，但却高于硬钉住的汇率制度，因为中央银行仍可以行使其传统职能，而且货币当局可以调整汇率水平，尽管相对来说这并不频繁。

第二个子类别：中间钉住（Intermediate Pegs）

第一个小类：水平波幅内的钉住汇率（Pegged Exchange Rates within Horizontal Bands）

汇率的波动幅度围绕固定汇率上下波动，其幅度大于 ±1%（或者汇率的最大值和最小值之间的差幅超过 2%）。像传统的固定钉住汇率一样，它可以钉住单一货币，复合货币或合作安排（如第二阶段的欧洲汇率机制）。货币政策具有一定的自主性，这取决于汇率的波动幅度。

第二个小类：爬行钉住（Crawling Pegs）

货币定期按固定幅度做小幅调整，或者根据某些量化指标（如与主要贸易伙伴过去的通货膨胀率差异，或者是预期通货膨胀率的差异等）的变化进行调整。爬行幅度的确定可以是"回顾性"的，也可以是"前瞻性"的，前者旨在针对选定的通货膨胀率或其他指标进行调整，后者则确定为事先宣布的固定幅度和/或低于预期的通货膨胀率差异。与传统的固定钉住汇率制度类似，维持爬行钉住的汇率制度对货币政策也构成制约。

表 5-4 为 1996—2008 年 4 月世界各国汇率制度的演变。

表 5-4　　　　　**1996—2008 年 4 月世界各国汇率制度的演变**

	1996	2001	2002	2003	2004	2005	2006	2007 April	2008 April
硬钉住	17	21	22	22	22	22	22	23	23
没有单独法定货币的汇率安排	2	8	9	9	9	9	9	10	10
货币局安排	15	13	13	13	13	13	13	13	13
软钉住	107	72	73	72	72	76	83	82	81
传统的固定钉住安排	63	55	60	60	63	63	73	70	68
钉住单一货币	49	45	50	52	55	58	68	63	56
钉住组合货币	14	10	10	8	8	5	5	7	12
中间钉住	44	17	13	12	9	13	10	12	13
水平波幅内的钉住汇率	18	6	5	4	1	5	5	5	3
爬行钉住	14	6	5	5	5	8	5	6	8
爬行波幅内的汇率	12	5	3	3	…	…	…	1	2
浮动汇率制度安排	60	93	92	93	93	89	82	83	84
管理浮动	37	43	45	46	49	51	45	48	44
独立浮动	23	50	47	47	44	38	37	35	40

资料来源：IMF,2007,"Review of Exchange Arrangements, Restrictions, and Controls".

2008 年的数据来自 http://www.imf.org/external/np/mfd/er/2008/eng/0408.htm.

第三个小类：爬行波幅内的汇率(Exchange Rates within Crawling Bands)

货币汇率维持在中心汇率附近至少为 ±1% 的一定幅度之内(或者汇率的最大值和最小值之间的差幅超过 2%)。中心汇率或波幅定期按固定幅度调整或根据一些量化指标的变化进行调整。汇率弹性是汇率波幅的函数。波幅要么对称地围绕中心汇率，要么选择不对称的上限和下限并逐步扩大(在这种情况下可能没有事先宣布中心汇率)。将汇率维持在波幅以内的承诺对货币政策构成制约，货币政策的独立性程度是汇率波幅的函数。

第三类：浮动汇率制度安排(Floating Arrangements)

第一个子类别：没有事先确定汇率路径的管理浮动（Managed Floating with no Predetermined Path for The Exchange Rate）

货币当局试图在没有明确的汇率路径或目标的情况下影响汇率。管理汇率所依据的指标基本上是判断性的（例如国际收支头寸、国际储备和外汇平行市场的发展），而且汇率的调整不一定是自动的。汇率干预可以是直接的，也可以是间接的。

第二个子类别：独立浮动（Independently Floating）

汇率由市场供求决定，任何官方的外汇市场干预都旨在缓和汇率的波动幅度并防止汇率的急剧变化，而不是为了达到某一汇率水平。换言之，该汇率制度下的汇率干预仅仅是有限的干预。

5.3　IMF 对货币政策框架的分类及"不可能三角"定理

IMF 的分类不仅给出了成员国的汇率制度，还对各国的货币政策框架（Monetary Policy Framework）进行了分类。

5.3.1　IMF 对货币政策框架的分类

IMF 对各国货币政策框架进行分类，主要是源于各国货币当局采用何种名义锚来约束本国的货币政策，提高本国货币政策的可信度。更主要的是，各国汇率制度的选择离不开货币政策的执行和操作。因此，货币政策框架是本国汇率制度稳定的重要制度背景，一国汇率制度的选择也必须和本国的货币政策框架相一致。从总体上看，对货币的名义锚进行分类主要有两大类：一类是针对货币的数量，即货币供应量的年增长率；另一类是针对货币的价格，这又可以分为货币的对内价格和对外价格，前者是通货膨胀率或者是对未来通货膨胀率的预期，后者是本国对外币的汇率；其具体分类如下：

第一类：汇率锚（Exchange Rate Anchor）

为了将汇率维持在事先宣布的水平或幅度以内，货币当局随时准备按既定的牌价买入或卖出外汇；汇率充当货币政策的名义锚或中介目标。这类制度包括没有单独法偿货币的汇率制度、货币局安排、有波幅（或无波幅）的固定钉住，有波幅（或无波幅）的爬行钉住。

第二类：货币总量锚（Monetary Aggregate Anchor）

货币当局运用其货币政策工具来实现某一货币总量（如储备货币、M_1、M_2

133

等)的目标增长率,货币目标总量成为货币政策的名义锚或中介目标。

第三类:以通货膨胀为目标的框架(Inflation Targeting Framework)

该框架包含公开宣布的中期通货膨胀率目标以及货币当局实现该目标的制度承诺。其他主要特征则包括:增加与公众和市场的沟通,阐明货币政策制定者的计划和目标;加强中央银行对实现通货膨胀目标的问责性。货币政策的变化取决于未来通货膨胀率的预测值与事先宣布的通货膨胀率目标的偏离,通货膨胀预测值(明确或隐含地)充当货币政策的中介目标。

第四类:其他(Other)

一国没有明确宣布货币政策的名义锚,而是在货币政策执行过程中对各项指标进行监测,或者无法获取该国相关的重要信息。例如,美国、欧元区和日本均被划分在该类型下。

对于中国而言,在亚洲金融危机之后,IMF 对中国汇率制度的划分归结为传统的固定钉住安排,对中国货币政策框架的分类是货币总量锚。在 2005 年 7 月中国进行了人民币汇率制度改革,在 2006 年 IMF 的《年报》当中,对此进行了特别说明,IMF 认为从 2005 年 7 月末到 2006 年 4 月末,人民币汇率更加富有弹性,但是人民币对美元的波动幅度不足 2%(以三个月为一个周期),因此仍然将人民币汇率制度归类为传统的固定钉住安排。在 2009 年 2 月公布的新的货币政策框架分类当中(截至 2008 年 4 月 30 日),中国的货币政策框架修改为采用汇率锚,同时选择了爬行钉住的汇率制度。

5.3.2 "不可能三角"定理

"不可能三角"(The Impossible Trinity, Inconsistent Trinity)定理又称为"三元悖论"或者"克鲁格曼三角",指的是在独立的货币政策、固定汇率制度和资本自由流动这三者之间只能同时选择其中的两者(见图 5-6)。

例如,政府可以选择独立的货币政策和固定汇率制度,放弃资本自由流动,如中国在 1998 年亚洲金融危机之后一直到 2005 年 7 月 21 日人民币汇率制度改革的这段时间;政府也可以选择独立的货币政策和资本自由流动,那么就必须放弃汇率稳定,如美国就一直采取采取这一模式;政府当然也可以选择固定汇率制度和资本自由流动,放弃独立的货币政策,如中国香港地区采取的就是这一模式,中国香港地区的货币政策根据美联储的货币政策调整而调整。因此,汇率制度的选择与货币政策的有效性关系密切,有关这一点在后面的蒙代尔—弗莱明模型中还将提到。

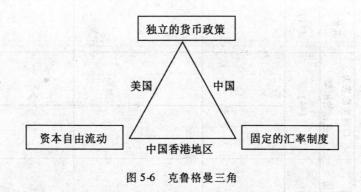

图 5-6　克鲁格曼三角

汇率机制的实际分类与货币政策框架如表 5-5 所示。

5.4　固定汇率与浮动汇率的优劣比较

20 世纪 60 年代以来,在以可调整的钉住汇率制度为特征的布雷顿森林体系下,各国在宏观经济调控方面表现得并不尽如人意,先后出现了内部经济均衡与外部经济均衡之间的冲突,因此不少经济学家建议采用浮动汇率制度。到 1973 年布雷顿森林体系崩溃,不少工业化国家采用了浮动汇率制度。然而,到 20 世纪末期,欧元的诞生又使得世人开始探讨固定汇率制度的可行性问题。因此,固定汇率制与浮动汇率制孰优孰劣的争论一直是国际金融学领域内的一个重要问题。下面分别介绍各自的观点。

1. 赞成浮动汇率制度的理由

(1)浮动汇率制能够自动实现国际收支平衡,而无需以牺牲国内经济为代价。换言之,浮动汇率制度以国内经济均衡为目标,避免国内经济的大幅度波动。在固定汇率制度下,一国经济必须以外部经济均衡——汇率稳定为目标,这必然造成国内经济政策以此为导向,国内经济政策的选择以维持汇率稳定为前提。如果当本币面临贬值压力,且国内经济处于萧条阶段,为干预本币汇率,本国货币当局动用外汇储备,导致基础货币下降,并使得货币供应量下跌;而为了刺激萧条的国内经济,应该扩大货币供应量,由此形成的冲突是固定汇率制度无法解决的。在浮动汇率制度下,汇率的自由浮动可以发挥其自动稳定器的作用。

(2)浮动汇率制能维持本国货币政策的自主性。在浮动汇率制度下,本国货币当局可以选择适合本国经济的通胀率水平,货币政策不必为维持汇率稳定

表5-5　汇率机制的实际分类与货币政策框架

汇率制度（国家或地区数）	货币政策框架						
	汇率锚				货币总量锚(22)	以通货膨胀为目标的框架(44)	其他①(11)
	美元(66)	欧元(27)	组合货币(15)	其他(7)			
没有单独法定货币的汇率安排(10)	厄瓜多尔 萨尔瓦多 马绍尔群岛 密克罗尼西亚联邦 帕劳 巴拿马 东帝汶	黑山 圣马力诺		基里巴斯			
货币局安排(13)	安提瓜和巴布达② 吉布提 多米尼加② 格林纳达 中国香港 圣基茨和尼维斯 圣卢西亚② 圣文森特和格林纳丁斯②	波斯尼亚和黑塞哥维那 保加利亚 爱沙尼亚③ 立陶宛④		文莱			
传统的固定钉住安排(68)	安哥拉 阿根廷 阿鲁巴 巴哈马 巴林 塞舌尔共和国 塞拉利昂 所罗门群岛 斯里兰卡 苏里南	贝宁 布基纳法索④ 喀麦隆⑤ 佛得角 中非共和国⑤	斐济 科威特 利比亚 摩洛哥 俄罗斯联邦	不丹 莱索托 纳米比亚 尼泊尔 斯威士兰	阿根廷 马拉维 卢旺达 塞拉利昂		

续表

汇率制度（国家或地区数）	货币政策框架						
	汇率锚				货币总量锚 (22)	以通货膨胀为目标的框架 (44)	其他①(11)
	美元 (66)	欧元 (27)	组合货币 (15)	其他 (7)			
传统的固定钉住安排 (68)	孟加拉国　巴巴多斯　白俄罗斯　伯利兹　厄立特里亚　圭亚那　洪都拉斯　约旦　哈萨克斯坦　黎巴嫩　马拉维　马尔代夫　蒙古　荷兰　安的列斯群岛　阿曼　卡塔尔　卢旺达　沙特阿拉伯　塔吉克斯坦　特立尼达和多巴哥　土库曼斯坦　阿拉伯联合酋长国　委内瑞拉共和国　玻利维亚　越南　也门共和国　津巴布韦	乍得⑨　科摩罗　刚果共和国⑩　科特迪瓦　克罗地亚共和国　丹麦⑪　赤道几内亚⑫　加蓬　几内亚比绍⑬　拉脱维亚⑭　马其顿　马里　尼日尔⑮　塞内加尔⑯　多哥⑰	萨摩亚群岛　突尼斯					

汇率制度（国家或地区数）	货币政策框架						
	汇率锚				货币总量锚（22）	以通货膨胀为目标的框架（44）	其他①（11）
	美元（66）	欧元（27）	组合货币（15）	其他（7）			
水平波幅内的钉住汇率（3）		斯洛伐克③	叙利亚 汤加				
爬行钉住（8）	玻利维亚 中国 埃塞俄比亚 伊拉克 尼加拉瓜 乌兹别克斯坦		博茨瓦纳 伊朗伊斯兰共和国				
爬行波幅内的汇率（2）	哥斯达黎加		阿塞拜疆				
没有事先确定汇率路径的管理浮动（44）	柬埔寨 吉尔吉斯 老挝 利比里亚 毛里塔尼亚 毛里求斯		阿尔及利亚 新加坡 瓦努阿图		阿富汗 布隆迪 冈比亚 格鲁吉亚 几内亚 海地	亚美尼亚② 哥伦比亚 加纳 危地马拉 印度尼西亚 秘鲁	多米尼加共和国 埃及 印度 马来西亚 巴基斯坦 巴拉圭

续表

汇率制度或（国家或地区数）	货币政策框架						
	汇率锚				货币总量锚(22)	以通货膨胀为目标的框架(44)	其他①(11)
	美元(66)	欧元(27)	组合货币(15)	其他(7)			
没有事先确定汇率路径的管理浮动(44)	缅甸 乌克兰				牙买加 肯尼亚 马达加斯加 摩尔多瓦 莫桑比克 尼日利亚 巴布亚新几内亚 几内亚 圣多美和普林西比 苏丹 坦桑尼亚 乌干达	罗马尼亚 塞尔维亚[6] 泰国 乌拉圭	
独立浮动(40)					赞比亚	阿尔巴尼亚[7] 澳大利亚[7] 奥地利[7] 比利时[7] 卢森堡[7] 意大利[7] 马耳他[7] 墨西哥	刚果共和国 日本 索马里 瑞士

续表

汇率制度或(国家或地区数)	货币政策框架						
	汇率锚				货币总量锚 (22)	以通货膨胀为目标的框架 (44)	其他① (11)
	美元 (66)	欧元 (27)	组合货币 (15)	其他 (7)			
独立浮动 (40)					巴西 加拿大 智利 塞浦路斯⑦ 捷克共和国 芬兰⑥ 法国⑥ 德国⑥ 希腊⑥ 匈牙利 冰岛 爱尔兰⑥ 以色列 韩国	荷兰⑥ 新西兰 挪威 菲律宾 波兰 葡萄牙⑥ 斯洛文尼亚⑥ 南非 西班牙⑥ 瑞典 土耳其 英国	美国

资料来源:http://www.imf.org/external/np/mfd/er/2008/eng/0408.htm.

注释:①包括没有明确宣布的名义货币锚,但是在货币政策操作过程中监控一系列指标。②参加东加勒比货币区的成员国。③参加第二阶段欧洲汇率机制(ERM II)的成员国。④参加西非经济与货币联盟的成员国。⑤参加中非经济与货币联盟的成员国。⑥参加欧洲经济与货币联盟的成员国。⑦参加欧洲经济与货币联盟,并正准备向全面实施通货膨胀目标制转变。⑧从1989年12月末开始。

而受到约束。偏好低通胀、高失业的国家可以采取紧缩性的宏观经济政策,使得本币升值;而偏好高通胀、低失业的国家可以采取扩张性的宏观经济政策,使得本币贬值和通货膨胀。这与固定汇率制度存在显著的差异,即浮动汇率制度下,要求彼此汇率固定的国家保持相同的通胀率,从而保证各国竞争力的不变。

(3)浮动汇率制度能够运用汇率政策来规避外部经济的冲击。在浮动汇率制度下,一国政府的政策工具不仅有货币政策和财政政策,而且增加了汇率政策,通过汇率的变化规避外部经济的冲击,同时也因为汇率的浮动使得国际收支不平衡可以自行消除。也正因为如此,实行浮动汇率制度的国家持有国际储备的必要性下降。

(4)国际货币的发行国与非国际货币的发行国的地位在浮动汇率制度下是对称性的,在布雷顿森林体系下却是非对称性的。在该体系下,这种非对称性主要体现在两个方面:

一是各国货币政策的主动性存在非对称性。由于美元处于中心地位,即其他国家的货币必须钉住美元,累积美元作为其国际储备,相应地,美联储在决定世界范围内的货币供给方面处于领导地位,同时美联储可以根据美国国内经济的状况进行货币调控,而不必顾忌其国际储备问题。然而对于其他国家的货币当局来说,国内货币的供给处于被动地位。

二是各国运用汇率政策的主动性存在非对称性。在布雷顿森林体系下,其他各国出现"根本性失衡"时,可以使本国货币相对于美元贬值;然而在该体系下,当美国出现国际收支失衡时,美元却无法主动相对于其他货币贬值。

2. 赞成固定汇率制度的理由

在赞成固定汇率制度的人士看来,浮动汇率制度也不是完美无缺的。其不足主要体现在以下方面:

(1)虽然浮动汇率制度能够增加货币政策的自主性,但是也使得货币政策的纪律约束不复存在。在没有外部约束的情况下,货币当局在面临通货膨胀的状态下采用紧缩性货币政策的压力显著降低。

(2)浮动汇率导致不稳定的投机行为和货币市场的动荡。对汇率变化的投机行为可能会导致国际外汇市场的不稳定,这种不稳定反过来又会对各国的内外部经济均衡产生消极影响。

(3)汇率变化对价格的棘轮效应,形成所谓的通货膨胀倾向(Inflation Bias)。通过本币贬值而导致进口的最终产品和中间产品价格上涨会最终提高国内总的物价水平;相反,通过本币升值却不能够使得国内物价水平出现相应水平的下降,所以浮动汇率制度下可能出现贬值——通货膨胀的恶性循环。

(4)对国际贸易和国际投资的不利影响。浮动汇率使得国际市场价格变得无法预测,币值的波动会使得进出口商无法确定其收支的价格,使得国际贸易的成本提高,从而对国际贸易和国际投资产生不利的影响。对于这一点,赞成浮动汇率制度的学者认为经济主体可以通过利用远期外汇市场来规避这一风险。相反,对于钉住汇率制度而言,钉住汇率制度下的平价往往会出现调整,此时利用远期外汇市场来规避汇率风险的成本是很高的。

(5)更大政策自主性的错觉。浮动汇率制度并不能真正给各国带来更大的政策自主权。尽管在理论上浮动汇率制度能够隔绝外国通货膨胀的冲击,并允许各国中央银行决定合意的货币供给,但这并不意味着浮动汇率也能够使得中央银行对影响就业和其他实际经济变量,如实际货币供给的控制加强,由于货币供给会对汇率产生影响,以至于政策制定者不得不考虑这些措施对汇率的影响。因此,浮动汇率在增加经济中的不确定性同时,没有给予宏观经济政策更大的自由空间。

(6)互不协调的经济政策。由于浮动汇率制度放弃了汇率调整的规则,各国就倾向于采取竞争性贬值政策,而这对世界经济产生不利影响。恰如两次世界大战期间实行的浮动汇率制度,各国采取的以邻为壑的政策使得各国都遭受不利影响。

Moosa(2005 年)对以上争论进行了归纳,对影响汇率制度选择的因素进行了总结,具体如表 5-6 所示。

表 5-6　　　　　　　　　　　　汇率制度选择的影响因素

影响因素	固定汇率制度	弹性汇率制度
经济规模	小型经济	大型经济
经济开放度	开放经济	封闭经济
经济政策的国际约束	接受	拒绝
经济结构	多样化程度较低	多样化程度较高
资本流动	低	高
对外贸易的地理分布	集中化	分散化
金融体系的复杂性	低	高
劳动力的流动性	高	低

影响因素	固定汇率制度	弹性汇率制度
与世界通胀率的差异	低	高
存在主要的贸易伙伴	是	否
存在外国名义冲击	否	是
存在国内名义冲击	是	否
存在国内外的实际冲击	否	是
共同的政策目标	是	否
对不确定性的关注	高	低
经济/金融发展程度	低	高
外汇负债的规模	大	小
对外借款的能力	低	高
汇率传递	高	低
工资指数化	完全的	部分的
对流动资本的依赖	高	低
国内资本市场的分割	高	低
政策制定者的可信度	高	低

资料来源：Imad A. Moosa. Exchange Rate Regimes：Fixed, flexible or something in between？Palgrave Macmillan，2005.

5.5 汇率制度选择的模型分析 *

上述分析表明,固定汇率制度和浮动汇率制度各有优缺点,因此很难给出一个明确的答案。事实上,有许多因素影响汇率制度的选择。如何在一个统一的模型中来选择汇率制度的类型呢？这主要基于以下三个方面的考虑:冲击的类型、货币当局的目标函数和经济的结构参数。当经济面临不同类型的冲击时,哪种汇率制度更能够稳定经济？更能够稳定经济的汇率制度就被认为是最优的汇率制度。那么,冲击主要有哪些呢？经济学家们通常认为有三种类型的冲击:货币需求冲击、总需求冲击和总供给冲击。什么是经济稳定呢？通常其稳定包括两方面的含义:价格稳定和产出稳定。整个的社会目标取决于这两者的加权平均。显然,不同的经济体具有不同的经济结构参数。所谓经济结构参数就是在不同国家总供给曲线、总需求曲线以及货币需求曲线的斜率存在显著性的差异。下面通过模型来具体分析。

5.5.1 模型的基本假设

(1)本国总的物价水平(P)由两部分组成,即国内商品价格(P_d)和外国商品的本国价格(SP_f)的加权平均,权重分别为 θ 和($1-\theta$),并且以柯布·道格拉斯模型来确定,即 $P = P_d^\theta (SP_f)^{1-\theta}$。对该式取对数之后,得到

$$p = \theta p_d + (1-\theta)(s+p_f)$$

其中,p 为包括外国进口品在内的本国总价格的对数值,p_d 为本国商品价格的对数值,p_f 为外国商品价格以外币价格表示的对数值,转换成本币价格表示的对数值就是 $s+p_f$。

(2)货币需求函数:

$$m = p + \alpha y - \beta i + u_L$$

其中:m、p 和 y 分别是以对数值表示的本国货币供给量、本国总的物价水平和本国实际收入;i 表示本国利率水平;α 和 β 分别为货币需求的收入弹性和利率半弹性;u_L 表示临时性货币需求冲击,即该冲击是均值为 0 的正态分布。

(3)实际汇率(对数值)的表达式:

$$q = s + p_f - p_d$$

如果国内商品价格上涨,这将导致本币实际汇率升值,即 q 下跌。

(4)实际利率根据费雪效应给出,即实际利率等于名义利率减去预期通货膨胀率:

$$r = i - (p_d^E - p_d)$$

其中:p_d^E 和 p_d 分别为预期的国内商品价格和当期的国内商品价格的对数值,因此括号内的表达式就是预期通货膨胀率。如果国内商品价格上涨,实际利率将出现上涨;反之,实际利率将出现下跌。

(5)总需求(y_d)是政府支出(g)、实际汇率($s+p_f-p_d$)、长期总供给水平(y_n)和国内实际利率(r)的函数,以上各变量除利率外,均取对数,其表达式如下:

$$y_d = g + \delta(s+p_f-p_d) + \phi y_n - \gamma r + u_{y_d}$$
$$y_d = g + \delta(s+p_f-p_d) + \phi y_n - \gamma(i+p_d-p_d^E) + u_{y_d}$$

其中：u_{y_d} 表示临时性总需求冲击，该冲击是均值为 0 的正态分布。δ 和 γ 为总需求对实际汇率的弹性系数的半弹性系数和实际利率。

(6)非抵补的利率平价：

$$i = i_f + (s^E - s)$$

其中：s 和 s^E 分别为（对数形式的）名义汇率和下一期的预期名义汇率。

(7)国内产出供给的决定。国内产出供给与实际工资率成反比，如果厂商的国内商品价格相对于名义工资提高，那么产出增加；反之则减少产出。

$$y_s = \sigma(p_d - w) + u_{y_s}$$

其中：u_{y_s} 表示临时性总供给冲击。该冲击是均值为 0 的正态分布。

(8)国内产出与劳动力投入的关系：

$$y_s = y_s(L), \frac{\partial y_s}{\partial L} > 0, \frac{\partial^2 y_s}{\partial L^2} < 0。$$

其中：$\frac{\partial y_s}{\partial L} > 0$ 表示产出随着劳动力投入的增加而增加；$\frac{\partial^2 y_s}{\partial L^2} < 0$ 表示劳动力投入的边际产出递减。

(9)名义工资水平的决定。名义工资率由厂商和劳动者每一期的工资合同确定，其目标是使得预期产出达到长期产出率的水平（y_n）。

$$w = w^*$$

其中：w^* 表示实现长期产出率的工资水平（对数值）。

(10)货币当局目标函数的决定：

$$L(p, y) = b(y - y_n)^2 + (1-b)(p_d - p_n)^2$$

其中：L 表示货币当局的损失函数，其含义是货币当局使得产出水平和国内物价偏离其长期目标值（均取对数形式）最小。b 表示货币当局对产出稳定目标的权重，$1-b$ 表示货币当局对物价稳定目标的权重。

(11)模型的成立。为了使模型成立，必须使得当期的货币需求等于货币供给（$m_d = m_s$），当期的总需求等于总供给（$y_d = y_s$）。

(12)不同汇率制度下内生变量和外生变量的确定。在固定汇率制度下，完全的资本流动和完全的资产替代意味着国内利率等于外国利率，并且货币供给是内生决定的。在浮动汇率制度下，货币供给是外生的，汇率和国内利率则是内生决定的，但受非抵补利率平价的约束。

(13)冲击的性质和预期的性质。由于这里讨论的是临时性的冲击，经济系统能够被预期恢复到均衡状态，因此这种冲击过后经济能够自行恢复均衡。也正因为如此,如果外部冲击使得价格或者产出水平超过了其正常的均衡水平,它们在下一期恢复到正常水平。同样,如果当期本币贬值了,下一期将出现升值预期回到均衡水平。

5.5.2 均衡点的确定

在以(对数形式的)国民收入和国内商品价格水平分别为横坐标和纵坐标的平面图中,总需求曲线、总供给曲线和货币需求曲线相交于一点。

总需求曲线(y_d)向右下方倾斜,表示当国内商品价格上升导致对国内商品需求的下降,国民收入下跌。其原因包括:第一,国内商品价格上升导致出口需求下降;第二,国内商品价格上升还使得实际利率上涨,导致投资需求下降。总需求曲线斜率为 $-\dfrac{1}{\delta+\gamma}$。如果总需求增加,该曲线向右移动;反之,则向左移动。

总供给曲线(y_s)是一条向右上方倾斜的曲线,其斜率为 $1/\sigma$。其含义为国内商品价格上涨,对于固定的名义工资而言,厂商支付的实际工资下降,这刺激其雇佣更多的劳动力,从而增加产出。如果总供给增加,该曲线向右移动;反之,则向左移动。

货币需求曲线(m_d)向右下方倾斜,其斜率为 $-\dfrac{\alpha}{\theta}$,即货币需求的收入弹性(α)除以国内商品价格占物价总水平的比重(θ)。货币需求曲线向右下方倾斜表示国内商品价格提高增加了货币需求,在货币供给保持不变的情况下,需要降低实际国民收入保持货币需求的平衡。

货币需求曲线的右侧存在超额货币需求,表示本币升值,且存在本币存在贬值预期,同时也意味着国内利率高于均衡状态下的利率水平。要消除超额货币需求,在固定汇率制度下,货币当局买进外汇使得货币供给增加,货币需求曲线向右移动。在浮动汇率制度下,货币供给不变,要消除超额货币需求,货币需求曲线向右移动。简言之,货币供给增加和货币需求下降都将使得货币需求曲线向右移动。

货币需求曲线的左侧表示存在超额货币供给,表示本币贬值,且存在本币升值预期,国内利率低于均衡状态下的利率水平。要消除超额货币供给,在固定汇率制度下,货币当局卖出外汇使得货币供给减少,货币需求曲线向左移动。在浮动汇率制度下,货币供给保持不变,要消除超额货币供给,必须使得货币需求增加,这使得货币需求曲线向左移动。简言之,货币供给减少和货币需求增加都将使得货币需求曲线向左移动。这是根据实际货币需求函数、非抵补利率平价和回归性预期决定的(见图 5-7)。

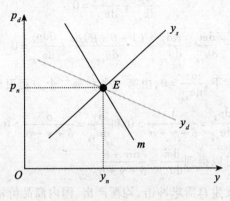

图 5-7　模型的决定

与总需求曲线相比,货币需求曲线的斜率更高还是更低呢?这在发生总供给冲击时,对固定汇率制度和浮动汇率制度的选择上非常重要。后面将对此展开分析。

在均衡点附近,总需求、总供给和货币需求的变化可以用以下方程表示:

$$dy_d = dg + \delta d(s + p_f - p_d) + \phi dy_n - \gamma d(i_f + s^E - s + p_d - p_d^E) + du_{y_d}$$

$$dy_s = \sigma d(p_d - w^*) + du_{y_s}$$

$$dm = \theta dp_d + (1 - \theta) d(s + p_f) + \alpha dy - \beta d(i_f + (s^E - s)) + du_L$$

由于 y_n 保持不变,因此 $dy_n = 0$;同样,$dw^* = 0$;由于前面对于预期的假定,各变量在冲击的影响下,最终会回到均衡值,因此 $ds^E = dp_h^E = 0$;该模型还假定其他变量 (g) 和外国的变量 (p_f) 和 i_f 保持不变;所以,以上表达式可以简化为:

$$dy - (\delta + \gamma) ds + (\delta + \gamma) dp_d = du_{y_d}$$

$$dy - \sigma dp_d = du_{y_s}$$

$$dm - \alpha dy - (1 - \theta + \beta) ds - \theta dp_d = du_L$$

其中:$dy = dy_d = dy_s$ 是均衡产出的变化关系。

5.5.3　总需求冲击

如果仅考虑总需求冲击,则有 $du_{y_d} \neq 0$,$du_{y_s} = du_L = 0$。对各式除以 du_{y_d},上述系统变为:

$$\frac{dy}{du_{y_d}} - \frac{(\delta + \gamma)\,ds}{du_{y_d}} + \frac{(\delta + \gamma)\,dp_d}{du_{y_d}} = 1$$

$$\frac{dy}{du_{y_d}} - \frac{\sigma\,dp_d}{du_{y_d}} = 0$$

$$\frac{dm}{du_{y_d}} - \frac{\alpha dy}{du_{y_d}} - \frac{(1 - \theta + \beta)\,ds}{du_{y_d}} - \frac{\theta dp_d}{du_{y_d}} = 0$$

在固定汇率制度下，$\dfrac{ds}{du_{y_d}} = 0$，由第一个和第二个方程可以得到

$$\frac{dp_d}{du_{y_d}} = \frac{1}{\delta + \gamma + \sigma} > 0 \quad \text{和} \frac{dy}{du_{y_d}} = \frac{\sigma}{\delta + \gamma + \sigma} > 0。$$

由第三个方程可以得到 $\dfrac{dm}{du_{y_d}} = \dfrac{\alpha\sigma + \theta}{\delta + \gamma + \sigma}$。

其经济含义为发生总需求冲击，均衡产出、国内商品价格和货币需求也发生同方向的变动。

在浮动汇率制度下，$\dfrac{dm}{du_{y_d}} = 0$（即货币供给不变），该系统又变为：

$$\frac{dy}{du_{y_d}} - \frac{(\delta + \gamma)\,ds}{du_{y_d}} + \frac{(\delta + \gamma)\,dp_d}{du_{y_d}} = 1$$

$$\frac{dy}{du_{y_d}} - \frac{\sigma\,dp_d}{du_{y_d}} = 0$$

$$- \frac{\alpha dy}{du_{y_d}} - \frac{(1 - \theta + \beta)\,ds}{du_{y_d}} - \frac{\theta dp_d}{du_{y_d}} = 0$$

利用克莱姆法则求解方程组，定义变量 Δ 为：

$$\Delta \equiv \begin{vmatrix} 1 & -(\delta + \gamma) & \delta + \gamma \\ 1 & 0 & -\sigma \\ -\alpha & -(1 - \theta + \beta) & -\theta \end{vmatrix}$$

$$= -(1 + \beta + \alpha\sigma)(\delta + \gamma) - \sigma(1 - \theta + \beta) < 0$$

求解可以得到：

$$\frac{dy}{du_{y_d}} = -\frac{\sigma(1 - \theta + \beta)}{\Delta} > 0, \frac{dp_d}{du_{y_d}} = -\frac{1 - \theta + \beta}{\Delta} > 0, \frac{ds}{du_{y_d}} = \frac{\alpha\sigma + \theta}{\Delta} < 0$$

通过对比可以发现，出现临时性的总需求冲击，价格和产出的变化均是大于零的。相比较而言，浮动汇率制度下的价格和产出变化更小，即

$$\left(\frac{dp_d}{du_{y_d}}\right)_{\text{flex}} < \left(\frac{dp_d}{du_{y_d}}\right)_{\text{fix}}, \left(\frac{dy}{du_{y_d}}\right)_{\text{flex}} < \left(\frac{dy}{du_{y_d}}\right)_{\text{fix}}$$

因此,浮动汇率制度更优。

也可以用相对简单的图示法来说明:假设总需求意外增长,总需求曲线 y_{d1} 向右移动到 y_{d2},与总供给曲线相交于 B 点,这意味着存在超额货币需求,本币出现升值压力。在固定汇率制度下,货币当局买进外汇进行干预,货币供给增加,货币需求曲线 m_1 向右移动到 m_2,以消除过剩的货币需求。所以在短期内,均衡点从 A 点移动到 B 点(见图 5-8)。

在浮动汇率制度下,总需求增加使得总需求曲线 y_{d1} 向右移动到 y_{d2},这将导致对货币的超额需求,引发本币升值,这将影响出口需求,总需求曲线 y_{d2} 向左移动到 y_{d3},同时预期本币贬值,引起本国利率上涨,货币需求下降,货币需求曲线从 m_1 向右移动到 m_3,系统在 C 点实现均衡,此时国内商品价格为 p_3,产出为 y_3。综上所述,当经济系统发生总需求冲击时,不论是稳定物价还是稳定产出,浮动汇率制度都比固定汇率制度更优。

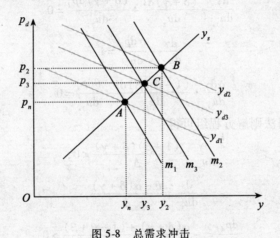

图 5-8　总需求冲击

5.5.4　总供给冲击

如果仅考虑总供给冲击,此时则有 $du_{y_s} \neq 0, du_{y_d} = du_L = 0$。因此经济系统变为:

$$\frac{dy}{du_{y_s}} - \frac{(\delta + \gamma)ds}{du_{y_s}} + \frac{(\delta + \gamma)dp_d}{du_{y_s}} = 0$$

$$\frac{\mathrm{d}y}{\mathrm{d}u_{y_s}} - \frac{\sigma \mathrm{d}p_d}{\mathrm{d}u_{y_s}} = 1$$

$$\frac{\mathrm{d}m}{\mathrm{d}u_{y_s}} - \frac{\alpha \mathrm{d}y}{\mathrm{d}u_{y_s}} - \frac{(1-\theta+\beta)\,\mathrm{d}s}{\mathrm{d}u_{y_s}} - \frac{\theta \mathrm{d}p_d}{\mathrm{d}u_{y_s}} = 0$$

注意假定发生的是个负的供给冲击($du_{y_s} < 0$)。

在固定汇率制度下,$\frac{\mathrm{d}s}{\mathrm{d}u_{y_s}} = 0$,由第一个和第二个方程可得:

$$\frac{\mathrm{d}p_d}{\mathrm{d}u_{y_s}} = -\frac{1}{\delta+\gamma+\sigma} > 0, \quad \frac{\mathrm{d}y}{\mathrm{d}u_{y_s}} = \frac{\delta+\gamma}{\delta+\gamma+\sigma} < 0$$

将以上结果代入第三个方程,可以得到$\frac{\mathrm{d}m}{\mathrm{d}u_{y_s}} = \frac{-\theta+\alpha(\delta+\gamma)}{\delta+\gamma+\sigma}$。

在浮动汇率制度下,$\frac{\mathrm{d}m}{\mathrm{d}u_{y_s}} = 0$(即货币供给不变)。因此该经济系统变为:

$$\frac{\mathrm{d}y}{\mathrm{d}u_{y_s}} - \frac{(\delta+\gamma)\,\mathrm{d}s}{\mathrm{d}u_{y_s}} + \frac{(\delta+\gamma)\,\mathrm{d}p_d}{\mathrm{d}u_{y_s}} = 0$$

$$\frac{\mathrm{d}y}{\mathrm{d}u_{y_s}} - \frac{\sigma \mathrm{d}p_d}{\mathrm{d}u_{y_s}} = 1$$

$$\frac{\alpha \mathrm{d}y}{\mathrm{d}u_{y_s}} + \frac{(1-\theta+\beta)\,\mathrm{d}s}{\mathrm{d}u_{y_s}} + \frac{\theta \mathrm{d}p_d}{\mathrm{d}u_{y_s}} = 0$$

利用克莱姆法则解方程组可得:

$$\frac{\mathrm{d}y}{\mathrm{d}u_{y_s}} = \frac{(1+\beta)(\delta+\gamma)}{\Delta} < 0,$$

$$\frac{\mathrm{d}s}{\mathrm{d}u_{y_d}} = \frac{\theta-\alpha(\delta+\gamma)}{\Delta},$$

$$\frac{\mathrm{d}p_d}{\mathrm{d}u_{y_d}} = -\frac{\alpha(\delta+\gamma)+(1-\theta+\beta)}{\Delta} > 0$$

比较两种汇率制度下的$\frac{\mathrm{d}p_d}{\mathrm{d}u_{y_d}}$和$\frac{\mathrm{d}y}{\mathrm{d}u_{y_s}}$,来判断固定汇率和浮动汇率的优劣。

研究表明:当$\alpha(\delta+\gamma) > \theta$时,固定汇率制度有助于稳定国内商品价格,而浮动汇率有助于稳定国内产出;当$\alpha(\delta+\gamma) < \theta$时,浮动汇率制度有助于稳定国内商品价格,而固定汇率有助于稳定国内产出。

同样可以利用图示法来进行分析:假定总供给意外减少,总供给曲线向左移动。这里要分两种情况来讨论:第一种情况是货币需求曲线的斜率$\left(-\frac{\alpha}{\theta}\right)$比

总需求曲线的斜率 $\left(-\dfrac{1}{\delta+\gamma}\right)$ 绝对值更大,即 $\alpha(\delta+\gamma)>\theta$;第二种情况是总需

求曲线的斜率 $\left(-\dfrac{1}{\delta+\gamma}\right)$ 比货币需求曲线的斜率 $\left(-\dfrac{\alpha}{\theta}\right)$ 更大,即 $\alpha(\delta+\gamma)<\theta$。

在图 5-9 中,经济最初位于均衡点 A 点,国内商品价格水平为 p_n,产出水平为 y_n。经济出现负向的供给冲击,y_{s1} 向左移动到 y_{s2},与总需求曲线 y_{d1} 相交于 B 点。该点意味着货币供给过剩,本币有贬值的压力。为了保持固定汇率,货币当局在外汇市场卖出外汇储备进行汇率干预,货币供给下降,货币需求曲线从 m_1 向左移动到 m_2。因此在固定汇率制度下,负向的供给冲击使得国内商品价格上涨到 p_2,产出下降至 y_2,即 B 点。

然而,如果货币当局实行浮动汇率制度,负向的总供给冲击形成货币供给过剩,这将导致本币贬值,刺激出口需求,总需求曲线 y_{d1} 向右移动到 y_{d2}。与此同时,本币贬值产生了升值预期,所以按照非抵补利率平价的约束,本国利率水平下跌,货币需求增加,并从 m_1 向左移动到 m_3。在浮动汇率制度下,经济体系在 C 点实现均衡,最终价格上涨到 p_3,产出下降至 y_3。

对比来看,固定汇率制度相对能够使得价格稳定,而浮动汇率制度相对能够使得产出稳定。到底哪一种汇率制度更优呢?这取决于货币当局的政策目标。如果货币当局侧重价格稳定,则应选择固定汇率制度;如果侧重产出稳定,则应选择浮动汇率制度。

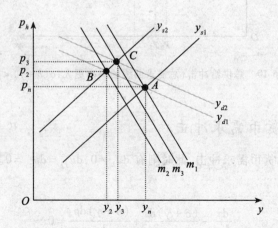

图 5-9　总供给冲击(货币需求曲线的斜率更大,$\alpha(\delta+\gamma)>\theta$)

当总需求曲线的斜率更大时,情况则会出现不同。首先,分析固定汇率制度下的情况。负向的总供给冲击使得总供给曲线从 y_{s1} 移动到 y_{s2} 的位置,与总需求曲线 y_{d1} 相交于 B 点,该点存在货币需求过剩,产生货币升值的压力。为了避免本币升值,货币当局在外汇市场买入外汇,增加了货币供应量,货币需求曲线从 m_1 向右移动到 m_2。最终使得国内商品价格上涨到 p_2,产出下降至 y_2,即 B 点。

其次,在浮动汇率制度下,负向的总供给冲击使得总供给曲线从 y_{s1} 移动到 y_{s2} 的位置,与总需求曲线 y_{d1} 相交于 B 点,该点存在货币需求过剩,本币升值,总需求曲线 y_{d1} 向左移动到 y_{d2}。本币升值还形成了对本币未来的贬值预期,由非抵补利率平价的约束,导致国内利率的上涨,这减少了货币需求,使得货币需求曲线从 m_1 向右移动到 m_3,最终的均衡点在 C 点(见图 5-10)。在这种情况下,固定汇率制度侧重稳定产出,浮动汇率制度侧重稳定国内商品价格。

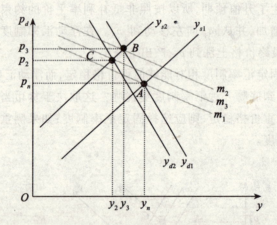

图 5-10　总供给冲击(总需求曲线的斜率更大,$\alpha(\delta + \gamma) < \theta$)

5.5.5　货币需求冲击

如果仅考虑货币需求冲击,此时则有 $\mathrm{d}u_L \neq 0$,$\mathrm{d}u_{y_d} = \mathrm{d}u_{y_s} = 0$。此时经济系统变为:

$$\frac{\mathrm{d}y}{\mathrm{d}u_L} - \frac{(\delta + \gamma)\,\mathrm{d}s}{\mathrm{d}u_L} + \frac{(\delta + \gamma)\,\mathrm{d}p_d}{\mathrm{d}u_L} = 0$$

$$\frac{\mathrm{d}y}{\mathrm{d}u_L} - \frac{\sigma\,\mathrm{d}p_d}{\mathrm{d}u_L} = 0$$

$$\frac{\mathrm{d}m}{\mathrm{d}u_L} - \frac{\alpha\mathrm{d}y}{\mathrm{d}u_L} - (1-\theta+\beta)\frac{\mathrm{d}s}{\mathrm{d}u_L} - \frac{\theta\mathrm{d}p_d}{\mathrm{d}u_L} = 1$$

在固定汇率制度下, $\frac{\mathrm{d}s}{\mathrm{d}u_L} = 0$, 该系统变为:

$$\frac{\mathrm{d}y}{\mathrm{d}u_L} + \frac{(\delta+\gamma)\mathrm{d}p_d}{\mathrm{d}u_L} = 0$$

$$\frac{\mathrm{d}y}{\mathrm{d}u_L} - \frac{\sigma\mathrm{d}p_d}{\mathrm{d}u_L} = 0$$

$$\frac{\mathrm{d}m}{\mathrm{d}u_L} - \frac{\alpha\mathrm{d}y}{\mathrm{d}u_L} - \frac{\theta\mathrm{d}p_d}{\mathrm{d}u_L} = 1$$

前两个方程式的行列式为 $\begin{vmatrix} 1 & (\delta+\gamma) \\ 1 & -\sigma \end{vmatrix} = -\sigma - (\delta+\gamma)$

该式不等于 0, 因此只有 $\frac{\mathrm{d}y}{\mathrm{d}u_L} = \frac{\mathrm{d}p_h}{\mathrm{d}u_L} = 0$, 前两个方程才有解。将上述结果代

入第三个方程, 可得 $\frac{\mathrm{d}m}{\mathrm{d}u_L} = 1$。这表明在固定汇率制度下, 产出和价格都没有变

化。货币当局要做的就是提高货币供给以满足增加了的货币需求。

在浮动汇率制度下, $\frac{\mathrm{d}m}{\mathrm{d}u_L} = 0$(即货币供给不变)。因此该系统变为:

$$\frac{\mathrm{d}y}{\mathrm{d}u_L} - \frac{(\delta+\gamma)\mathrm{d}s}{\mathrm{d}u_L} + \frac{(\delta+\gamma)\mathrm{d}p_d}{\mathrm{d}u_L} = 0$$

$$\frac{\mathrm{d}y}{\mathrm{d}u_L} - \frac{\sigma\mathrm{d}p_d}{\mathrm{d}u_L} = 0$$

$$-\frac{\alpha\mathrm{d}y}{\mathrm{d}u_L} - (1-\theta+\beta)\frac{\mathrm{d}s}{\mathrm{d}u_L} - \frac{\theta\mathrm{d}p_d}{\mathrm{d}u_L} = 1$$

同样利用克莱姆法则求解该方程组, 在前面定义了 Δ, 可以得到:

$$\frac{\mathrm{d}y}{\mathrm{d}u_{y_d}} = \frac{\sigma(\delta+\gamma)}{\Delta} < 0, \frac{\mathrm{d}s}{\mathrm{d}u_{y_d}} = \frac{\delta+\gamma+\sigma}{\Delta} < 0, \frac{\mathrm{d}p_h}{\mathrm{d}u_{y_d}} = \frac{\delta+\gamma}{\Delta} < 0$$

因此, 在浮动汇率制度下, 发生货币需求冲击时, 价格和产出都下降(由于汇率升值)。显然, 当发生货币需求冲击时, 固定汇率制度要优于浮动汇率制度。

下面采用图示法来说明: 当货币需求意外增长导致货币需求曲线 m_1 向左移动到 m_2, 在固定汇率制度下, 对货币的过度需求将对本币产生升值的压力, 货币当局在汇市上买入外汇以保持本币汇率稳定, 这一操作使得国内货币存量增

加,使得曲线 m_2 向右移动到 m_1。所以在固定汇率制度下,短期均衡点仍然在 A 点,国内商品物价水平和产出保持不变,这表明固定汇率是最优的。

在浮动汇率制度下,货币需求增长一方面使得货币需求曲线 m_1 向左移动到 m_2,另一方面导致本币升值,由于出口需求的下降而减少,国内总需求曲线 y_{d1} 向左移动到 y_{d2},同时预期本币未来贬值,本国利率上涨,使得货币需求减少,导致货币需求曲线从 m_2 向右移动到 m_3,系统最终在 C 点实现均衡,此时国内商品价格为 p_3,产出为 y_3(见图 5-11)。所以在浮动汇率制度下,货币需求的增加会使得国内商品物价和产出水平下降。

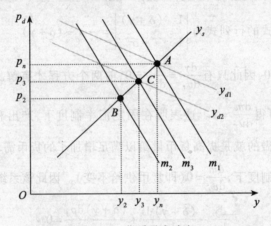

图 5-11　货币需求冲击

不同类型的外部冲击下固定汇率制度和浮动汇率制度的选择如表 5-7 所示。

表 5-7　　不同类型的外部冲击下固定汇率制度和浮动汇率制度的选择

冲击类型		浮动汇率制度		固定汇率制度	
		价格稳定	产出稳定	价格稳定	产出稳定
总需求冲击		√	√	×	×
总供给冲击	总需求曲线斜率更大	√	×	×	√
	货币需求曲线斜率更大	×	√	√	×
货币需求冲击		×	×	√	√

注:√表示表现好,×表示表现坏。

本章小结

1. 汇率制度是指一国货币当局对本国汇率水平的确定、汇率的变动方式等问题进行的一系列规定或安排。国际上最主要的两大类汇率制度是固定汇率制度和浮动汇率制度。中间汇率制度具体包括汇率目标区、爬行钉住和一篮子钉住几种汇率制度。

2. 角点解假说是 1997 年亚洲金融危机之后兴起的一种汇率理论,它认为各国汇率制度的选择要么采用完全的固定汇率制度,要么采取完全的浮动汇率制度,中间类型的汇率制度是不稳定的。

3. 汇率失调就是指实际汇率水平偏离长期均衡水平。货币操纵就是当事国为阻止有效的国际收支调整或取得对其他成员国不公平的竞争优势而操纵汇率。操纵汇率既可能是当事国主动造成汇率变动,又可能是主动阻止这种汇率变动。

4. 货币的名义锚主要有两大类:一类是针对货币的数量,即货币供应量的年增长率;另一类是针对货币的价格,这又可以分为通货膨胀率或者是对未来通货膨胀率的预期和对外汇率。货币政策框架的分类主要就是基于货币的名义锚。

5. 浮动汇率制不必为实现国际收支平衡而以牺牲国内经济为代价,由此能维持本国货币政策的自主性,浮动汇率制度能够运用汇率政策来规避外部经济的冲击。在该制度下,国际货币发行国与非国际货币发行国的地位是对称的。固定汇率制度可以增强货币政策的纪律约束,并有助于国际贸易和国际投资。在该制度下的投机主要是稳定性投机。

6. 政府经济稳定的目标具体包括价格稳定和产出稳定两个方面,政府的损失函数就是这两者的加权。当发生总需求冲击时,浮动汇率制度更优;当发生货币需求冲击时,固定汇率制度更优;当发生总供给冲击时,浮动汇率制度和固定汇率制度各有优势。

关键术语

汇率制度　　　固定汇率制度　　　浮动汇率制度

可调整的钉住汇率制度　角点解假说　　管理浮动汇率制度
汇率目标区　　爬行钉住　　货币联盟　　美元化　　资产替代
货币替代　　货币局制度　　货币操纵　　汇率失调　　硬钉住
没有单独法定货币的汇率安排　　软钉住
传统的固定钉住安排　汇率锚　　货币总量锚
以通货膨胀为目标的框架

思考题

1. 什么是汇率制度？世界各国的汇率制度主要分为哪几种？

2. 资产替代和货币替代的主要区别是什么？

3. 什么是汇率失调？什么是货币操纵？IMF 认为货币操纵的行为包括哪些？

4. 何谓货币政策框架？何谓货币政策锚？具体包括哪些？

5. 以"不可能三角"定理解释为什么中国近年来货币政策效果不显著。

第 6 章　国际收支理论

国际收支理论是国际金融学的基本理论之一,它主要研究国际收支的影响因素、国际收支失衡的原因和调节方法,其重点在于探讨国际收支失衡的有效调节。随着世界经济的发展和研究的不断深入,国际收支理论不断趋于完善。现代国际收支理论的发展为各国政府选择国际收支的调节政策提供了重要的理论基础。

国际收支理论从历史的发展顺序来看,最早要追溯到大卫·休谟所提出的价格—铸币流动机制。到 20 世纪 30 年代,国际金本位制度崩溃,经济学家们开始对国际收支失衡进行分析,提出了弹性分析法。第二次世界大战结束之后,凯恩斯主义盛行,将乘数原理应用于国际收支领域,逐渐形成了国际收支的乘数分析法。与此同时,基于凯恩斯主义思想,经济学界还提出了吸收分析法。此后,货币主义在经济学领域异军突起,国际收支的货币分析法随之出现。本章将逐一介绍这些理论。

那么,什么是国际收支平衡? 什么是国际收支失衡呢? 还有一个值得探讨的概念是国际收支均衡。简单地讲,国际收支平衡就是经常项目和资本与金融项目(不含储备项目)的差额之和为零,换言之,经常项目和资本与金融项目(不含储备项目)之和不影响本国的国际储备。国际收支平衡更多地是从数量的角度出发来解释的。

假定一国经常项目和资本与金融项目(不含储备项目)之和很小,也就是说本国国际储备的变化很小,这是否意味着该国国际收支就不存在问题呢? 如果该国经常项目差额占本国

157

GDP 的比重远远超过 5%, 即使该国可以暂时依靠资本与金融项目(不含储备项目)的差额来抵消它, 也可能引发国际收支危机或者汇率危机, 因此国际收支失衡是指经常项目差额占本国 GDP 的规模足够大以至于将影响本国经济稳定和安全的一种状态。相反, 国际收支均衡则是指经常项目允许有一定的差额, 但是这一差额的规模是本国经济所能够承受的或者是本国经济发展所必需的一种状态, 并且伴随着经济的发展经济体系的自动调整将会扭转经常项目的差额。

6.1 国际收支自动调节机制

所谓国际收支自动调节机制, 就是指由国际收支失衡所引起的国内经济变量的变动能自动对国际收支形成反作用机制, 它能扭转国际收支失衡, 即使不能够完全扭转国际收支失衡, 也至少能够在一定程度上缓和失衡的程度。

6.1.1 国际金本位下的自动调节机制

18 世纪英国经济学家大卫·休谟提出了价格—铸币流动机制, 又称价格—现金流动机制。该机制实际上是固定汇率制度下国际收支的自动调节机制。其原理是在金本位制度下, 一国国际收支出现赤字, 就意味本国黄金净输出, 国内黄金存量下降, 这会减少货币供给, 进而引起国内物价水平的下跌; 这导致本国商品在国外市场上的竞争能力提高, 而外国商品在本国市场的竞争能力会下降, 结果本国出口增加, 进口减少, 国际收支赤字减少直至消除。反之, 国际收支盈余造成黄金内流, 国内货币供给量扩大, 本国物价水平上涨, 从而使出口下降, 进口上升, 最终使盈余趋于消失(见图 6-1)。

从上述过程可以发现: 金本位下的自动调节机制是国内外价格的相对变化使得两国间实际汇率发生调整。该机制本质上是通过国内(国外)商品在国内(国外)的价格涨跌, 而不是通过汇率的折算作用来实现的, 即在本国国际收支逆差时, 双边名义汇率仍然固定在 S 的水平, 由于两国货币供应量发生变化, P_f 上涨, P_d 下跌, 如果导致实际汇率 Q 上涨, 本币实际汇率的贬值将刺激出口, 降低进口。在本国国际收支为顺差状态时, 情况正好相反。显然, 该机制自动发生作用将在国内外形成通货膨胀和通货紧缩的周期性变化。该机制在金本位体制崩溃之前能够运行正常, 其原因在于各国政府基本上扮演"守夜人"的角色, 并不主张对经济运行进行干预, 各国政府的经济目标并没有明确为保持物价稳定。然而, 当各国政府的经济目标不再是汇率稳定, 而是转向国内物价稳定和充分就

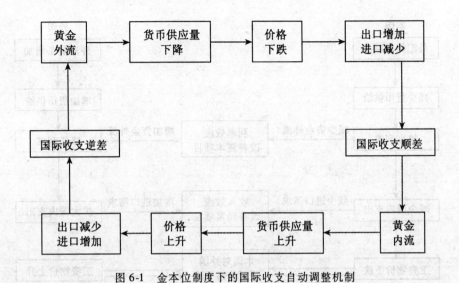

图 6-1　金本位制度下的国际收支自动调整机制

业时,通过国内物价变化实现国际收支均衡的调节机制往往会被放弃。此外,价格—铸币流动机制也没有考虑利率变化和收入变化对国际收支带来的影响。

6.1.2　信用本位下固定汇率制度的自动调节机制

当世界各国最终放弃金本位,走向信用本位货币时代,国际收支失衡的自动调节机制又将如何呢? 这里首先分析固定汇率制度下的自动调节机制(见图 6-2)。

1. 利率机制

利率机制是通过本国利率的自动变化引发国内外利差的方向性改变,由资本与金融项目(不含储备项目)收支的改变来实现国际收支的平衡。在固定汇率制度下,当本国经常项目发生收支逆差时,外汇储备减少,相应地,本国货币供应量减少,利率上升,本国资本外流规模下降,外国资本流入的规模增加,从而导致资本净流入增加,这使得国际收支的资本与金融项目(不含储备项目)得到改善。反之,本国经常项目收支出现顺差时,外汇储备增加,相应地,本国货币供应量上升,利率下降,资本净流出增加,使顺差减少乃至消除。

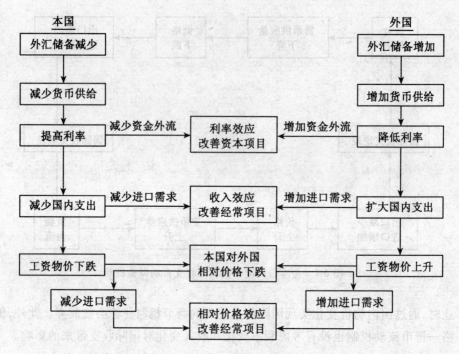

图 6-2   固定汇率制度下的国际收支自动调节机制(以本国赤字为例)

2. 收入机制

在固定汇率制度下,当本国国际收支出现赤字时,外汇储备下降,国内货币供应量相应地减少,利率上升,国内投资支出减少;此外在货币供应量减少时,公众为了恢复现金余额水平,也会直接减少国内消费和投资。伴随着投资和消费的缩减,国民收入随之下降,导致进口需求下降,在假定出口不变的情况下,本国国际收支逆差得以逐渐消除。反之,若国际收支出现盈余,则收入机制的自动调节过程将使顺差得以逐渐减少。

3. 相对价格机制

在固定汇率制度下,本国国际收支出现逆差,此时的相对价格调节机制就是前面提到的价格—铸币流动机制,即通过国内外商品价格的相对调整来实现国际收支的调整。然而,在固定汇率制度下,通过该机制进行国际收支的调整,会带来国内的通货膨胀和通货紧缩的周期性变化,这意味着汇率的稳定是以牺牲国内经济目标(物价稳定、充分就业)为代价的,除非政府愿意以此为代价,否则相对价格机制难以发生作用。

6.1.3 信用本位下浮动汇率制度的自动调节机制

在浮动汇率制度下,政府不对外汇市场进行干预,本国汇率由外汇市场供求决定,如果本国发生国际收支逆差,外汇需求就会大于外汇供给,外汇汇率就会上升,本币贬值。通过名义汇率的变化,本国国际收支失衡得以消除,这就是汇率机制。因此在浮动汇率制度下,汇率机制是最主要的自动调节机制。

需要指出的是,在信用本位制度下,不论是固定汇率还是浮动汇率制度,国际收支的自动调节都会影响本国的实际汇率($Q = SP_f/P_d$),但是两者的作用方式是不同的。在固定汇率制度下,通过国内外物价水平(P_f/P_d)发生相应的变化来调整本币与外币的实际汇率实现国际收支不平衡的调整;在浮动汇率制度下,通过名义汇率(S)的变化来影响实际汇率,而不必要求国内外物价水平(P_f/P_d)发生相应的变化来实现国际收支的调整,这在一定程度上起到了隔绝国外经济通过国际收支渠道对本国经济的冲击。因此,浮动汇率制度下,本国政府可以以国内经济目标(物价稳定和充分就业)为首要目标。

6.2 国际收支调节的弹性分析法

弹性分析法(Elasticity Approach)是分析在收入不变的条件下,一国通过改变汇率实现国际收支的调整。其基本思想是通过汇率变动来改变贸易品的国内外比价以及本国贸易品和非贸易品之间的比价,进而实现国际收支的平衡。这一理论最初由马歇尔和勒纳提出,后又主要由琼·罗宾逊于 1937 年发展起来的。该理论揭示了政府当局实行货币贬值对于改善国际收支的条件。

由于汇率的高低直接决定国内外贸易品的比价,用 P_M 代表以外币表示的进口品价格,在直接标价法下换算成本币就是 SP_M,用 P_X 代表以本币表示的出口品价格,在直接标价法下换算成外币就是 P_X/S。显然,S 的变化不仅将影响国内消费者对外国进口品的需求量,也将影响国外消费者对本国出口品的需求量。这里假定 P_M 和 P_X 不发生变化,仅仅考虑 S 发生变化后对国际收支的影响。

这里给出实际汇率(又称为贸易条件)的定义:

$$Q = \frac{P_X}{SP_M}$$

其中：Q 代表实际汇率。弹性分析法重点关注 S 的变化对贸易条件的影响,同时假定 P_M 和 P_X 不变。因此,汇率变化影响国际收支仅仅是一个局部均衡分析。

在直接标价法下,本币贬值,即 S 增大,使得本国产品在国外的销售价格 P_X/S 相对便宜,而外国产品在国内的销售价格 SP_M 相对更贵。因此出口与本币贬值同方向变化,而进口与本币贬值反方向变化。将出口品的汇率弹性定义为 η_x,进口品的汇率弹性为 η_m,x 和 m 分别为出口数量和进口数量。因此有

$$\eta_x = \frac{\Delta x/x}{\Delta S/S} = \frac{\Delta x}{\Delta S}\frac{S}{x}; \eta_m = -\frac{\Delta m/m}{\Delta S/S} = -\frac{\Delta m}{\Delta S}\frac{S}{m}$$

通常,本国货币贬值将产生两种效应:

第一,价格效应——以外币表示的出口价格变得相对便宜了,以本币表示的进口价格变得相对昂贵了,因此在进出口数量不变的情况下,价格效应使得本国国际收支恶化了。

第二,数量效应——出口价格的下降刺激了出口量,进口价格的上升抑制了进口量,数量效应将改善本国国际收支。

国际收支改善的最终结果取决于价格效应和数量效应的对比。如果价格效应大于数量效应,那么国际收支将会恶化;反之,国际收支将会改善。

本国进口需求曲线对应的横坐标为进口量,纵坐标为进口品的外币价格,进口需求曲线最初为 $M_D(S_0 P_M)$,当汇率从 S_0 贬值到 S_1,在外国商品价格仍然保持在 $\overline{P}_M$ 的水平上时,进口品的国内价格将会上升,进口需求曲线向左移动到达 $M_D(S_1 P_M)$ 的位置(不是在进口需求曲线上的移动,而是进口需求曲线的位移),对应的进口量从 m_0 减至 m_1 的水平。因此,贬值前的进口外汇额为 $Om_0 A\,\overline{P}_M$,贬值后的进口外汇额为 $Om_1 B\,\overline{P}_M$。

对于本国商品出口外汇供给的分析等价于对外国而言其进口商品的外汇需求分析。外国进口需求曲线对应的横坐标为进口量(即本国商品的出口量),纵坐标为外币表示的本国出口商品价格。本国出口品价格保持在 $\overline{P}_X$ 的水平时,本币贬值必将导致出口品的外币价格从 $\dfrac{\overline{P}_X}{S_0}$ 降至 $\dfrac{\overline{P}_X}{S_1}$(这仅仅是在外国进口需求曲线上的移动,而不是发生该曲线的位移),从而导致出口数量从 x_0 增加 x_1 的水平,出口外汇额从 $Ox_0 C\,\dfrac{\overline{P}_X}{S_0}$ 增加至 $Ox_1 D\,\dfrac{\overline{P}_X}{S_1}$(见图 6-3)。后者是否一定大于前者取决于出口

商品的汇率弹性,只有出口量的增长率 $\left(\dfrac{x_1 x_0}{O x_0}\right)$ 大于商品外币价格的变化幅度

$\left(\dfrac{\dfrac{\overline{P_x}}{S_0}\ \dfrac{\overline{P_x}}{S_1}}{O\ \dfrac{\overline{P_x}}{S_0}}\right)$ 时,本国的出口外汇收入才可能比贬值之前大。假定在本币贬值之前,

国际收支(这里仅指贸易项目)是平衡的,国际收支能否改善取决于以外汇计价的出口额增量是否大于进口额增量。

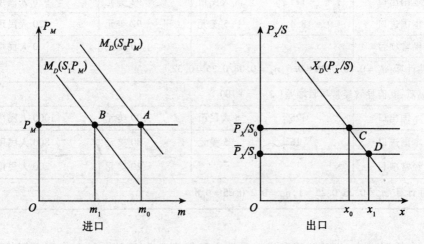

图 6-3　本币贬值对进出口的影响

下面通过具体的例子来分析。假定在本币贬值之前 1 美元等于 8 元人民币,本币贬值后 1 美元等于 10 元人民币,汇率的变化幅度为 25%(即直接标价法下外币升值幅度)。进出口数量具体见表 6-1。

表 6-1　　　　　　　　　　　**本币贬值与本国国际收支变化**

贬值前经常项目处于平衡状态($ 1 = ¥8)				
种类	数量	价格	外币价值	本币价值
本国出口	100	8 人民币	100 美元	800 人民币
本国进口	20	5 美元	100 美元	800 人民币
经常项目			0 美元	0 人民币

续表

情况一:贬值导致经常项目逆差($1 = ¥10)

本国出口	110	8 人民币	88 美元	880 人民币
本国进口	19	5 美元	95 美元	950 人民币
经常项目			-7 美元	-70 人民币

弹性计算: $\eta_x = 0.1/0.25 = 0.4, \eta_m = 0.05/0.25 = 0.2$

情况二:贬值不对经常项目产生影响($1 = ¥10)

本国出口	115	8 人民币	92 美元	920 人民币
本国进口	18.4	5 美元	92 美元	920 人民币
经常项目			0 美元	0 人民币

弹性计算: $\eta_x = 0.15/0.25 = 0.6, \eta_m = 0.08/0.25 = 0.32$

情况三:贬值导致经常项目顺差($1 = ¥10)

本国出口	125	8 人民币	100 美元	1000 人民币
本国进口	16	5 美元	80 美元	800 人民币
经常项目			20 美元	200 人民币

弹性计算: $\eta_x = 0.25/0.25 = 1, \eta_m = 0.2/0.25 = 0.8$

在情况一中,出口弹性和进口弹性之和仅为 0.6,经常项目由收支平衡状态转变为逆差状态;在情况二中,弹性之和为 0.92,接近 1,经常项目仍然保持收支平衡;在情况三中,弹性之和为 1.8,本币贬值会使得本国国际收支改善。

接下来是对本币贬值导致国际收支改善的条件更详细的推导。

6.2.1 以外币表示的国际收支

假定不考虑资本与金融项目,并且国际收支以外币来表示 $B = \frac{1}{S} P_X x - P_M m$。有以下公式来表示国际收支:

$$\frac{\mathrm{d}B}{\mathrm{d}S} = \frac{\mathrm{d}[(1/S)P_X x - P_M m]}{\mathrm{d}S} = -\frac{1}{S^2} P_X x + \frac{1}{S} P_X \frac{\mathrm{d}x}{\mathrm{d}S} - P_M \frac{\mathrm{d}m}{\mathrm{d}S}$$

$$= \frac{1}{S^2} P_X x \left(-1 + \frac{S}{x} \frac{\mathrm{d}x}{\mathrm{d}S} - \frac{SP_M m}{P_X x} \frac{S}{m} \frac{\mathrm{d}m}{\mathrm{d}S} \right)$$

$$= \frac{1}{S^2} P_X x \left(-1 + \eta_x + \frac{SP_M m}{P_X x} \eta_m \right)$$

由于 $\frac{1}{S^2} P_X x > 0$，只有在 $-1 + \eta_x + \frac{SP_M m}{P_X x} \eta_m > 0$ 成立的情况下，$dB/dS > 0$。

同样，在国际收支平衡的状态下 $P_X x = SP_M m$，贬值改善国际收支的条件为 $\eta_x + \eta_m > 1$。上式通常称为马歇尔—勒纳条件，即出口品和进口品的汇率需求弹性之和大于 1，贬值将改善国际收支。请注意，马歇尔—勒纳条件实际上刻画的是在国际收支大体平衡的条件下，贬值改善国际收支的临界条件。在国际收支不平衡的条件下，上式变为 $\eta_x + \frac{SP_M m}{P_X x} \eta_m > 1$。实际上各国政府更关心在国际收支逆差的条件下，贬值能否改善国际收支。

如果将上式进一步变形，可以得到：

$$\frac{dB}{dS} = \frac{1}{S^2} P_X x \left(-1 + \eta_x + \frac{SP_M m}{P_X x} \eta_m \right)$$

$$dB = \frac{dS}{S} \frac{P_X x}{S} \left(-1 + \eta_x + \frac{SP_M m}{P_X x} \eta_m \right)$$

$$dB = \tilde{S} \frac{P_X x}{S} \left(-1 + \eta_x + \frac{SP_M m}{P_X x} \eta_m \right)$$

其经济含义是以外币表示的国际收支变化额（dB）与汇率变化率（$\tilde{S}$）之间的关系。其中：$\tilde{S}$ 为汇率的变化率（dS/S），$P_X x/S$ 为外币表示的出口额。

6.2.2　以本币表示的国际收支

如果明白了以外币表示的国际收支改善的条件，那么以本币表示的国际收支则可以表示为：

$$B' = P_X x - SP_M m$$

$$\frac{dB'}{dS} = \frac{d(P_X x - SP_M m)}{dS} = P_X \frac{dx}{dS} - P_M m - SP_M \frac{dm}{dS}$$

$$= P_M m \left(\frac{P_X}{P_M m} \frac{dx}{dS} - 1 - \frac{S}{m} \frac{dm}{dS} \right)$$

如果将括号内的第一项进行变形，分子分母同乘以 Sx，可以得到：

$$\frac{dB'}{dS} = P_M m \left(\frac{P_X x}{SP_M m} \frac{S}{x} \frac{dx}{dS} - 1 - \frac{S}{m} \frac{dm}{dS} \right)$$

$$\frac{\mathrm{d}B'}{\mathrm{d}S} = P_M m \left(\frac{P_X x}{SP_M m} \eta_x - 1 + \eta_m \right)$$

由于 $P_M m$ 大于零,因此只有当 $\frac{P_X x}{SP_M m} \eta_x + \eta_m > 1$ 时,$\frac{\mathrm{d}B'}{\mathrm{d}S} > 0$。在国际收支平衡的状态下 $P_X x = SP_M m$,汇率贬值改善国际收支的条件变为:$\eta_x + \eta_m > 1$。

显然,在国际收支处于逆差的条件下,在以外币表示的国际收支改善的条件 $\eta_x + \frac{SP_M m}{P_X x} \eta_m > 1$ 更容易达到。极端的情况是,在最初国际收支逆差的状态下,贬值会改善以外币形式表示的国际收支,但是却会恶化以本币形式表示的国际收支。事实上,如果国际收支逆差很大,即 $P_X x < SP_M m$,以本币表示的国际收支改善条件 $\frac{P_X x}{SP_M m} \eta_x + \eta_m > 1$ 很可能无法满足。

以上分析是假定 P_X 和 P_M 不变的情况。如果放松这一假定,汇率变化不仅会对进出口数量(m 和 x)产生影响,而且会对 P_X 和 P_M 产生影响。

6.2.3 贬值的时滞效应——J 曲线效应

贬值能否立即引发进出口数量的变化,进而改善国际收支呢? 一般认为,在短期内贬值并不能立即导致贸易数量的变化,结果在贬值发生后的一段时间内反而会引起国际收支的恶化。这一现象被称为"J 曲线效应"(J-curve Effect)。最初贸易逆差落在 A 点,其对应的时刻为贬值的开始时刻,贬值后贸易差额立即出现恶化,贸易差额增加至 B 点,J 曲线效应开始显现,而后逐渐缩小至 C 点(C 点与贬值前的 A 点贸易差额一致),此时 J 曲线效应结束。此后贸易状况逐渐好转,到 D 点贸易差额降至零,并逐渐实现贸易顺差。

经济学家 Stephen P. Magee(1973 年)将本币贬值的效应分为以下三个阶段[①]:

第一阶段为货币合同阶段(Currency-Contract Period)。在这一阶段,进出口合同是在贬值以前签订的,进出口数量和价格不会因为贬值而立即变化。这样国际收支差额的变化取决于进出口额合同中规定的计价货币。如果进出口都是

---

① Stephen P. Magee. Currency Contracts, Pass-through and Devaluation. Brookings Paper on Economic Activity, 1973:303-325.

以本币计价,则贬值后的国际收支差额不会发生变化;如果进出口不全是以本币计价,那么贸易差额有可能恶化也可能改善,具体见表 6-2。

表 6-2　在货币合同期内进出口合同不同的计价货币对贸易差额的影响

出口合同使用的货币	进口合同使用的货币	
	本币	外币
本币	（以本币计） 出口额不变 进口额不变 贸易差额不变	（以本币计） 出口额不变 进口额增加 贸易逆差增加
	（以外币计） 出口额下降 进口额下降 初始贸易顺差:顺差下降 初始贸易平衡:保持不变 初始贸易逆差:逆差增加	（以外币计） 出口额下降 进口额不变 贸易差额下降
外币	（以本币计） 出口额增加 进口额不变 贸易差额改善	（以本币计） 出口额增加 进口额增加 初始贸易顺差:顺差增加 初始贸易平衡:保持不变 初始贸易逆差:逆差下降
	（以外币计） 出口额不变 进口额下降 贸易差额改善	（以外币计） 出口额不变 进口额不变 贸易差额不变

第二阶段为传导阶段(Pass-Through Period)。这取决于短期内的价格调整能力。如果马歇尔—勒纳条件成立,贬值可以使国际收支得到改善。在短期内,本币贬值后进出口的相对价格发生变化,进出口数量对价格变化的反应是相对

滞后的,进出口量的变化取决于进出口的供给和需求弹性。表 6-3 总结了进出口供给与需求弹性变化对贸易收支的影响。

表 6-3　　　在传导阶段进出口供给弹性和需求弹性对贸易收支的影响

出口	进口	
	无弹性的供给	无弹性的需求
无弹性的供给	（以本币计） 出口额增加 进口额不变 贸易差额改善	（以本币计） 出口额增加 进口额增加 初始贸易顺差:顺差增加 初始贸易平衡:保持不变 初始贸易逆差:逆差下降
	（以外币计） 出口额不变 进口额下降 贸易差额改善	（以外币计） 出口额不变 进口额不变 贸易差额不变
无弹性的需求	（以本币计） 出口额不变 进口额不变 贸易差额不变	（以本币计） 出口额不变 进口额增加 贸易逆差增加
	（以外币计） 出口额下降 进口额下降 初始贸易顺差:顺差下降 初始贸易平衡:保持不变 初始贸易逆差:逆差增加	（以外币计） 出口额下降 进口额不变 贸易逆差增加

　　第三阶段是数量调整阶段(Quantity-Adjustment Period)。在传导阶段之后,进出口数量开始随着价格变动进行调整,贬值对国际收支的正常效应慢慢发挥作用,国际收支逆差逐渐得到改善(见图 6-4)。

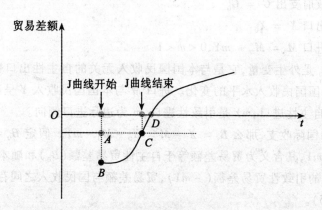

图 6-4　J 曲线效应

6.2.4　弹性分析法的不足

弹性分析法的不足在于:它假定经济处于充分就业状态,收入不变而价格可变,这与马歇尔—勒纳条件中出口供给弹性无穷大的假定是矛盾的;弹性分析法只考虑通过汇率变化导致的相对价格变化(即替代效应),而忽略收入效应对国际收支的影响;此外,弹性分析法将国际收支等同于贸易收支,没有考虑贬值对资本项目的影响。

6.3　国际收支调节的收入分析法

弹性分析法仅仅考虑汇率变动对国际收支的影响。然而,汇率变化不仅会对国际收支产生影响,而且会导致国民收入的变化。国民收入与国际收支之间存在怎样的变化呢? 本节重点分析这两者之间的关系。收入分析法的假设条件是:经济处于非充分就业状态,即价格固定而收入可变;不考虑国际资本流动,也就是说国际收支仅仅考察经常项目。该分析方法的核心内容是:自主性支出的变动会通过乘数效应引起国民收入的数倍变动,进而影响进口支出的变动。

根据凯恩斯经济模型,开放经济条件下的国民收入均衡恒等式为:

$$Y = C + I + G + X - M$$

其中:消费 $C = C_0 + cY, 0 < c < 1$

投资 $I = I_0$

169

政府支出 $G = G_0$

出口 $X = X_0$

进口 $M = M_0 + mY, 0 < m < 1$

出口 X_0 是外生变量，它是与本国国民收入无关的自主性出口数量，实际上它取决于外国国民收入水平的变化。进口 M 与本国国民收入 Y 呈正相关关系，其中 M_0 是自主性进口，mY 是引致性进口，m 为边际进口倾向。

令 B 为国际收支，那么 $B = X - M = X_0 - M_0 - mY$。假定 $B_0 = X_0 - M_0$，那么 $B = B_0 - mY$，其含义为贸易差额等于自主性贸易差额(B_0)和随本国国民收入增加而增加的引致性贸易差额($-mY$)，贸易差额与国民收入之间存在负相关关系(见图6-5)。

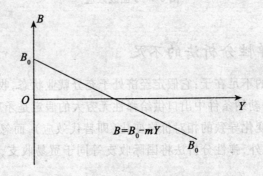

图6-5　国民收入与国际收支的关系

如前所述，国内总吸收 $A = C + I + G = C_0 + cY + I_0 + G_0$，令 $A_0 = C_0 + I_0 + G_0$，那么国内总吸收可以写成 $A = A_0 + aY$(此处 $c = a$)，其含义是总吸收 A 由自主性吸收 A_0 和引致性吸收 aY 构成。那么当国内吸收小于国民收入时，这意味着国民收入的一部分以金融资产的形式储藏起来，用 H 表示，即

$$H = Y - A_0 - aY = -A_0 + (1 - a) Y$$

如果从增量的角度分析，$\Delta H = -\Delta A_0 + (1 - a) \Delta Y$，这就是20世纪50年代初由经济学家詹姆斯·米德(J. Meade)和西德尼·亚历山大(S. Alexander)提出的吸收分析法。在吸收论看来，国际收支顺差是本国总吸收相对于国民收入不足的表现，国际收支逆差则是国内总吸收相对于国民收入过多的反映。因此，本币贬值改善本国的国际收支可以通过以下几个渠道来实现：(1)贬值会增加国民收入，即 ΔY 增加；(2)贬值会降低边际吸收率，即 a 下降；(3)贬值会使得自主

性吸收下降,即 ΔA_0 下降。

必须指出的是,在开放经济条件下,如果国民收入大于国内总吸收,必然会增加本国持有的海外资产,有的教材将此称为"窖藏",也有的教材将此称为"净储蓄"。其实际含义都是一样的,前者从货币经济层面来解释,后者从实体经济层面来解释。窖藏不同于储蓄,前者是收入与吸收的差额,后者是收入与消费的差额,吸收不仅仅包括消费,还包括投资和政府支出。用纵坐标来表示窖藏,横坐标表示国民收入,则两者存在正相关的关系。

其在纵坐标上的截距为 $-A_0$,表示在国民收入为零时,国内总吸收仍然为正,此时国内居民必须动用其过去累积的金融资产,从一国角度分析,就是其净金融资产会下降(见图 6-6)。伴随着国民收入的增加,其国内总吸收也会随着增加,但总有一部分会被储蓄起来,形成金融资产。

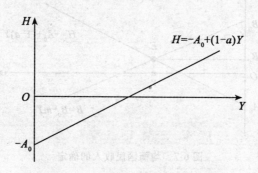

图 6-6　净储蓄与国民收入的关系

6.3.1　国民收入与国际收支的确定

从国民收入恒等式的角度出发,必然有 $H = B$,由此可以确定均衡的国民收入水平。

$$H = Y - A_0 - aY = B_0 - mY = B$$

$$Y_E = \frac{1}{1 - a + m}(A_0 + B_0)$$

$$\Delta Y = \frac{1}{1 - a + m}(\Delta A_0 + \Delta B_0)$$

$$B_E = \frac{1 - a}{1 - a + m}B_0 - \frac{m}{1 - a + m}A_0$$

从图 6-7 中可以发现：

第一，国民收入均衡水平为 $Y_E = \dfrac{1}{1-a+m}(A_0 + B_0)$，该国国际收支差额为

$\dfrac{1-a}{1-a+m}B_0 - \dfrac{m}{1-a+m}A_0$。然而此时商品市场处于均衡状态，但是该国既可能实现了充分就业，也可能没有实现充分就业。

第二，$\dfrac{1}{1-a+m}$ 为开放经济下的凯恩斯收入乘数，它受边际吸收倾向和边际进口倾向的影响。当国内自主性吸收（A_0）或者自主性贸易差额（B_0）发生变化时，会引起国民收入的倍数变化。

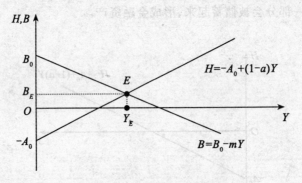

图 6-7　均衡国民收入的确定

6.3.2　小型开放经济的贸易乘数

小型开放经济（Small Open Economies）是指一国的经济规模足够小，其贸易收支不影响世界经济总量的经济体。与封闭经济不同，开放经济下的贸易乘数反映了有效需求变动使得国民收入成倍地变化。

将以上各项代入国民收入均衡等式，重新整理后可得

$$Y = C_0 + cY + I_0 + G_0 + X_0 - M_0 - mY$$

$$Y = \frac{1}{1-c+m}(C_0 + I_0 + G_0 + X_0 - M_0)$$

分析出口的自主性变动对国民收入的影响，可以得到：

$$\Delta Y = \frac{1}{1-c+m}\Delta X_0$$

它给出了出口增加额与国民收入之间的数量关系,其中 $\dfrac{1}{1-c+m}$ 就是小型开放经济的贸易乘数。与封闭经济相比,开放经济乘数小于封闭经济乘数 $\dfrac{1}{1-c}$,但是该乘数仍然大于1。这表明自主性出口的增加将导致国民收入数倍地增加。同样,对于自主性进口而言,自主性进口的增加将导致国民收入的下降。贸易乘数也表明:边际消费倾向越大,边际进口倾向越小,对外贸易乘数越大。

6.3.3　考虑国外反响的贸易乘数

上面仅仅考虑的是小型开放经济体的贸易乘数,现在放宽假设条件,考虑一个大国的贸易乘数,即它的进出口对世界其他经济体会产生影响。这就要涉及溢出效应(Spillover Effect)和反馈效应(Feedback Effect)。所谓溢出效应就是本国的经济增长将带来进口的增加,本国进口的增加即为外国出口的增加,外国出口的增加将带动外国国民收入的增加,因此本国国民收入的增加通过贸易渠道带来外国国民收入的增加就是溢出效应。由于外国国民收入的增加,会使得其进口增加,外国进口的增加即为本国出口的增加,这又会带动本国国民收入的增加,因此由于外国国民收入的增加带来的本国国民收入的增加为反馈效应。那么,这种影响的具体乘数是多少呢? 给出两国模型,即世界由两个国家组成,一国的出口即为另一国的进口,任何一国的国民收入变化都将通过进出口渠道影响另外一国。如果用带星号的符号表示外国经济变量,那么有:

$$Y = C + I + G + X - M$$
$$Y^* = C^* + I^* + G^* + X^* - M^*$$

其中: $X = M^* = M_0^* + m^* Y^*$; $X^* = M = M_0 + mY$

将 X 和 X^* 分别代入 Y 和 Y^*,可以得到

$$Y = \frac{1}{1-c+m}(C_0 + I_0 + G_0 + M_0^* + m^* Y^* - M_0)$$

$$Y^* = \frac{1}{1-c^*+m^*}(C_0^* + I_0^* + G_0^* + M_0 + mY - M_0^*)$$

化简之后可得

$$Y = \frac{(1-c^*+m^*)(C_0 + I_0 + G_0 + M_0^* - M_0) + m^*(C_0^* + I_0^* + G_0^* + M_0 - M_0^*)}{(1-c+m)(1-c^*-m^*) - mm^*}$$

$$Y^* = \frac{(1-c+m)(C_0^* + I_0^* + G_0^* + M_0 - M_0^*) + m(C_0 + I_0 + G_0 + M_0^* - M_0)}{(1-c+m)(1-c^*+m^*) - mm^*}$$

令 $s = 1 - c$ 和 $s^* = 1 - c^*$，通过对本国各个自主性支出求导，得到它们对本国国民收入的影响：

$$\frac{\Delta Y}{\Delta C_0} = \frac{\Delta Y}{\Delta I_0} = \frac{\Delta Y}{\Delta G_0} = \frac{1 + m^*/s^*}{s + m + m^*(s/s^*)}$$

$$\frac{\Delta Y}{\Delta X_0} = \frac{\Delta Y}{\Delta M_0^*} = \frac{1}{s + m + m^*(s/s^*)}$$

$$\frac{\Delta Y}{\Delta M_0} = -\frac{1}{s + m + m^*(s/s^*)}$$

与无反响的开放经济体贸易乘数相比，有反响的开放经济体的本国自主性消费、自主性投资、自主性政府支出变动的乘数相对更大，本国自主性出口和自主性进口变动的乘数相对较小。

6.3.4 仅考虑出口外生增加情况下的国际收支分析

假定自主性出口增加 ΔX_0，自主性进口 $\Delta M_0 = 0$，国际收支暂时处于盈余状态，那么这是否是国际收支的最终状态呢？显然，出口增加带来了国民收入 ΔY 的增加，国民收入的增加反过来又会使得引致性进口增加，这一引致性进口的增加额在多大程度上会抵消最初的出口增加 ΔX 呢？最终国际收支 $\Delta B > 0$，还是 $\Delta B = 0$，抑或是 $\Delta B < 0$ 呢？

如果自主性出口增加，$B_0 B_0$ 曲线将向上移动到 $B_1 B_1$ 的位置，增加的幅度为 CD，也就是国际收支顺差增加 CD。在 $B_0 B_0$ 曲线与 $H_0 H_0$ 曲线相交的 D 点，存在贸易逆差；在 $B_1 B_1$ 曲线与 $H_0 H_0$ 曲线相交的 E 点，对应是贸易顺差。自主性出口增加最终使得国际收支顺差为 EF。这里暂不考虑 $H_0 H_0$ 曲线的移动（见图 6-8）。

$$\Delta B = \Delta B_0 - m \Delta Y = \Delta X_0 - \Delta M_0 - m \Delta Y$$

在国民收入没有增加（$\Delta Y = 0$），自主性进口支出不变（$\Delta M_0 = 0$）情况下，$\Delta B = \Delta X_0$。

如果考虑国民收入增加（$\Delta Y \neq 0$），且自主性进口不变（$\Delta M_0 = 0$）和自主性支出不变（$\Delta A_0 = 0$）的情况，国际收支的变化如下：

$$\Delta B = \Delta X_0 - \Delta M_0 - m \Delta Y$$

由于 $\Delta Y = \frac{1}{1 - a + m}(\Delta A_0 + \Delta B_0)$，$\Delta A_0 = 0$，$\Delta B_0 = \Delta X_0$，此时 $\Delta Y = \frac{1}{1 - a + m} \Delta X_0$

$$\Delta B = \Delta X_0 - \frac{m}{1 - a + m} \Delta X_0 = \frac{1 - a}{1 - a + m} \Delta X_0$$

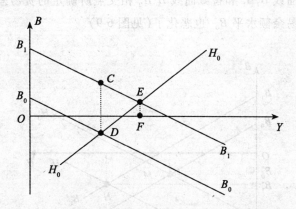

图 6-8　出口外生增加情况下的国际收支和国民收入确定

ΔB 的最终结果取决于系数 $\dfrac{1-a}{1-a+m}$，如果 $a<1$，那么 $\Delta B>0$；如果 $a=1$，那么 $\Delta B=0$；如果 $a>1$，那么 $\Delta B<0$，这表示引致的进口大于最初的自主性出口增加。这种情况没有反映在图 6-8 中，因此请同学们思考边际吸收倾向大于 1 的情况出现的变化。

6.3.5　考虑自主性吸收变化的国际收支分析

在上面的分析当中，假定自主性吸收不变，即窖藏曲线不发生位移。如果考虑贬值对自主性吸收的影响，其结果又将如何呢？这里介绍劳尔森—梅茨勒效应（Lausen-Metzler Effects）。

众所周知，贬值会使以本国商品衡量的外国商品的相对价格提高，这意味着以本币计价的本国居民收入的实际购买力水平下降，换言之，居民的实际消费水平下降了，也是通常所说的贸易条件恶化。如果居民要维持其原有的生活水准（即消费同样多的国内外商品），那么在收入没有增加的情况下，他们就必须增加吸收支出，贬值可能会增加自主性吸收支出（窖藏曲线向下移动），也就是 $\partial A/\partial S>0$，这一效应就是劳尔森—梅茨勒效应。

同时考虑贸易差额曲线和窖藏曲线的变化，贬值的效应就更为复杂了。贬值之前，贸易差额曲线 B_0B_0 和窖藏曲线 H_0H_0 相交于 M 点，对应的贸易差额为 B_0^*；贬值引起贸易余额曲线向上移动，同时由于自主性吸收的增加，窖藏曲线向下移动，两条直线相交于 N 点，对应的贸易差额为 B_1^*。该点确定的贸易差额水

平比贸易差额曲线 B_1B_1 和窖藏曲线 H_0H_0 相交点所确定的贸易差额有所恶化,比贬值前的贸易余额水平 B_0^* 也恶化了(见图 6-9)。

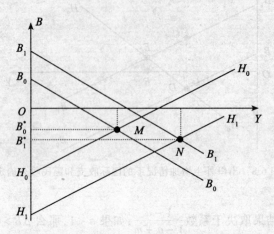

图 6-9　出口外生增加以及窖藏同时发生变化情况下的国际收支

6.4　国际收支调节的货币分析法

国际收支调节的货币分析法(Monetary Approach),是 20 世纪 60 年代后期至 20 世纪 70 年代中期由美国芝加哥大学的罗伯德·蒙代尔和哈里·约翰逊(H. Johnson),还有后者的学生雅各布·弗兰克尔(J. Frenkel)等人创立的。其理论基础来源于货币学派,他们认为国际收支不平衡本质上是一种货币现象,即从经济的货币层面来分析国际收支失衡。弹性论、收入论、吸收论都是从商品市场流量的角度进行分析,货币分析法则是从货币存量的角度来分析,其理论渊源最早可以追溯到金本位下"价格—铸币流动机制"。货币论与其他分析方法不同之处主要体现在以下两方面:流量分析法(弹性论、收入论、吸收论)注重经常项目的交易,存量分析法的货币论不仅考察经常项目,而且考察资本项目下的跨国资本流动,强调国际收支的综合差额(也就是国际储备的变化额);流量分析法是对国际收支平衡表采取一种自上而下的分析方法,而存量分析法则是对国际收支平衡表采取自下而上的分析法,注重对国际储备的变化额带来的影响。

该理论的思想是国际收支以货币失衡为基础,即本国金融机构提供的货币供给(国内信贷)与居民(包括国外居民)对本国的货币需求不一致形成了国际收支的失衡。如果前者大于后者,这部分超额的货币供给就必须通过外汇储备的下降来消除,从而出现国际收支逆差;反之,如果国内信贷小于对本国的货币需求,这就必须通过国际储备的增加来弥补,即出现国际收支顺差。

6.4.1 货币论的主要假设

(1)在资本自由流动的情况下,绝对购买力平价始终成立,即 $P_d = SP_f$。这里将第 3 章的绝对购买力平价线复制过来。

购买力平价线的上方是本币高估,本国产品不具有价格竞争力的区域,该曲线的下方是本币低估,本国产品具有价格竞争力的区域。换言之,对于国际收支而言,购买力平价线的上方是国际收支逆差状态,下方是国际收支顺差状态。购买力平价线本身则是国际收支平衡状态(见图 6-10)。

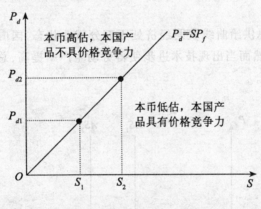

图 6-10 绝对购买力平价线

(2)本国货币需求是实际国民收入和物价水平的函数,并且货币需求的函数是稳定的,因此一国货币需求可以表示为:

$$M_D = kP_d y$$

其中:k 为马歇尔的 k,也就是货币需求相对于名义收入的比重;P_d 为本国价格水平;y 为本国实际国民收入。同样,对于外国货币需求也有公式 $M_D^* = k^* P_f y^*$。

假定货币需求是稳定的,这就意味着物价水平与总收入之间存在反向的关系,即 $P_d = \dfrac{M_D}{ky}$。反映在以总收入为横坐标、国内物价为纵坐标的平面上就是一条双曲线。当国内货币需求增加时,该曲线向右移动(见图 6-11)。其经济含义

为若 k 和 y 保持不变,货币需求的增加必然带来物价的同比例上涨。

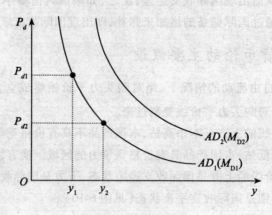

图 6-11   总需求曲线

(3)垂直的总供给曲线表明经济处于充分就业状态,国内物价上涨不会带来产出的增加。然而当出现技术进步使得劳动生产率提高,总供给曲线会向右移动(见图 6-12)。

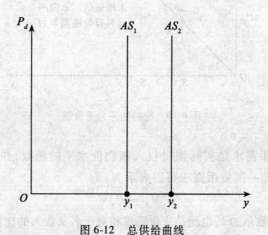

图 6-12   总供给曲线

(4)本国名义货币供给为:

$$M_s = m(D + R)$$

式中:D 为中央银行的国内信贷;R 为中央银行持有的国际储备;m 为货币乘数。

通常认为货币供给等于货币乘数与基础货币的乘积,基础货币是流通中现金与存款准备金之和,这是从中央银行资产负债表的负债方来分析的。在以上公式中的基础货币则是按照资产等于负债的会计学原理从中央银行资产负债表的资产方来分析(见表6-4)。

表6-4　　　　　　　　　　　　中央银行资产负债表

资产	负债
外汇储备	货币发行
国内信贷	库存现金
对政府债权	流通中现金
对金融机构债权	准备金存款
	法定存款准备金
	超额存款准备金

如果扩展到整个银行体系资产负债表,也就是将中央银行资产负债表和商业银行资产负债表合并,就形成了整个银行体系的资产负债表,这一合并报表的负债方的主要项目就是货币供应量,其对应的资产方主要项目仍然是外汇储备和国内信贷,不过此时的“对政府债权”是中央银行对政府债权和商业银行对政府债权的合并额。准备金存款和库存现金科目在合并报表过程中相互抵消了(见表6-5、表6-6)。

表6-5　　　　　　　　　　　　商业银行资产负债表

资产	负债
库存现金	存款
准备金存款	活期存款
法定存款准备金	定期存款
超额存款准备金	储蓄存款
国内信贷	
对政府债权	
对居民企业债权	资本金

表 6-6 　　　　　　　　　　　　银行体系资产负债表(银行概览)

资产	负债
外汇储备	流通中现金
国内信贷	存款
对政府债权	活期存款
对居民企业债权	定期存款
	储蓄存款
	资本金

因此,货币供给有以下公式成立:$M_S = R + D$。在以货币供应量为纵坐标、外汇储备为横坐标的平面上,货币供给曲线就是一条向右上方倾斜的 45°曲线。在 D_1 点表示外汇储备为零,货币供给就等于国内信贷。货币需求曲线则是一条水平曲线。M_{D1} 与 M_{S1} 相交的 A 点表明货币市场实现均衡,即 $M_S = M_D$,并且有 $M_1 = D_1 + R_1$。

如果货币需求从 M_{D1} 增加到 M_{D2},货币供给增加可以通过扩大国内信贷来实现(也就是中央银行实施本币公开市场操作),那么货币供给曲线从 M_{S1} 向上移动到 M_{S2},与纵坐标的截距达到 D_2 点,与货币需求曲线 M_{D2} 相交于 C 点,其含义就是 $M_2 = D_2 + R_1$。同样,货币供给增加也可以通过扩大外汇储备来实现(也就是中央银行实施外币公开市场操作),此时货币需求曲线 M_{D2} 与货币供给曲线 M_{S1} 相交于 B 点,那么在 M_2 的水平上有 $M_2 = D_1 + R_2$(见图 6-13)。

在固定汇率制度下,汇率保持不变必然会带来国际储备的增减变化,经常项目差额 CAB、资本与金融项目差额 NKA(不含储备项目)和储备项目差额 RT(暂不考虑净错误与遗漏项目)构成以下关系式:CAB + NKA = − RT。

货币分析法认为,本国中央银行买入外汇储备卖出本币意味着国际收支出现顺差,本国中央银行卖出外汇储备买入本币意味着国际收支出现逆差。如果政府不干预外汇市场,允许汇率浮动,本国外汇储备就不会发生变化,即 RT = 0。

图 6-14 给出了经济达到均衡时外汇市场、商品市场和货币市场的供求状态。外汇市场均衡由购买力平价决定,商品市场均衡由总供给和总需求达到平衡时决定,货币市场由货币供给和货币需求达到平衡时决定,均衡点分别为 A、B 和 C 点(请注意,在第 4 章汇率决定的货币论中没有对货币供给的构成进行分析)。

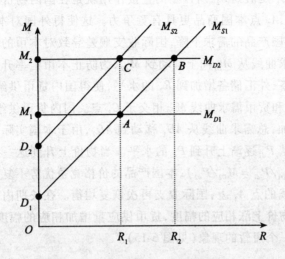

图 6-13 货币供给与货币需求曲线

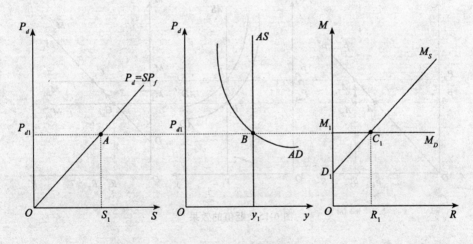

图 6-14 模型的均衡

6.4.2 固定汇率下贬值的效果

如果本币贬值,汇率水平从 S_1 贬值到 S_2,将会产生怎样的结果呢?在贬值之前,也就是在初始状态,各个市场都处于均衡状态,均衡点分别为 A_1、B_1 和 C_1 点。

当汇率从 S_1 贬值到 S_2,所产生的直接作用就是在国内物价水平 P_{d1} 和新的汇率 S_2 水平上,A_2 点本国商品更具有竞争力。这使得外国对本国产品的需求增加,本国对外国产品的需求下降,国际收支顺差导致对本币的需求随之增加,表现为货币需求曲线从 M_{D1} 向上移动到 M_{D2},为防止本币汇率升值,本国货币当局买进外汇储备,外汇储备增加到 R_2 的水平,使得国内货币供给沿着货币供给曲线向上移动,和货币需求曲线 M_{D2} 相交于 C_2 点。国内货币供给的增加使得总需求也随之增加,总需求曲线从 AD_1 移动到 AD_2,由于本国实际收入保持不变,本国物价水平从 P_{d1} 逐渐上升到 P_{d2} 的水平。当物价上升到这一水平后,达到实际货币均衡($M_{D1}/P_{d1} = M_{D2}/P_{d2}$),本国产品的价格竞争优势不复存在,并重新回到购买力平价线的点 A_3 上,国际收支再次恢复均衡。在长期内,本币贬值的幅度会使得国内物价上涨相应的幅度,货币供应量增加相应的幅度。本币贬值造成的顺差只是一个短暂的现象(见图 6-15)。

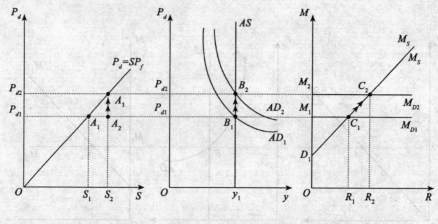

图 6-15　贬值的效果

6.4.3　固定汇率制度下货币供给扩张的效果

在固定汇率制度下,如果本国货币当局实施扩张性的货币政策,结果将会如何呢?在初始状态,所有市场均处于均衡状态,分别位于 A_1、B_1 和 C_1 点。

假定货币当局进行本币公开市场操作买进国债,这导致货币供给曲线从 M_{S1} 移动到 M_{S2},国内货币供给从 D_1 增加到 D_2,货币供应量达到 M_2,且 $M_2 = R_1 + D_2$。这一货币供给水平高于货币需求 M_{D1},使得国内居民的实际货币余额增加($M_{S2}/P_{d1} > M_{S1}/P_{d1}$),导致居民对商品的总需求扩大,总需求曲线从 AD_1 移动到 AD_2,在实际收入保持不变的情况下,对国内物价产生上升压力,价格从 P_{d1} 上升到 P_{d2}。物价水平 P_{d2} 与汇率 S_1 的组合 A_2 导致本国商品缺乏竞争力的(处于购买力曲线的左侧),这使得国际收支出现逆差。为防止本币贬值,本国货币当局不得不进行干预,在外汇市场卖出外汇,买进本币,这使得外汇储备下降到 R_1 之下,货币供应量沿着曲线 M_{S2} 下降至与 M_{D1} 相交的点 C_3。货币供应量的下降使得总需求下跌,并对国内物价产生下跌压力,物价水平逐渐回落到 P_{d1} 的水平,国际收支重新回到均衡状态(见图 6-16)。

在长期内,国内物价水平、产出水平、货币供应量都保持在原有水平上,但是差异体现在货币供应量的构成发生了变化,即 $M_1 = D_1 + R_1$(C_2 点)$= D_2 + R_2$(C_3 点),换言之,$\Delta D = -\Delta R$。根据"不可能三角"理论,在固定汇率制度和资本自由流动情况下,货币政策的独立性不存在了,本国的扩张性货币政策最终只是导致货币供给的结构发生变化,而总量却保持不变。

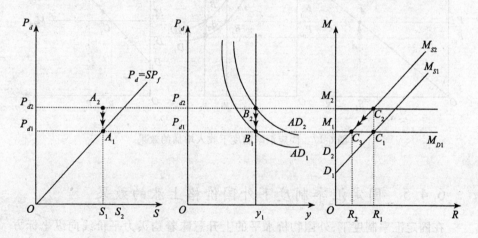

图 6-16　固定汇率制度下货币供给扩张的效果

6.4.4　固定汇率制度下收入增加的效果

在固定汇率制度下,如果本国收入增加,这体现为总供给曲线从 A_{S1} 移动到 A_{S2},总供给曲线 A_{S2} 与总需求曲线 A_{D1} 相交于 B_2 点。该点对应的物价水平为 P_{d2},与汇率水平 S_1 相交确定的 A_2 点将使得国际收支处于顺差状态,这导致货币

需求曲线从 M_{D1} 移动到 M_{D2}。由于要保持固定汇率,货币当局不得不进行汇率干预,买进外汇储备,货币供应量达到 C_2 点(货币需求曲线 M_{D2} 与货币供给曲线 M_{S1} 相交的点),货币供给的增加使得总需求曲线从 AD_1 移动到 AD_2,由于收入在 y_2 水平上保持不变,总需求的增加将导致国内物价水平回升至 P_{d1}。与此同时,购买力平价重新实现。各个市场恢复均衡,均衡点分别为 A_1、B_3 和 C_2 点(见图 6-17)。

从长期来看,国内物价水平仍然保持在原来的水平,由于国际收支的顺差使得货币供应量增加(其中外汇储备增加,国内信贷保持不变)。这说明实际货币余额的增加($M_2/P_{d1} > M_1/P_{d1}$)是因为国内收入水平增加导致的。

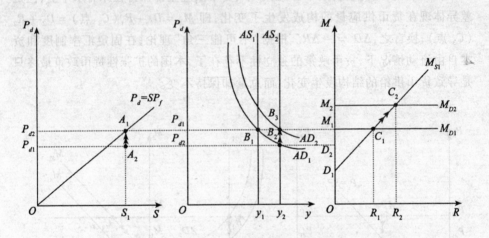

图 6-17   固定汇率制度下收入增加的效果

6.4.5 固定汇率制度下外国价格上涨的效果

在固定汇率制度下,外国物价水平的上升意味着购买力平价线向纵坐标方向旋转,在初始物价水平 P_{d1} 和汇率水平 S_1 确定的 A_1 点,国内产品更具有竞争力,从而形成国际收支顺差并导致对本币需求的增加,货币需求曲线从 M_{D1} 移动到 M_{D2}。为防止本币升值,本国货币当局买入外汇储备,外汇储备从 R_1 增加到 R_2,货币供给曲线 M_{S1} 与货币需求曲线 M_2 相交于 C_2 点。货币供给的增加使得总需求曲线从 AD_1 移动到 AD_2,在国民收入不变的情况下,国内物价从 P_{d1} 上升到 P_{d2},并在该水平上重现达到新的购买力平价,一旦达到新的购买力平价,国际收支顺差消失了,整个经济重现趋于均衡(见图 6-18)。

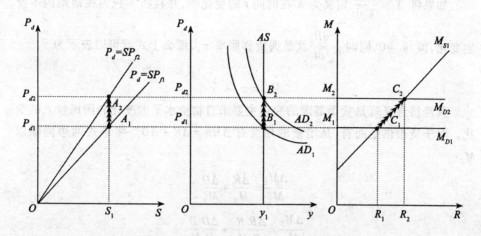

图 6-18　固定汇率制度下外国价格上涨的效果

　　上述结果表明一旦本国采取固定汇率制度,就必须接受外国物价水平波动对本国物价的影响。固定汇率制度和资本自由流动的政策组合也意味着本国货币政策的自主权丧失,这也是"不可能三角"理论的体现。固定汇率制度下不同的冲击对本国经济的影响如表 6-7 所示。

表 6-7　　　　　　固定汇率制度下不同的冲击对本国经济的影响

首先发生的冲击	固定汇率制度				
	国内物价	本币汇率	本国收入	货币供应量结构	
				国内信贷	外汇储备
本国货币供给扩张	不变	不变	不变	上升	下降
本国收入增加	不变	不变	增加	不变	上升
外国物价上涨	上涨	不变	不变	不变	上升

6.4.6　增长率形式下的货币分析法

　　如果对货币需求函数取对数后对时间求导,可以得到

$$\frac{1}{M_D}\frac{\mathrm{d}M_D}{\mathrm{d}t}=\frac{1}{k}\frac{\mathrm{d}k}{\mathrm{d}t}+\frac{1}{P_d}\frac{\mathrm{d}P_d}{\mathrm{d}t}+\frac{1}{y}\frac{\mathrm{d}y}{\mathrm{d}t}$$

如果将 $\dot{X} = \dfrac{1}{X}\dfrac{\mathrm{d}X}{\mathrm{d}t}$ 定义为 X 在时间 t 的变化率,并且将 k 视为在短期内不发生变化,即 $\dot{k} = 0$,同时 $\dfrac{1}{P_d}\dfrac{\mathrm{d}P_d}{\mathrm{d}t}$ 就是通货膨胀率 π_d,那么上式就可以表示为

$$\dot{M}_D = \pi_d + \dot{y}$$

其经济含义就是货币需求的变化主要来自物价水平的变化和国民收入的变化。对于货币供给而言,从增量的角度有 $\Delta MS = \Delta R + \Delta D$。将该式两边同除以 M_s:

$$\frac{\Delta M_s}{M_s} = \frac{\Delta R}{M_s} + \frac{\Delta D}{M_s}$$

$$\frac{\Delta M_s}{M_s} = \frac{\Delta R}{R}\frac{R}{M_s} + \frac{\Delta D}{D}\frac{D}{M_s}$$

$$\dot{M}_s = \alpha\,\dot{R} + (1-\alpha)\dot{D}$$

α 为外汇储备占货币供给的比重,上式的经济含义就是货币供给的增长率等于外汇储备的增长率和国内信贷的增长率的加权平均数,权重分别为外汇储备和国内信贷占货币供给的比重。在货币供求均衡的约束下($\dot{M}_D = \dot{M}_s$),可以得到以下公式:

$$\pi_d + \dot{y} = \alpha\,\dot{R} + (1-\alpha)\dot{D}$$

在增长率形式下,绝对购买力平价演变成相对购买力平价,即 $\pi_d = \dot{S} + \pi_f$ 成立,将其代入上式后可以得到

$$\dot{S} + \pi_f + \dot{y} = \alpha\,\dot{R} + (1-\alpha)\dot{D}$$

$$\dot{S} = \alpha\,\dot{R} + (1-\alpha)\dot{D} - \pi_f - \dot{y}$$

这一公式也可以用来讨论不同汇率制度下的不同变化方式。

在固定汇率制度下,要求 $\dot{S} = 0$,如果外国物价水平和本国国民收入保持不变,一国政府要维持固定汇率制度,就必然会形成国内信贷与外汇储备此消彼长的关系,即变化速度为 $\alpha\,\dot{R} = -(1-\alpha)\dot{D}$。

在浮动汇率制度下,一国货币当局不必维持本国货币汇率的稳定,即 $\dot{S} \neq$

0,这意味着货币当局无需干预外汇市场,即 $\dot{R} = 0$。因此,当 $\pi_f = \dot{y} = 0$ 时,有以下公式成立:

$$\dot{S} = (1 - \alpha)\dot{D}$$

在这种情况下,如果本国国民收入和外国物价保持不变,本国国内信贷增加,必然会带来本币贬值。同样,如果国内信贷保持不变,本国国民收入增长率和外国通胀率与汇率成反比,即本国国民收入增加,会导致本币升值;外国物价上涨,也会带来本币升值。

6.4.7　货币分析法的意义

货币分析法的理论意义在于将货币市场的不平衡视为国际收支失衡的关键因素,由于货币需求是稳定的,货币当局的本币(外币)公开市场操作会引起货币供求的变化。货币论的主要政策含义体现在在固定汇率制度下,本国货币当局失去了国内货币政策的控制权,这是实行固定汇率制度的代价。在浮动汇率制度下,本国货币当局可以实现货币政策的独立性。

本章小结

1. 国际收支平衡就是经常项目和资本与金融项目(不含储备项目)的差额之和为零,这更多地是从数量角度来分析;国际收支失衡是指经常项目差额占本国 GDP 的规模足够大以至于将影响本国经济稳定和安全的一种状态;国际收支均衡则是指经常项目允许有一定的差额,但是这一差额的规模是本国经济所能够承受的或者是本国经济发展所必需的一种状态,并且伴随着经济的发展经济体系的自动调整将会扭转经常项目的差额。

2. 国际收支的自动调节机制就是指由国际收支失衡所引起的国内经济变量的变动能自动对国际收支形成反作用机制,即使不能够完全扭转国际收支失衡,也至少能够在一定程度上缓和失衡的程度。

3. 在固定汇率制度下,国际收支的自动调整包括利率机制、收入机制和相对价格机制几种,价格—铸币流动机制是金本位制度下的一种国际收支自动调节机制,本质上属于相对价格调节机制。在浮动汇率制度下,国际收支的自动调整主要通过汇率波动来实现。

4. 弹性分析法是在收入不变的条件下,一国通过改变汇率实现国际收支的调整。其基本思想是通过汇率变动来改变贸易品的国内外比价以及本国贸易品和非贸易品之间的比价,进而实现国际收支的平衡,这是一种局部均衡分析法。

5. 如果本国进口的汇率需求弹性和出口的汇率需求弹性之和大于1,也就是满足马歇尔—勒纳条件,本币贬值将改善国际收支失衡。J曲线效应就是本币贬值时值效应,它大体经历了三个阶段:货币合同阶段、传导阶段和数量调整阶段。

6. 国际收支的收入分析法是一种考虑汇率变动后对国民收入并最终对国际收支产生影响的一种分析方法。在均衡状态下,国民收入为 $Y_E = \dfrac{1}{1-a+m}(A_0+B_0)$,此时该国国际收支差额为

$$\dfrac{1-a}{1-a+m}B_0 - \dfrac{m}{1-a+m}A_0。$$

7. 劳尔森—梅茨勒效应就是考察汇率变动对国内吸收 A 的影响,即给定其他条件不变,本币升值导致进口价格下跌,对应给定的货币收入的实际收入上升,给定货币收入中用于商品与服务的支出将会下降;反之,进口价格上涨,商品与服务支出将会增加。

8. 国际收支的货币分析法是一种自下而上的分析法,其理论基础是本国金融机构提供的货币供给(国内信贷)与居民(包括国外居民)对本国的货币需求不一致形成了国际收支的失衡。

关键术语

国际收支　　国际收支失衡　　国际收支平衡
国际收支自动调节机制　　价格—铸币流动机制
利率机制　　收入机制　　相对价格机制　　弹性分析法
本币贬值的价格效应　　本币贬值的数量效应
进出口产品需求弹性　　进出口产品供给弹性
J曲线效应马歇尔—勒纳条件　　收入分析法　　自主性贸易差额

引致性贸易差额　　边际吸收倾向　　自主性吸收　　总吸收
劳尔森—梅茨勒效应　　货币分析法

思考题

1. 什么是国际收支失衡？什么是国际收支平衡？什么是国际收支均衡？这三者是什么关系？请详细阐述。

2. 何谓国际收支的自动调节机制？在固定汇率制度和浮动汇率制度下，自动调节机制具体有哪些？价格—铸币流动机制属于其中的哪一种？

3. 什么是进出口产品的需求弹性？进出口产品供给弹性无限大的经济含义是什么？

4. 什么是"窖藏"？什么是净储蓄？其经济含义是什么？

5. 本币贬值是否一定能够改善国际收支？试阐述理由。

6. 在国际收支调节的货币分析法中，货币供求均衡条件为 $\Delta M_S = \Delta R + \Delta D$，请大家分析这与第 2 章最后一节的资金流量分析中第 4 列的均衡关系是否存在矛盾，请解释。

第 **7** 章 开放经济下的政策目标与工具

在开放经济下,本国经济的运行会受到来自国外经济的冲击,如何消除这一冲击是开放经济下各国政府必须面对的问题。本章将重点探讨开放经济下政府政策的运用。

7.1 开放经济下的政策目标

在封闭经济条件下,物价稳定、经济增长和充分就业是政府追求的主要经济目标。在开放经济条件下,政府的经济目标将扩展至国际收支均衡,这就是其外部经济目标。当然,也有的政府将本币汇率的稳定视为外部经济目标之一。

7.1.1 内部经济目标与外部经济目标

在开放经济下,政府的经济政策目标可以分为两大类,一类是内部经济均衡,即以物价稳定、经济增长和充分就业为目标,另一类是外部经济均衡,主要指国际收支均衡。在采取钉住汇率制度的国家,政府的经济政策目标则是本币汇率稳定。

显然,在不少情况下,政府的内部经济目标与外部经济目标是相互冲突的。例如,在固定汇率制度下,出口的增加带来了经济增长,同时也带来了国际收支的顺差,为保证本币汇率的稳定,中央银行买入外汇,使得基础货币随之增加,货币供应量的上涨带来了通货膨胀压力的增加。在这一背景下,政府的首要经济目标是什么呢? 如何既实现内部经济目标,又实现外部经济目标呢? 在不少教材中,有人认为外部经济目标就是国际收支平衡,有人采用国际收支均衡的提法。到底哪一种更合适呢?

　　IMF 在 2007 年 6 月通过的《对成员国政策的双边监督决定》中提到了外部稳定(External Stability)和国内稳定(Domestic Stablity)的说法。所谓外部稳定,就是不会或不太可能导致破坏性汇率变动的国际收支状况。这要求:(1)经常项目(即剔除周期性波动、临时冲击、调整时滞等暂时性因素后的经常项目)大体保持平衡,并且在这种情况下,一国净对外资产头寸的发展变化与该国经济的结构和基本面相一致;(2)资本和金融项目不造成资本流动急剧变化的风险,这种风险可能因融资约束而产生,也可能通过积累或维持脆弱的对外资产负债结构而产生。如果基本的经常项目(Underlying Current Account)不处于平衡状态(原因可能是汇率政策,也可能是不可持续的国内政策或市场不完善),汇率就发生了"根本性失调(Fundamental Exchange Rate Misalignment)"。换言之,根本性汇率失调是指实际有效汇率偏离均衡水平,而均衡汇率水平是指符合经济基本面的经常项目所对应的汇率水平。除此之外,IMF 还提到了国内稳定(Domestic Stablity)这一目标。促进国内稳定是指:(1)以促进合理价格稳定下的有序经济增长为目标,努力实施国内经济和金融政策,并适当考虑具体国情;(2)致力于促成有序的经济和金融状况以及不会造成无常破坏的货币制度,以此促进稳定。

　　显然,IMF 在 2007 年的上述规定仍然过于复杂,在这里仍然将外部目标简化为经常项目、不含储备项目的资本与金融项目之和为零。

　　在开放经济下,内部经济目标与外部经济目标有时候是相互冲突的,当政府采取经济措施努力实现某一目标时,有可能会造成对实现另一目标的干扰。因此这里只涉及内外经济目标的冲突问题,或者说内外经济均衡的冲突问题。

7.1.2　内外经济目标的冲突

　　英国经济学家詹姆斯·米德(J. Meade)在 1951 年的《国际收支》的著作中最早提到了固定汇率制度下的内外经济均衡的冲突问题。他认为,在固定汇率制度下,政府运用总需求政策来调节内外经济均衡,在特定情况下,往往无法同时实现内外经济均衡。在固定汇率制度下,内外部经济均衡目标如表7-1 所示。

表 7-1　　　　　　　　　　内部经济状况与外部经济状况的组合

经济组合	内部经济状况	外部经济状况	是否冲突
I	经济衰退/失业增加	国际收支逆差	是
II	经济衰退/失业增加	国际收支顺差	否
III	通货膨胀	国际收支逆差	否
IV	通货膨胀	国际收支顺差	是

当一国经济运行在内部出现经济衰退、失业增加,在外部出现国际收支逆差时(经济组合 I),处于固定汇率制度下,政府采用增加总需求的经济政策,可以解决经济衰退问题,但是这会使得外部经济目标——国际收支的逆差加剧。这是因为增加总需求的经济政策会使得本国进口相应增加,使得国际收支逆差状况进一步恶化。相反,在外部经济出现国际收支顺差的情况下(经济组合 II),增加总需求的经济政策会带来进口的增加,从而缓解国际收支顺差的态势。因此,经济组合 I 存在内外经济目标的冲突,而对于经济组合 II 而言,内外经济目标是一致的。同理,在内部经济出现通货膨胀,而外部经济出现国际收支逆差时(经济组合 III),本国政府采用降低总需求的方法来遏制通货膨胀,伴随着进口规模的下降,国际收支逆差的态势也将得到缓解。对于经济组合 IV,本国政府采用降低总需求的方法来遏制通货膨胀,国际收支顺差的态势还将加剧。所以说,经济组合 I 和 IV 存在内外经济目标的冲突,而 II 和 III 则不存在这种冲突。

简言之,"米德冲突"就是指在固定汇率制度下,失业增加与国际收支逆差的组合、通货膨胀与国际收支顺差的组合存在内外经济目标的冲突。

7.2　开放经济下的政策工具

7.2.1　"丁伯根"原则

以上分析表明,开放经济下政策目标的增加使得宏观经济的调控更为复杂。如何解决这一问题呢?著名的经济学家丁伯根提出过"丁伯根"原则,又称"政策工具—目标规则":如果采用有效的政策工具来实现 N 个独立的政策目标,则政策工具的数目也至少要有 N 个。假定政府掌握两种政策工具:财政支出 G 和货币供应量 M;同时政府有两个政策目标:国民收入 Y 和国际收支 B。

$$Y = a_{11} G + a_{12} M$$

$$B = a_{21} G + a_{22} M$$

根据线性代数的原理,只要 $a_{11} a_{22} \neq a_{21} a_{12}$,该方程就有解。如果政府的政策目标增加到三个,但政策工具仍然只有两个,政府将无法实现其政策目标。这就是"丁伯根"原则的含义。

7.2.2 开放经济下政策工具的种类

开放经济下的政策工具可以分为四大类:调节总需求的政策工具、调节总供给的政策工具、提供融资的工具以及直接管制措施。

1. 调节社会总需求的工具

在短期内,政府对经济的调节主要依赖总需求政策。对于总需求的调节可以分为两类:一类是需求增减型政策(Expenditure-changing Policy),另一类是需求转换型政策(Expenditure-switching Policy)。

所谓需求增减型政策,主要指财政政策和货币政策。财政政策是政府利用财政收入、支出和公债对经济进行调控的经济政策,其政策工具包括财政收入政策、财政支出政策以及公债政策。货币政策是货币当局通过调整货币供应量和利率以影响宏观经济的政策,其政策工具包括公开市场业务、再贴现和法定存款准备金,即通常所说的三大"法宝"。财政政策和货币政策不仅会对国内支出产生影响,而且会通过边际进口倾向以及利率水平的作用影响国际收支平衡。

所谓需求转换型政策,就是调控总需求的结构政策。对本国产品,不仅有来自国内居民的需求,而且有来自外国居民的需求。在本国国际收支出现逆差时,可通过需求转换型政策的调整,增加来自外国居民的需求(即增加本国的出口),减少本国居民对外国产品的需求(即减少本国的进口),最终扭转本国逆差状态。需求转换型政策工具主要包括汇率政策、直接管制政策两大类。前者主要是市场型的调控工具,后者主要是政府管制型的调控工具。

除此之外,还有一种形式的需求转换型政策就是本国出现通货膨胀或者通货紧缩。在固定汇率制度下,如果本币面临贬值压力,政府又不希望名义汇率贬值,可以通过本币通货紧缩,实现本币实际汇率的贬值,由此可以增加本国产品的价格竞争力。同样,在本币面临升值压力的情况下,政府又希望保持名义汇率固定,可以通过本币通货膨胀的方式来缓解本币升值的压力。然而,这种以牺牲国内物价稳定的方式进行的经济调整是漫长而痛苦的,往往很难得以实现。

以外部经济出现逆差为例,需求增减型政策和需求转换型政策的最大差异在于前者通过降低国民收入、增加失业和通货紧缩等方式来予以扭转贸易逆差,后者通过扩大国民收入、降低失业和避免通货紧缩来改善贸易赤字。

2. 调节社会总供给的工具

相对而言,总供给政策是在长期内发挥作用的政策,它主要涉及产业政策和放松政府管制,该政策旨在在长期内改善一国的经济结构和产业结构,降低生产成本,提高生产效率,扩大产品供给能力。

3. 提供融资的政策工具

所谓提供融资的政策工具,就是在短期内利用资金融通的方式,弥补国际收支逆差以实现经济稳定的政策。融资政策工具包括两大类,一类是使用国际储备,另一类是国际借贷政策。若一国在短期内出现国际收支逆差,也就是其国内产出规模不及本国支出总额,同时政府又不希望遏制国内支出总额,此时可以动用其过去的积蓄(即国际储备)来进行支付,还可以向其他国家或国际金融机构借入资金(即国际借贷政策)。因此对政府而言,实现外部经济均衡的首要目标就是是选择融资还是调整的问题(Financing or Adjusting)。如果外部经济失衡是短期的、偶然性的冲击导致的,那么政府就可以采用融资政策来调整;如果外部经济失衡是国内经济失调等中长期因素导致的,那么就必须采取经济调整政策。

4. 直接管制

以上政策措施均是市场化的政策措施,在特定情况下,政府还会采用直接管制(Direct Controls)的措施,这在不少发展中国家和新兴市场国家使用较为频繁。直接管制措施也可以划归支出转换政策工具的范畴,其目的是限制进口、鼓励出口,实现外部经济目标。这些管制政策可以细分为贸易管制(Trade Controls)和外汇管制(Exchange Controls)两方面。前者主要包括关税、配额等贸易限制措施;后者包括对国际资本流动的限制和双重汇率(Dual Exchange Rate)等。

(1)贸易管制

所谓贸易管制,就是政府采取进出口许可证制度等非关税措施,以控制重要资源、技术专利等的输出入,或者通过采用出口补贴方式刺激出口,所有这些措施都是从实体经济层面出发的管制。还有一种贸易控制的手段是要求进口商预先在本国商业银行存入一笔款项,该笔款项是其进口额的全部或者一部分,期限不定且不付利息。这种方式在过去常常被发达国家采用,如今不少发展中国家也频繁使用。由于存款没有利息,这变相地提高了进口商品的价格,从而抑制了进口。

(2)外汇管制

所谓外汇管制,就是从一国的金融经济层面出发,对商品与服务贸易导致的资金流动以及外国直接投资、证券投资等项目导致的资金流动进行数额管制以及采取双重汇率或者多重汇率制度。具体来说,外汇管制包括汇率管制(即实行双重汇率或多重汇率制度)和数量管制。所谓双重汇率或者多重汇率,就是对资本项目的交易采用本币定价较高的汇率水平以限制投机,对经常项目的交易采用本币定价较低的汇率水平鼓励出口、限制进口。

数量管制包括经常项目下的管制和资本项目下的管制两大类。IMF 认为各国应当实行经常项目可兑换,避免限制经常项目的支付,避免实行歧视性货币措施或多重汇率措施,兑换外国持有的本国货币,这就是 1973 年布雷顿森林体系崩溃后《国际货币基金组织协定》修订后第八条款的主要内容,通常将接受该条款的国家称为"第八条款国"。

①经常项目管制。为什么 IMF 希望各国政府放弃经常项目管制,实现经常项目下的可自由兑换呢?这是因为对经常项目的管制将严重影响国际贸易和世界经济的发展。

假定甲、乙、丙、丁四国进行多边贸易,各国允许在经常项目下的可自由兑换。如表 7-2 至表 7-5 所示,甲国对乙国、丙国分别有 100 亿美元(600 − 500)和 350 亿美元(750 − 400)的顺差,对丁国有 80 亿美元(180 − 260)的逆差。甲国整体的对外贸易顺差额为 370 亿美元(100 + 350 − 80)。同样,乙国整体的对外贸易逆差额为 410 亿美元;丙国整体的对外贸易逆差额为 260 亿美元;丁国整体的对外贸易顺差额为 300 亿美元。在经常项目的可自由兑换条件下,国际贸易的总额为 4970 亿美元(仅以各国的进口额或出口额单边计算)。

表 7-2   经常项目可自由兑换状态下的国际贸易   单位:亿美元

进口\出口	甲	乙	丙	丁	合计
甲	–	600	750	180	1530
乙	500	–	260	270	1030
丙	400	560	–	350	1310
丁	260	280	560	–	1100
合计	1160	1440	1570	800	4970

表 7-3   经常项目可自由兑换状态下各国的贸易差额   单位:亿美元

国家	甲	乙	丙	丁	合计
贸易差额	370	– 410	– 260	– 300	0

表 7-4   经常项目不可自由兑换状态下的国际贸易   单位:亿美元

进口\出口	甲	乙	丙	丁	合计
甲	–	500	400	180	1080
乙	500	–	260	270	1030
丙	400	260	–	350	1010
丁	180	270	350	–	800
合计	1080	1030	1010	800	3920

表 7-5   经常项目不可自由兑换状态下各国的贸易差额   单位:亿美元

国家	甲	乙	丙	丁	合计
贸易差额	0	0	0	0	0

相反,如果各国不允许经常项目下的可自由兑换,那么各国之间的贸易与结算关系只是双边的。如甲国虽然对乙国和丙国有贸易顺差,但却无法动用其贸易顺差额向丁国支付其逆差额,只能以账面资产的形式保留起来,用于以后对乙国和丙国的贸易逆差。在这种情况下,除非甲国愿意累积对乙国和丙国的贸易顺差,否则甲国对乙国和丙国的贸易顺差额均下降至零,甲国对丁国的贸易逆差额也将下降为零。从整体上看,国际贸易的总额从4970亿美元下降至3920亿美元,只有原来水平的79%。

显然,允许经常项目的可自由兑换将大大促进国际贸易的发展。经过改革开放以来多年的发展,中国在1996年12月1日正式宣布接受第八条款,实现人民币经常项目完全可兑换。到2007年8月,境内机构可以根据自身的经营需要自行开立经常项目外汇账户、自主保留外汇。根据2008年8月出台的《中华人民共和国外汇管理条例》,我国经常项目管制的特点包括:

第一,经常项目外汇管理强调交易有真实、合法的交易基础,并要求交易数据(海关、金融机构和企业递交的数据)的一致性。第二,针对外汇收入,既可以自行保留也可以卖给金融机构;针对外汇支出,凭有效单证以自有外汇支付或者向金融机构购汇支付。第三,同时实行进出口收付汇核销制度。所谓进出口收付汇核销制度就是货物出口之后,由外汇局对相应的出口收汇进行核销;进口货款支付之后,由外汇局对相应的到货进行核销。

②资本项目管制。不少国家还对资本项目进行管制,如对外国对本国股票市场的投资、跨国的信贷活动等进行管制。目前国际货币基金组织对资本项目的管制主要涉及7大类43项,具体见表7-6。中国政府按照"循序渐进、统筹规划、先易后难、留有余地"的改革原则,逐步推进资本项目可兑换。2004年底,我国有11项实现可兑换,占25.6%;11项较少限制,占25.6%;15项较多限制,占34.8%;严格管制的仅有6项,占13.9%。①

通常,各国在国际收支逆差时限制资本流出,在国际收支顺差时限制国际资本流入。例如,1963年美国为减少国际收支逆差,对资本出口征收利息平衡税,对本国企业的海外直接投资实施自愿限制的方法。尽管这一做法提高了资本项目顺差额,但是却导致美国出口额的下降以及经常项目下海外投资利息和利润

---

① 资料来源:国家外汇管理局网站 http://www.safe.gov.cn/model_safe/whjjs/whjjs_detail.jsp?id=1&ID=160500000000000000.

表 7-6 资本项目可兑换框架

	可兑换	有较少限制	有较多限制	严格限制
一、资本与货币市场工具				
1. 资本市场证券交易				
A. 买卖股票或有参股性质的其他证券				
非居民在境内购买				
非居民在境内出售或发行				
居民在境外购买				
居民在境内出售或发行				
B. 债券和其他债务证券				
非居民在境内购买				
非居民在境内出售或发行				
居民在境外购买				
居民在境内出售或发行				
2. 货币市场工具				
非居民在境内购买				
非居民在境内出售或发行				
居民在境外购买				
居民在境内出售或发行				
3. 集体投资类证券				
非居民在境内购买				
非居民在境内出售或发行				
居民在境外购买				
居民在境内出售或发行				
二、对衍生工具和其他工具的管制				
非居民在境内购买				
非居民在境内出售或发行				
居民在境外购买				

	可兑换	有较少限制	有较多限制	严格限制
居民在境内出售或发行				
三、对信贷业务的管制				
1.商业信贷				
居民向非居民提供				
非居民向居民提供				
2.金融信贷				
居民向非居民提供				
非居民向居民提供				
3.担保、保证和备用融资便利				
居民向非居民提供				
非居民向居民提供				
四、对直接投资的管制				
1.对外直接投资				
A.创建或拓展完全由自己拥有的企业、子公司或全额收购现有企业				
B.对新建或现有企业的入股				
2.对内直接投资				
A.创建或拓展完全由自己拥有的企业、子公司或全额收购现有企业				
B.对新建或现有企业的入股				
五、对直接投资清盘的管制				
六、对不动产交易的管制				
居民在境外购买				
非居民在境内购买				
非居民在境内出售				
七、对个人资本流动的限制				

	可兑换	有较少限制	有较多限制	严格限制
1. 贷款				
居民向非居民提供				
非居民向居民提供				
2. 礼品、捐赠、遗赠和遗产				
居民向非居民提供				
非居民向居民提供				
3. 外国居民在境外的债务结算				
4. 资产的转移				
移民向国外的转移				
移民向国内的转移				
5. 博彩和中奖收入的转移				
6. 非居民员工的储蓄				

的汇回规模的下降。同样,原联邦德国和瑞士在面临大量的国际收支盈余时,为了避免本国经济出现通货膨胀,对海外存款下调甚至取消了利率,试图阻止资本的流入。

(3)直接管制的效果分析

直接管制效果往往是值得怀疑的。例如在危机期间,政府就难以有效实施直接管制,因为私人部门能够找到许多方法来规避这些措施,轻易地将资金转移到国外。与此同时,危机期间对资本流出的直接管制还会进一步刺激资本的外逃。更重要的是,不论是资本流入管制还是资本流出管制,虽然在短期内可以起到很迅捷的政策效果,但是其负面影响也是不可低估的,都会导致市场功能的扭曲和资源的无效配置,寻租与走私活动猖獗,并容易滋生腐败。

伴随着世界经济一体化、贸易自由化和金融自由化进程的加速,贸易管制和外汇管制的范围越来越小,各国也都在不断推进自由贸易和资本自由流动。

既然政府拥有如图 7-1 所示的政策工具,如何运用才不至于导致政策效果相互抵消?如何搭配才能够实现最大的政策效果呢?根据这一思想,后来的经济学家们提出过不同的政策组合,先后出现过较著名的支出转换政策和支出增减政策的搭配和财政政策和货币政策的搭配。

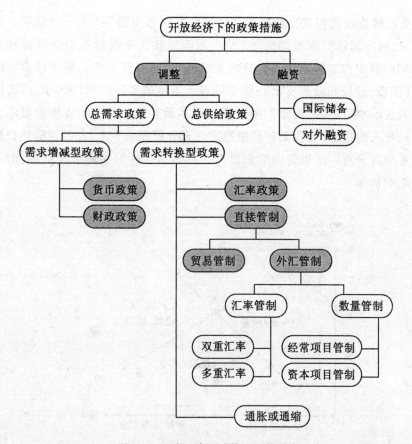

图 7-1　开放经济下政策工具的种类

7.3　开放经济下的政策搭配问题和政策指派问题

在开放经济条件下,除了政策搭配问题之外,还有一个问题就是政策指派问题。20 世纪 60 年代经济学家蒙代尔提出过利用财政政策和货币政策的搭配和根据"有效市场分类原则"进行政策指派(Assignment Problem)来实现内外经济均衡目标。所谓政策指派问题,就是将政策目标安排给那些对政策变量影响最大的政策工具。本节分析两种类型的政策搭配和政策指派问题。

7.3.1 支出转换政策和支出增减政策的搭配和指派问题

支出转换政策和支出增减政策的搭配可以运用图 7-2 来予以说明。为简单起见，假定国际资本流动为零（即一国国际收支平衡就等于其贸易收支平衡）；同时假定在总需求达到充分就业之前，价格保持不变。横坐标表示国内支出（消费、投资和政府支出）；纵坐标表示本币的实际汇率（SP_f/P_d），实际汇率增大表示本币贬值，实际汇率下降表示本币升值。内部经济均衡假定为本国国民收入的稳定，也就是将经济稳定在充分就业水平上，外部经济均衡假定为经常项目平衡。这里请同学们思考为什么纵坐标取实际汇率指标，而不是名义汇率指标？

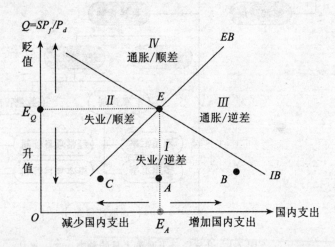

图 7-2　满足马歇尔—勒纳条件的斯旺图形与支出转换政策、支出增减政策的搭配

1. 满足马歇尔—勒纳条件下政策的搭配和指派问题

IB 曲线就是内部经济均衡线，表示实际汇率与国内支出的组合。该曲线向右下方倾斜，表示伴随着本币实际汇率的贬值，出口将会增加，要保持国内经济稳定在充分就业水平上就必须降低国内支出。在 IB 曲线的右侧，国内支出要大于保持国内经济均衡所需要的支出水平，国内经济出现通货膨胀；在 IB 曲线的左侧，国内支出要小于保持国内经济均衡的支出水平，国内经济出现衰退，失业增加。EB 曲线为外部均衡线，表示能够实现经常项目平衡的实际汇率与国内支

出的组合。该曲线是一条向右上方倾斜的曲线,表示伴随着国内支出的增加,进口将会扩大,为保持经常项目的平衡,出口也必须扩大,这要求本币实际汇率贬值,因此外部均衡线是一条右上方倾斜的曲线。在 EB 曲线的左侧,表示国内支出要小于实现经常项目平衡所需要的支出水平,经常项目出现顺差;在 EB 曲线的右侧,经常项目出现逆差。

IB 曲线和 EB 曲线相交于 E 点,该点所对应的国内支出 E_A 表示同时实现内外经济均衡的国内支出水平;该点所对应的实际汇率水平 E_Q 表示同时实现内外经济均衡的实际汇率水平。当经济运行处于 I 区域的 A 点时,也就是经济运行处于失业/逆差组合时,政府直接采取本币实际汇率贬值政策扭转本国国际收支逆差,同时又可以解决国内失业问题(A 点正处于均衡的国内支出水平)。

在 I 区域的 B 点和 C 点,经济同样处于失业和逆差的组合状态,此时政府针对这两种情况应该如何处理呢?此时,政府可以确定的是采用本币实际贬值政策可以扭转外部经济失衡,但是政府应该如何采取支出政策呢?当经济运行位于 I 区域的 B 点时,政府扩大国内支出解决失业问题,却会远离 EB 曲线,因此有必要采用降低国内支出的做法;而在 C 点,政府则需要采取扩大政府支出的措施,因为 C 点的国内支出水平低于同时实现内外均衡的国内支出水平。显然,即使在同一区域,政府采取的政策措施也是不同的。如果政府不是非常明确地知晓当时的国内支出水平与均衡状态下的国内支出水平,很容易出现调控失当。

如果假定政府做出如下决定:中央银行决定汇率水平,财政部决定财政政策,此时哪一个部门应该对外部经济目标负责,哪一个部门应该对内部经济目标负责呢?这就是政策指派问题。在上面的分析当中,暗含的假定是中央银行负责外部经济均衡,财政部负责内部经济均衡。然而,这里并没有涉及 IB 曲线和 EB 曲线的相对斜率问题。下面分两种情况来讨论:

第一种情况:IB 曲线斜率的绝对值更大

以失业/逆差组合中的 A 点为例,中央银行采取汇率贬值措施,经济到达 EB 曲线上的 B 点,该点实现了贸易平衡,但是出现了通货膨胀,财政部采取紧缩性的财政政策,经济到达 IB 曲线上的 C 点,但是 C 点处于国际收支顺差,中央银行必须采用升值措施,如此循环,导致经济将逐渐接近内外经济均衡点 E 点,如图 7-3 所示。

第二种情况:EB 曲线斜率的绝对值更大

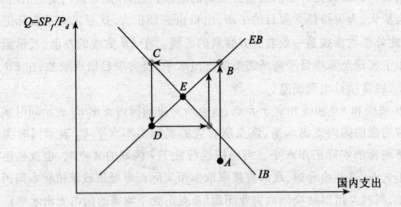

图 7-3　收敛型政策调节

同样以失业/逆差组合中的 A 点为例,中央银行采取汇率贬值措施,经济到达 EB 曲线上的 B 点,该点实现了贸易平衡,但是出现了通货膨胀,财政部采取紧缩性的财政政策,经济到达 IB 曲线上的 C 点,但是 C 点处于国际收支顺差,中央银行必须采用升值措施,如此逆时针循环,导致经济将远离内外经济均衡点 E 点。在这种情况下,该系统是不稳定的,如图 7-4 所示。

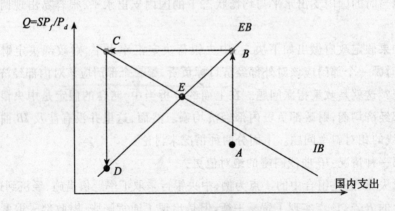

图 7-4　发散型政策调节

显然,汇率政策和财政政策的组合能否实现内外经济的同时均衡取决于 IB 曲线和 EB 曲线的相对斜率。

同样还可以变换各部门负责的经济目标,这里假设中央银行对内部经济均衡负责,财政部对外部经济均衡负责,同样也可以分两种情况来讨论:

第一种情况:IB 曲线斜率的绝对值更大

仍然以处于失业/逆差组合中的 A 点为例,当 IB 曲线斜率的绝对值更大时,为消除外部经济失衡,财政部采取紧缩性政策,收缩国内支出,经济到达 B 点的位置,该点实现了贸易平衡,但是在 IB 曲线的左侧,表示经济存在失业;为此中央银行采取实际汇率贬值政策实现内部均衡目标,经济运行到 C 点,达到了充分就业的国民收入水平;但是外部经济存在顺差,财政部为消除顺差,采用扩张性的财政政策,如此顺时针循环,可以发现经济将远离内外均衡点。简言之,在 IB 曲线斜率的绝对值更大的情况下,将内部经济均衡指派给中央银行,将外部经济均衡指派给财政部,将导致经济逐渐远离 E 点,如图 7-5 所示。

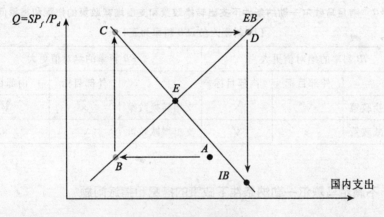

图 7-5　发散型政策调节

第二种情况:EB 曲线斜率的绝对值更大

还是以 A 点为例,当 EB 曲线斜率的绝对值更大时,首先财政部为解决外部经济失衡,仍然采用紧缩性的政策,经济到达 B 点实现贸易收支平衡后,中央银行再采用实际汇率贬值政策解决内部经济失衡问题,如此逆时针循环,经济将收敛于内外经济均衡点 E 点,如图 7-6 所示。

满足马歇尔—勒纳条件下支出转换政策和支出增减政策的搭配和指派问题如表 7-7 所示。

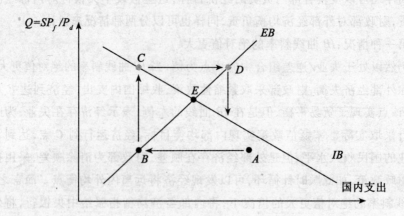

图 7-6　收敛型政策调节

表 7-7　满足马歇尔—勒纳条件下支出转换政策和支出增减政策的搭配和指派问题
（*IB* 斜率为负，*EB* 斜率为正）

IB 斜率的绝对值更大			EB 斜率的绝对值更大		
	外部目标	内部目标		外部目标	内部目标
支出转换政策	√	×	支出转换政策	×	√
支出增减政策	×	√	支出增减政策	√	×

2. 不满足马歇尔—勒纳条件下政策的搭配和指派问题

现在考察马歇尔—勒纳条件不成立情况下的支出转换政策、支出增减政策的搭配问题。在这种情况下，*EB* 曲线和 *IB* 曲线的斜率将发生变化。首先来分析 *EB* 曲线，此时该曲线将会有负斜率。因为马歇尔—勒纳条件不成立，本币贬值后就无法使得逆差下降，此时就必须降低国民收入，由此降低进口规模，改善对外贸易收支。所以要保持贸易收支平衡，汇率和国内支出反向变化，*EB* 曲线形成一条向右下方倾斜的曲线。*EB* 曲线的左侧表示顺差，它的右侧表示逆差。*IB* 曲线表示在马歇尔—勒纳条件不成立的条件下，要保持国民收入稳定在充分就业状态，当国内支出增加导致国民收入水平超过充分就业水平下的国民收入水平时，净出口需求就必须相应地下降加以抵消，要实现这一点，就必须实现本币实际汇率贬值，由此形成一条向右上方倾斜的 *IB* 曲线。*IB* 曲线的左侧表示失业,右侧表示通货膨胀,由此形成了四个区域,如图 7-7 所示。

同学们可以自己考虑 IB 曲线和 EB 曲线不同斜率情况下的收敛型和发散型政策调节。

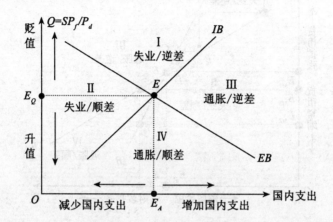

图 7-7　马歇尔—勒纳条件不成立下的斯旺图形与支出转换政策、支出增减政策的搭配

7.3.2　财政政策和货币政策的搭配和政策指派问题

支出转换政策和支出增减政策的搭配模型主要基于资本流动受到严重限制的固定汇率制度背景下,伴随着战后经济的复苏和资本流动的日益频繁,国际收支平衡不仅仅受经常项目的影响,而且资本项目的变化对于整个国际收支的影响也日益加剧。此时国际收支平衡就必须将资本项目差额考虑在内。经济学家考虑采用财政政策与货币政策的搭配来实现内外经济均衡。横坐标表示财政政策,纵坐标表示货币政策。

第一种情况:IB 曲线斜率的绝对值更大

IB 曲线和 EB 曲线相交于 E 点,其对应的横坐标的财政政策表示中性的财政政策,其右侧为扩张性的财政政策,左侧为紧缩性的财政政策;E 点对应的纵坐标表示中性的货币政策,向上表示扩张性的货币政策,向下表示紧缩性的货币政策。

IB 曲线仍然表示内部经济均衡线,表示达到充分就业状态下国民收入的财政政策与货币政策的点的组合;在 IB 曲线的左侧,表示经济处于衰退与失业中;在 IB 曲线的右侧,国内经济处于通货膨胀的压力中。IB 曲线向右下方倾斜表示紧缩性的货币政策(财政政策)与扩张性的财政政策(货币政策)搭配保持经济实现充分就业,如图 7-8 所示。

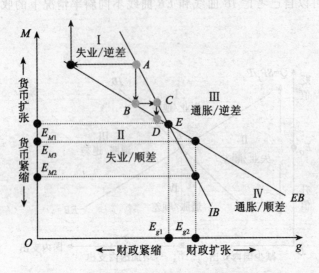

图 7-8 财政政策与货币政策的搭配方式之一

　　EB 曲线表示外部经济均衡线,表示实现国际收支均衡的财政政策与货币政策的点的组合。EB 曲线的斜率如何呢?财政政策对于国际收支平衡的影响是双重的。下面以扩张性的财政政策为例予以说明。一方面扩张性的财政政策导致国民收入的增加,从而带来了经常项目的逆差;另一方面扩张性的财政政策会导致利率的上升,从而带来了资本项目的顺差,一定程度上抵消了前者的逆差。这里假定经常项目的逆差效应超过了资本项目的顺差效应,因此扩张性的财政政策会带来国际收支的逆差。为保证国际收支平衡,政府就必须采取紧缩性的货币政策,即提高利率实现资本项目的顺差。这样,EB 曲线就是一条向右下方倾斜的曲线。EB 曲线的左侧表示经济处于国际收支顺差,EB 曲线的右侧表示国际收支逆差。

　　IB 曲线比 EB 曲线更为倾斜,这是对于 IB 曲线而言,要保持充分就业的国民收入水平,扩张性的财政政策($E_{g1} \rightarrow E_{g2}$,$E_{g1} < E_{g2}$)带来的国民收入增加必须要通过紧缩性的货币政策来抵消($E_{M1} \rightarrow E_{M2}$,$E_{M1} > E_{M2}$);对于 EB 曲线而言,要保持国际收支平衡,扩张性的财政政策($E_{g1} \rightarrow E_{g2}$,$E_{g1} < E_{g2}$)带来的逆差必须要通过采取紧缩性的货币政策带来的顺差来抵消($E_{M1} \rightarrow E_{M3}$,$E_{M1} > E_{M3}$),由于相同规模的财政扩张带来的逆差变化规模小于国民收入的变化规模,因此对于保持外部经济平衡,紧缩性货币政策的力度就相对要小,所以 $E_{M3} > E_{M2}$,如此形成 IB 曲线比 EB 曲线更为倾斜的状态。

以上分析表明,货币政策对于外部经济目标更为有效,财政政策对于内部经济目标更为有效。在这一基础上,蒙代尔提出有效市场分类法则,即将经济政策分配到它最具影响力的政策目标上,即在固定汇率制度下,货币政策分配给外部经济目标,财政政策分配给内部经济目标。IB 曲线与 EB 曲线同样将整个平面分为四个部分。同样在 A 点,经济实现了内部目标,但是此时存在国际收支逆差,采取紧缩性的货币政策将使得经济到达外部经济均衡线上的 B 点,此时再次出现失业和经济衰退,政府采取扩张性的财政政策,经济又移动到内部经济均衡线上的 C 点,如此循环地进行调整,经济终将移动到 E 点。相反,如果在 A 点政府运用财政政策去应付外部经济失衡,即采用紧缩性财政政策实现国际收支平衡,但是出现了失业,政府必须采用扩张性的货币政策去刺激经济,整个经济却处于逆差状态,如此交替采取财政政策和货币政策,经济将远离内外经济均衡。

第二种情况: EB 曲线斜率的绝对值更大

如图 7-9 所示,IB 曲线表示内部经济均衡线,仍然是一条向右下方倾斜的曲

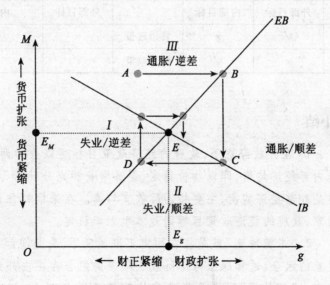

图 7-9 财政政策与货币政策的搭配方式之二

线;EB 曲线则是一条向右上方倾斜的曲线。EB 曲线向右上方倾斜则是基于以

下假定:扩张性的财政政策对经常项目的逆差效应小于其对资本项目的顺差效应,其最终效应为国际收支顺差,为实现国际收支平衡,则要采取扩张性货币政策(即降低利率),因此 EB 曲线也可以是一条向右上方倾斜的曲线。此时 EB 曲线的右侧表示国际收支顺差,其左侧表示国际收支逆差。

例如在 A 点,政府运用扩张性财政政策实现外部经济目标(到达 B 点),然后运用紧缩性的货币政策实现内部经济目标(到达 C 点),再用紧缩性的财政政策实现外部经济目标(到达 D 点),如此循环,最终同时实现内外经济均衡的目标(E 点)。

相反,如果在 A 点运用紧缩性财政政策首先实现内部经济目标,然后再采用紧缩性的货币政策实现外部经济目标,如此循环操作,最终将远离内外经济均衡。显然,政策组合的有效性取决于 EB 和 IB 曲线的相对斜率。

货币政策与财政政策的搭配如表 7-8 所示。

表 7-8　　　　　　　　　　货币政策与财政政策的搭配

IB 和 EB 斜率均为负 且 IB 斜率的绝对值更大	外部目标	内部目标	IB 斜率为负,EB 斜率为正 且 EB 斜率的绝对值更大	外部目标	内部目标
货币政策	√	×	货币政策	×	√
财政政策	×	√	财政政策	√	×

本章小结

1. 在开放经济下,政府的经济政策目标可以分为两大类,一类是内部经济均衡,即以物价稳定、经济增长和充分就业为目标,另一类是外部经济均衡,主要指国际收支均衡。在采取钉住汇率制度的国家,政府的经济政策目标则是本币汇率稳定。

2. "米德冲突"就是指在固定汇率制度下,失业增加与国际收支逆差的组合、通货膨胀与国际收支顺差的组合存在内外经济目标的冲突。"丁伯根"原则是指政府的政策目标有 N 个,相应的政策工具就应该有 N 个。

3. 开放经济下的政策工具可以分为四大类:调节总需求的政

策工具、调节总供给的政策工具、提供融资的工具以及直接管制措施。调节总需求的政策工具包括需求增减型政策和需求转换型政策,前者主要指财政政策和货币政策,后者主要指汇率政策和直接管制政策。直接管制政策可以细分为贸易管制和外汇管制。

4. 政策指派问题,就是将政策目标安排给那些对政策变量影响最大的政策工具。开放经济下最主要的两种政策搭配是支出转换政策与支出增减政策的搭配和财政政策与货币政策的搭配。前者主要考虑的不是国际资本流动的情况,后者主要考虑国际资本流动的情况。

5. 满足马歇尔—勒纳条件下支出转换政策和支出增减政策的搭配中,当 IB 斜率的绝对值更大时,支出转换政策指派给外部目标,支出增减政策指派给内部目标;当 EB 斜率的绝对值更大时,支出转换政策指派给内部目标,支出增减政策指派给外部目标。

6. 财政政策与货币政策的搭配中,当 IB 和 EB 斜率均为负,且 IB 斜率的绝对值更大,货币政策指派给外部目标,财政政策指派给内部目标;在 IB 斜率为负,EB 斜率为正,且 EB 斜率的绝对值更大,货币政策应该指派给内部目标,财政政策指派给外部目标。

关键术语

内部经济均衡　　外部经济均衡　　米德冲突　　"丁伯根"原则
需求增减型政策　　需求转换型政策　　贸易管制
外汇管制　　有效市场分类原则　　政策指派问题
斯旺图形　　支出转换政策与支出增减政策的搭配
财政政策与货币政策的搭配

思考题

1. 何谓内部经济均衡? 在开放经济下,为什么说政府面临的约束条件更多?

2. "米德冲突"揭示了什么经济含义? 试用斯旺图形来予以解释。

3. 什么是贸易管制？什么是外汇管制？这两者的差异何在？

4. 请总结不满足马歇尔—勒纳条件下支出转换政策与支出增减政策的搭配和政策指派问题。

5. 请画出纵坐标以利率表示的货币政策和以财政支出表示的财政政策的搭配图,并解释 IB 曲线和 EB 曲线的经济含义。

6. 试分析在财政政策与货币政策的搭配过程中,在 IB 斜率为负,EB 斜率为正,且 IB 斜率的绝对值更大的情况下,财政政策和货币政策分别应该指派给内部经济均衡还是外部经济均衡。

第 **8** 章 蒙代尔—弗莱明模型

长期以来,蒙代尔—弗莱明模型是开放经济下宏观经济分析的基本框架,通常简称为 *IS-LM-BP* 模型。蒙代尔—弗莱明模型也可以作为讨论固定汇率制和浮动汇率制孰优孰劣的一个分析框架。

这里假定分析的对象是开放经济下的小国,即其进出口、利率水平和国民收入的变化对世界其他国家和地区不产生冲击。蒙代尔—弗莱明模型的基本假设包括:(1)总供给曲线是水平的,这意味本国价格水平固定,而产出完全由总需求水平确定。(2)汇率预期是静态的,或者说不存在汇率将发生变动的预期。以下依照浮动汇率制和固定汇率制两种汇率制度,按资本不完全流动和资本完全流动两种情况分别予以介绍。

8.1 蒙代尔—弗莱明模型初步

在进一步分析之前,首先推导 *IS*、*LM* 和 *BP* 曲线。所谓 *IS* 曲线,又称商品市场均衡线;*LM* 曲线又称货币市场均衡线,*BP* 曲线又称国际收支均衡线或者外汇市场均衡线。

8.1.1 *IS* 曲线的推导

IS 曲线是商品市场均衡线,反映的是商品市场供求均衡的利率与国民收入的点的组合。在开放经济下,国民收入恒等式可以表示如下:

$$Y = A(i, Y) + NX(Q, Y)$$

其中:Y 表示国民收入,A 表示吸收,NX 表示净出口,i 表示利率,Q 表示实际汇率。

IS 曲线向右下方倾斜,在 IS 曲线的左侧表示 $I > S$,右侧表示 $I < S$。这是因为国民收入的增加会带来储蓄的增加,为使得商品市场平衡,只有降低利率才能使得投资也相应地增加,所以其斜率为负。以 IS 曲线上 A 点为例,该点对应的利率为 i_1,对应的国民收入为 Y_1,此时 $I = S$。处于同一利率水平的 B 点,表示其投资水平与 A 点的投资水平相同,但是其国民收入为 Y_2,对应的储蓄水平低于 Y_1 的储蓄水平,因此在 B 点投资大于储蓄,如图 8-1 所示。

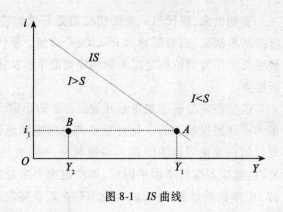

图 8-1 IS 曲线

8.1.2 LM 曲线的推导

LM 曲线表示能够使货币市场处于均衡状态的利率与国民收入的点的组合。在开放经济下,货币市场均衡条件为:

$$M = D + R = L(i, Y)$$

其中:D 表示国内信贷,R 表示外汇储备。

LM 曲线向右上方倾斜,其斜率为正,表示当国民收入增加,利率也必须上涨才能够使得货币市场均衡。这里假定货币供给为外生变量,货币当局能够直接控制。货币需求是利率的减函数,是国民收入的增函数。当国民收入增加时,货币需求随着增加,在货币供给不变的情况下,利率必须上涨才能够抵消由于国民收入增加带来的货币需求增加。以 LM 曲线上的 A 点为例,在该点货币需求等于货币供给($L = M$)。位于同一利率水平 i_1 的 B 点,国民收入 Y_2 大于 A 点的 Y_1,因此在 Y_2 点的货币需求就大于 i_1 水平的货币供给。在 LM 曲线的左侧表示

$L<M$,在 LM 曲线的右侧表示 $L>M$,如图 8-2 所示。

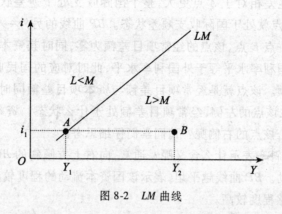

图 8-2 LM 曲线

8.1.3 BP 曲线的推导

BP 曲线是国际收支平衡线(或者外汇市场平衡线),其含义为经常项目和扣除国际储备之后的资本与金融项目之和为零。其中,CAB 表示经常项目差额,NKA 表示扣除国际储备之后的资本与金融项目差额。所谓国际收支平衡就是该国的国际储备项目的变化额为零。采用公式可以表示如下:

$$CAB + NKA = 0$$
$$CAB = CAB(Q, Y); NKA = NKA(i, i^*)。$$

其中:Q 为实际汇率,Y 为国民收入;i 和 i^* 分别为国内和国外利率。CAB 表示经常项目差额,主要受实际汇率和国民收入的影响,实际汇率与经常项目差额为正相关关系,国民收入与经常项目差额为负相关关系;NKA 表示不含储备项目的资本与金融项目差额,受国内外利差影响。

为什么 BP 曲线是向右上方倾斜的曲线呢？假定在实际汇率 Q 不变的情况下,伴随着本国国民收入的增加,经常项目的逆差必将随之增加,为使得国际收支实现均衡,资本与金融项目必须实现相应的顺差。为实现这一点,在假定国外利率(i^*)不变的情况下,就必须提高国内利率(i)。BP 曲线上面的点则表示实现国际收支平衡的利率与国民收入的组合。

在 BP 曲线的上方,国际收支出现顺差;在 BP 曲线的下方,国际收支出现逆差。以 A 点为例,在 A 点实现了国际收支平衡,此时国民收入为 Y_1,利率水平为 i_1。同样地,在 B 点国民收入达到 Y_2,对应的利率水平也为 i_1,这表明 A 和 B 点的资本与金融项目(不含储备项目差额)差额相同。由于 B 点的国民收入较高,其经常项目的逆差相对于 A 点更大,整个国际收支处于逆差状态。相应地,在 BP 曲线左侧的点就处于国际收支顺差状态。BP 曲线的另外一个特征是在该曲线上必定存在一点 E 点,该点的经常项目差额为零,同时其资本项目差额为零。此时对应的本国利率水平等于外国利率水平,此时对应的国民收入水平下的进口额等于出口额。该点就是经常项目差额与资本项目差额同时为零的状态,如图 8-3 所示。在该点的左侧,经常项目差额处于什么状态?资本项目差额又处于什么状态呢?该点的右侧呢?请同学们仔细思考。

BP 曲线的斜率表示什么含义呢?通常,向右上方倾斜的 BP 曲线表示资本不完全自由流动。BP 曲线越平坦,表示该国资本流动的程度较高或者说资本流动对利率的敏感程度较高。

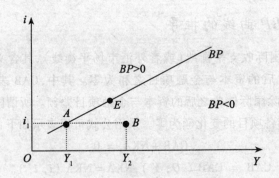

图 8-3　资本流动与 BP 曲线的斜率

如果考虑两种极限状态,即一种是资本完全不自由流动,另一种是资本完全自由流动。在上述两种状态下,BP 曲线分别处于垂直状态和水平状态。在资本完全不自由流动状态下,一国的国际收支差额只受到经常项目差额的影响,不受国内外利率的影响,因此 BP 曲线是一条垂线。在资本完全自由流动的状态下,一国的国际收支完全受利率的影响,经常项目对国际收支失衡的冲击忽略不计,只有资本与金融项目对国际收支产生影响。如果分析对象是小国,那么由世界利率水平决定该国的国际收支。换言之,在资本完全流动的情况下,根据无抛补的利率平价条件,国内利率 i 应该等于外国利率 i^*。A 点 (i, Y_1) 和 B 点 (i, Y_2) 都是国际收支的平衡点,但是在 C 点 (i_1, Y_1) 国际收支出现逆差,如图 8-4、图 8-5 所示。

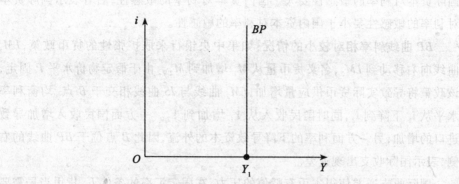

图 8-4　资本完全不流动情况下的 BP 曲线

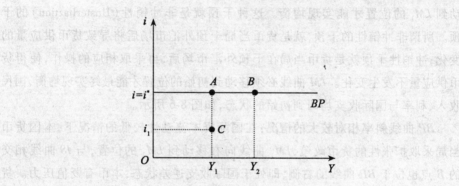

图 8-5　资本完全流动情况下的 BP 曲线

8.2　固定汇率制度下的蒙代尔—弗莱明模型

在固定汇率制下,货币当局有义务在固定的汇率水平上被动地买进或卖出外汇以保持汇率稳定,因此外汇储备规模受国际收支状况的影响,同时外汇储备的变化将影响货币供应量,因此货币供应量是一个内生变量。在固定汇率制度下,意味着政府无法动用汇率政策,即 BP 曲线不能自由移动。

8.2.1　资本不完全流动下的扩张性货币政策效果

资本不完全流动状态可以进一步区分为两种状态,一种是 BP 曲线的斜率小于 LM 曲线的斜率;另一种是 BP 曲线的斜率大于 LM 曲线的斜率。前者表示国际资本对利率的敏感性要大于国内资本对利率的敏感性;后者表示国际资本对利率的敏感性要小于国内资本对利率的敏感性。

BP 曲线斜率相对较小的情况:如果中央银行采取扩张性的货币政策,LM_1 曲线向右移动到 LM_2,名义货币量从 M_1 增加到 M_2。由于假定物价水平 P 固定,该政策将导致实际货币供应量增加,LM_2 曲线与 IS 曲线相交于 B 点,均衡利率水平从 i_1 下降到 i_2,同时国民收入从 Y_1 增加到 Y_2。一方面国民收入增加导致进口的增加,另一方面利率的下降导致资本的外流,因此 B 点位于 BP 曲线的右侧,表示国际收支出现逆差。

国际收支逆差使得本币有贬值的压力,在固定汇率的条件下,货币当局需要干预外汇市场,卖出外汇储备,这导致货币供应量的下降,LM_2 曲线必须向左移动到 LM_1 的位置才能实现均衡。这种干预就是非冲销性(Unsterliaztion)的干预。所谓非冲销性的干预,就是货币当局干预外汇市场后将导致货币供应量的变化;冲销性干预就是货币当局在干预外汇市场后,再采取相应的操作,使得货币供应量不发生变化。LM 曲线必须移动到初始的位置才能最终实现均衡,国民收入、利率与国际收支均回到初始的状态,如图 8-6 所示。

BP 曲线斜率相对较大的情况:在国际资本流动性较低的情况下,本国货币当局采取扩张性的货币政策,LM_1 曲线向右移动到 LM_2 的位置,与 IS 曲线相交的 B 点也位于 BP 曲线的右侧,即处于国际收支逆差状态,本币有贬值压力。货币当局在进行外汇市场干预之后,LM_2 曲线向左移动,仍然回到 LM_1 的位置。此时国民收入、利率和国际收支均不发生变化,如图 8-7 所示。

8.2.2　资本完全流动下的扩张性货币政策效果

如果 BP 曲线完全是水平的,资本处于自由流动状态,扩张性的货币政策是否有效呢?扩张性的货币政策使得 LM_2 曲线与 IS 曲线相交于 B 点,该点位于 BP 曲线的下方,处于国际收支逆差状态,货币有贬值压力,货币当局必须卖出外汇储备进行汇率干预,因此,LM_2 曲线向左移动到 LM_1 的位置,最终在 A 点实现均衡,如图 8-8 所示。简言之,在固定汇率制度下,不论资本自由流动的状况如何,非冲销性的货币政策都是无效的。

8.2.3　资本不完全流动下的扩张性财政政策效果

如果一国政府首先采取扩张性的财政政策,其政策效果如何呢?

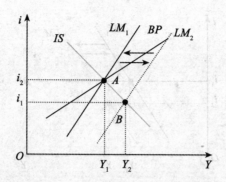

图 8-6　资本流动性较高情况下扩张性货币政策的效果

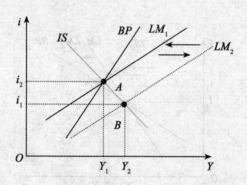

图 8-7　资本流动性较低情况下扩张性货币政策的效果

在资本流动性较高的情况下,扩张性财政政策的效果如何呢? 如图 8-9 所示,扩张性的财政政策使得 IS_1 曲线向右移动到 IS_2 的位置,与 LM_1 曲线相交于 B 点,该点对应的国民收入从 Y_1 增加到 Y_2,并且利率从 i_1 上升至 i_2 的水平。B 点位于 BP 曲线的左侧,表示国际收支顺差。其原因如下:国民收入的增加导致本国进口的增加,使得经常项目出现逆差,而利率的上升带来了资本的流入使得资本项目出现顺差,但是由于资本项目的顺差大于经常项目的逆差,因此这两者对国际收支的最终影响是导致国际收支顺差。由于存在国际收支顺差,本币有升值压力,此时货币当局必须买进外汇储备干预外汇市场以保持汇率固定,这导致货币供应量增加,LM_1 曲线向右移动到 LM_2,与 BP 曲线相交于 C 点。此时,国民收入达到 Y_3 的水平。

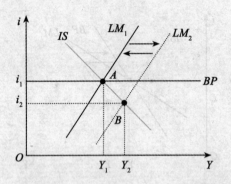

图 8-8　资本完全自由流动情况下扩张性货币政策的效果

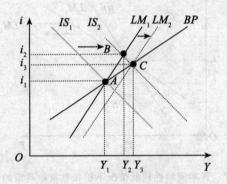

图 8-9　资本流动性较高情况下扩张性财政政策的效果

　　在资本流动性较低的情况下,扩张性财政政策的效果又如何呢? 如图 8-10 所示,扩张性财政政策使得 IS_1 曲线向右移动到 IS_2 曲线,该曲线与 LM_1 曲线相交于 B 点,该点实现国民收入 Y_2,且利率 i_2 高于 i_1 的水平。B 点位于 BP 曲线的右方,表示国际收支逆差。其原因如下:利率的提高带来的资本项目顺差不足以抵消国民收入增加带来的经常项目的逆差,国际收支呈现出逆差状态,本币有贬值压力。货币当局必须卖出外汇储备干预外汇市场,导致货币供应量减少,LM_1 曲线向左移动到 LM_2 的位置,与 BP 曲线相交于 C 点,整个经济达到最终的均衡。此时利率进一步提高,达到 i_3 的水平,国民收入则降到 Y_3 的水平(但比 Y_1 的水平要高)。

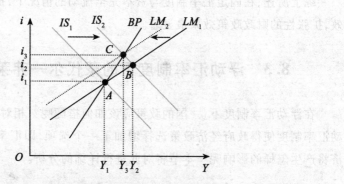

图 8-10 资本流动性较低情况下扩张性财政政策的效果

8.2.4 资本完全流动下的扩张性财政政策效果

在资本完全流动的情况下,扩张性财政政策的效果将如何呢?扩张性的财政政策使得 IS_1 曲线向右移动,这导致 IS_2 曲线与 LM_1 曲线相交于 B 点,B 点对应的利率 i_2 高于 i_1,国民收入从 Y_1 增加到 Y_2,该点位于 BP 曲线的上方,处于国际收支顺差的状态。本币有升值压力,货币当局为保持汇率稳定,在外汇市场上买进外汇储备,导致货币供应量增加,从而使得 LM_1 曲线向右移动到 LM_2,最终通过 IS_2 与 BP 相交的 C 点,此时国民收入增加到 Y_3 的水平,利率回落到 i_1 的水平。因此在资本完全流动的情况下,财政政策的效果将达到最大,如图 8-11 所示。

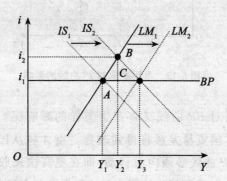

图 8-11 资本完全自由流动情况下扩张性财政政策的效果

综上所述,在固定汇率制度与资本完全流动的情况下,扩张性的货币政策无效,扩张性的财政政策效果最显著。

8.3　浮动汇率制度下的蒙代尔—弗莱明模型

在浮动汇率制度下,一国的政策应该如何搭配呢?相对于固定汇率制度,浮动汇率制度使得政府经济政策选择增加了一个选项,即汇率政策。该政策对经济将产生怎样的影响呢?本节将对此进行详细的分析。

8.3.1　浮动汇率与 IS 曲线和 BP 曲线

下面以本币贬值为例来分析它将对 IS 曲线和 BP 曲线产生的影响。首先分析本币贬值对 IS 曲线的影响。本币贬值,如果马歇尔—勒纳条件成立,这将遏制本国进口的增加,同时促进本国的出口,因此汇率贬值使得本国的出口需求增加,IS_1 曲线将向右移动至 IS_2,此时国民收入从点 A 的 Y_1 增加到点 B 的 Y_2,如图8-12 所示。

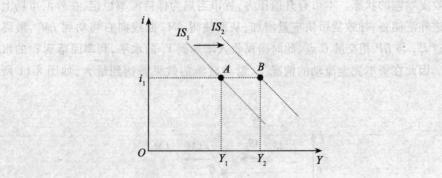

图8-12　本币贬值对 IS 曲线的影响

一国货币贬值,对 BP 曲线又将产生怎样的影响呢?在满足马歇尔—勒纳条件的条件下,本国贸易差额将得到改善。点 A 将从国际收支平衡点变为国际收支顺差点,BP 曲线必须向右移动,即在更高国民收入水平下实现国际收支均衡。简言之,本币贬值将使得本国 BP 曲线向右移动,如图8-13 所示。

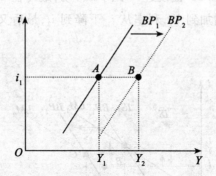

图 8-13　本币贬值对 BP 曲线的影响

8.3.2　资本不完全流动下的扩张性货币政策效果

BP 曲线斜率相对较小的情况：国际资本流动对利率比较敏感的条件下，本国扩张性的货币政策使得 LM_1 曲线向右移动到 LM_2，LM_2 曲线与 IS_1 曲线相交于 B 点，均衡利率水平从 i_1 下降到 i_2，同时国民收入从 Y_1 增加到 Y_2。B 点位于 BP 曲线的右侧，表示国际收支出现逆差。在浮动汇率制度下，本币贬值，这将导致 IS_1 曲线和 BP_1 曲线同时分别向右移动到 IS_2 曲线和 BP_2 曲线。在 C 点，整个经济实现均衡。国民收入从 Y_2 增加到 Y_3，利率则从 i_2 上涨到 i_3，如图 8-14 所示。

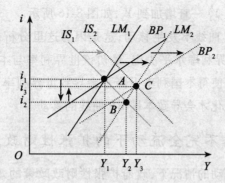

图 8-14　资本流动性较高情况下扩张性货币政策的效果

BP 曲线斜率相对较大的情况：LM 曲线的向右移动同样会带来国际收支逆

差,这将诱使 IS 曲线和 BP 曲线进一步向右移动,最终在 C 点实现均衡。此时,国民收入从 Y_1 一直增加到 Y_3,利率从 i_1 下降到 i_2,最后又上涨到 i_3,如图 8-15 所示。

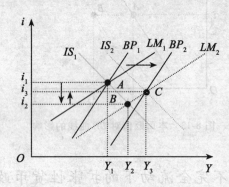

图 8-15   资本流动性较低情况下扩张性货币政策的效果

8.3.3   资本完全流动下的扩张性货币政策效果

在资本完全自由流动的情况下,扩张性货币政策的效果如何呢?本国扩张性的货币政策使得 LM_1 曲线向右移动到 LM_2,LM_2 曲线与 IS_1 曲线相交于 B 点,均衡利率水平从 i_1 下降到 i_2,同时国民收入从 Y_1 增加到 Y_2。点 B 的国际收支逆差使得本币贬值,这将导致 IS_1 曲线向右移动到 IS_2 曲线,最终在 C 点实现均衡。此时国民收入从 Y_1 一直增加到 Y_3,如图 8-16 所示。

请注意,此时 BP 曲线不发生移动,这是因为这里分析的对象是小国,其国际收支 BP 曲线由世界利率水平决定,最初该世界利率与本国利率 i_1 相等。本国扩张性的货币政策使得本国利率下降不会导致世界利率水平的下降,只有当世界利率水平发生变化才会导致本国 BP 曲线的移动。

8.3.4   资本不完全流动下的扩张性财政政策效果

在资本不完全流动的情况下,政府扩张性财政政策的效果如何呢?在资本流性较强的情况下,扩张性财政政策导致 IS_1 曲线向右移动到 IS_2 曲线,与 LM 曲线相交于 B 点,国民收入增加至 Y_2,利率则从 i_1 上涨到 i_2。B 点位于 BP_1 曲线的左侧,表示国际收支顺差。国际收支顺差使得本币升值,IS_2 曲线向左移动

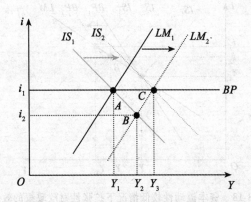

图 8-16 资本完全自由流动情况下扩张性货币政策的效果

到 IS_3 曲线，BP_1 曲线向左移动到 BP_2 曲线。经济最终在 C 点达到均衡。国民收入从 Y_2 降至 Y_3，利率也从 i_2 降至 i_3 的水平，如图 8-17 所示。

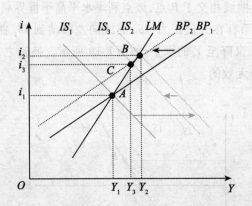

图 8-17 资本流动性较高情况下扩张性财政政策的效果

在资本流动性较弱的情况下，即 BP 曲线的斜率大于 LM 曲线的斜率，扩张性的财政政策使得 IS_1 曲线向右移动到 IS_2 曲线，与 LM 曲线相交于 B 点，国民收入增加至 Y_2，利率则从 i_1 上涨到 i_2。B 点位于 BP_1 曲线的右侧，表示国际收支逆差。这要求 IS_2 曲线进一步向右扩展至 IS_3，BP_1 曲线向右移动到 BP_2 曲线。经济最终在 C 点达到均衡。国民收入从 Y_2 升至 Y_3，利率也从 i_2 升至 i_3 的水平，如图 8-18 所示。

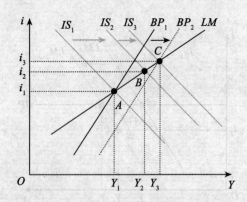

图 8-18   资本流动性较低情况下扩张性财政政策的效果

8.3.5   资本完全流动下的扩张性财政政策效果

在资本完全自由流动的情况下,扩张性的财政政策使得 IS_1 曲线向右移动到 IS_2 曲线,与 LM 曲线相交于 B 点,该点利率水平高于世界利率水平,国际收支处于顺差状态,本币存在升值压力,IS_2 曲线向左移动到 IS_1 曲线。此时国民收入从 Y_1 增加至 Y_2,又降至 Y_1 的水平,如图 8-19 所示。换言之,扩张性的财政政策在该种情况下是无效的。

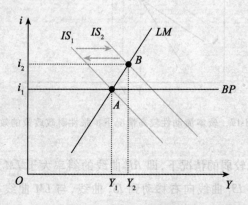

图 8-19   资本完全自由流动情况下扩张性财政政策的效果

综上所述,在资本完全自由流动的背景下,扩张性的财政政策和货币政策在不同的汇率制度下,其政策效果是不同的,具体如表 8-1 所示。

表 8-1　　　　　　货币政策与财政政策在不同汇率制度下的有效性

	汇率制度	
	固定汇率制	浮动汇率制
货币政策	无效	有效
财政政策	有效	无效

其中,在资本完全自由流动的背景下,固定汇率制度下的货币政策是无效的就是第 5 章中"不可能三角"的具体说明。蒙代尔—弗莱明模型则更详细地揭示了不同汇率制度下货币政策和财政政策的政策效果。除此之外,该模型也可以作为讨论固定汇率制和浮动汇率制孰优孰劣的一个分析框架。

8.4　基于蒙代尔—弗莱明模型对固定汇率制度与浮动汇率制度优劣的判断

在前面的第 5 章已经对固定汇率制度和浮动汇率制度的优劣性进行了分析,这里可以借助蒙代尔—弗莱明对该问题做进一步的讨论。不过,这里的讨论相对简单。

如果将国民收入保持稳定作为判断的标准,若经济中的扰动来自 IS 曲线,在固定汇率制度下,国民收入将出现扩张;而在浮动汇率制度下,国民收入保持不变,以此作为判断标准,显然在浮动汇率制度下经济更趋于稳定。如果经济中的扰动来自 LM 曲线,在固定汇率制度下,国民收入保持不变;而在浮动汇率制度下,国民收入将出现扩张。因此固定汇率制度更优,如表 8-2 所示。

表 8-2　　　　　　　　外部冲击与汇率制度的选择

外部扰动	汇率制度	
	固定汇率制	浮动汇率制
IS 曲线	×	√
LM 曲线	√	×

8.5 蒙代尔—弗莱明的两国模型 *

上一节主要分析了小国经济的蒙代尔—弗莱明模型。如果放松相关条件，考虑在资本完全自由流动状态下两国经济的溢出效应(Spillover Effect)和反馈效应(Feedback Effect)，这就是蒙代尔—弗莱明两国模型。

在资本完全自由流动状态下，两国经济均处于均衡状态，这意味着此时两国的利率水平相同，也就是两国的国际收支均衡 BP 线处于相同高度的水平线。在经过一系列政策调整或者外部冲击之后，两国经济最终实现均衡，这也要求两国的利率水平相同，两国的 BP 线仍然是处于相同高度的水平线，如图 8-20 所示。

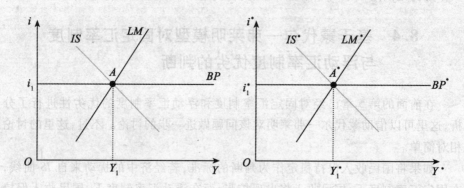

图 8-20　资本完全自由流动状况下的两国模型

8.5.1　两国模型下的经济传导机制

在两国模型当中，经济的传导机制体现在哪些方面呢？简要地分析，外部冲击在两国模型的传递中存在三种传导机制(与信用货币本位下国际收支的自动调节机制类同)：

第一，收入机制。这主要通过彼此的相互贸易渠道影响两国的国民收入。甲国发生国民收入的波动，即通过贸易渠道影响乙国的出口，进而影响乙国的国民收入；乙国的国民收入通过贸易渠道，即乙国的进口(甲国的出口)来影响甲国的国民收入。

第二,利率机制。利率机制对冲击的传导主要是通过国际资本流动来实现的。本国利率发生波动,则会影响本国资金的流出入。在固定汇率制度下,会对本国的货币供求和国际收支产生影响;在浮动汇率制度下,会对本币汇率产生影响。

第三,相对价格机制。这里的价格是广义的价格,即不仅包括商品价格(P),而且包括货币的相对价格——名义汇率(S)。在固定汇率制度下,双边名义汇率(S)保持固定,但是两国的物价水平发生不同的变化(P_f/P_d 出现变化),从而导致实际汇率($Q = SP_f/P_d$)的变化。实际汇率的变化会影响两国商品的竞争力,从而影响彼此的贸易收支。在两国模型当中,由于假定两国的物价不发生变化(P_f/P_d 不变),因此在固定汇率制度下相对价格机制不发生作用。如果放松这一假定,那么在固定汇率制度下相对价格机制将发生作用。

在浮动汇率制度下,仍然假定两国物价水平不发生变化(P_f/P_d 不变),但名义汇率(S)会发生变化,此时实际汇率(Q)仍然会发生变化,进而影响两国商品的竞争力和两国的贸易收支,这就是汇率机制。

下面的分析不仅分析了本国经济的溢出效应,而且分析了外国经济变量进行调整后对本国的反馈效应。

8.5.2　固定汇率制度下的两国模型

资本完全自由流动状态也决定了无抛补的利率平价定理成立,即汇率在预期不发生波动的情况下两国利率水平相同。下面分别从本国货币政策扩张、外国货币政策扩张、本国财政政策扩张和外国财政政策扩张四种情况来讨论。

1. 本国货币当局采取扩张性货币政策的效果

本国货币当局首先采取扩张性货币政策,LM_1 曲线向右扩张至 LM_2 曲线,并与 IS 曲线相交于 B 点,该点利率下降,国民收入增加,同时处于国际收支逆差状态。为维持本币汇率稳定,货币当局必须卖出外汇储备进行汇率干预;因此 LM_2 曲线向左移动到 LM_1 的位置,最终在 A 点实现均衡。此时,外国均衡利率与国民收入水平均没有发生变动,如图 8-21 所示。在固定汇率制度下,本国的货币冲击对对方国家不产生影响。

以上分析是假定本国货币当局承担维持名义双边汇率稳定的职责。如果外国货币当局或者由两国货币当局共同承担维持双边汇率稳定的职责,结果又会

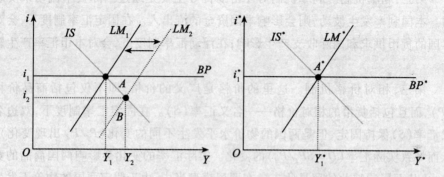

图8-21　固定汇率制度下本国先采取扩张性货币政策且由本国维持汇率稳定的效果

发生怎样的变化呢？同学们可以仔细思考这一问题。

2. 外国货币当局采取扩张性货币政策的效果

外国货币当局首先采取扩张性货币政策,对两国经济又将产生怎样的影响呢？首先 LM_1^* 曲线向右扩张至 LM_2^* 曲线,与 IS_1^* 相交于 B^* 点,该点利率水平下跌,国民收入增加,且处于国际收支逆差状态。该点意味着外国出现国际收支逆差,本国出现国际收支顺差,本币有升值的压力,本国货币当局必须买进外汇储备以维持汇率稳定。因而导致本国 LM_1 曲线向右扩张至 LM_2 曲线,并且与 IS_1 曲线相交于 B 点。此时两国利率较初始状态均出现下降,且两国国民收入均出现增加。由于国民收入的增加将增加彼此的出口,因此本国 IS_1 曲线向右移动到 IS_2 曲线,外国 IS_1^* 曲线也向右移动到 IS_2^* 曲线,分别在 C 点和 C^* 点实现最终的均衡,此时两国利率均出现一定的回调,但是比初始状态的利率水平要低($i_1 = i_1^*$, $i_3 = i_3^*$, $i_3 < i_1$),如图 8-22 所示。因此,在固定汇率制度下,同时由本国货币当局来负责双边名义汇率的稳定,外国货币政策的首先扩张必定会引发本国经济的扩张。经济学家们将此称为"火车头"效应(Locamotive Effect)。

3. 本国政府采取扩张性财政政策的效果

本国政府首先采取扩张性财政政策,本国 IS_1 曲线向右移动到 IS_2 曲线,与 LM_1 相交于 B 点,该点国民收入增加,且利率上升,这意味着本国出现国际收支顺差,大量资本流入本国。本国货币当局为维持本币汇率稳定,采取扩张性的货

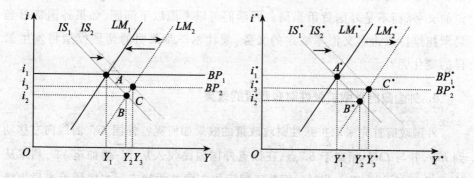

图 8-22 固定汇率制度外国先采取扩张性货币政策且由本国维持汇率稳定的效果

币政策,曲线 LM_1 向右移动到 LM_2 的位置,利率水平回到初始状态。然而此时本国国民收入从 Y_1 增加至 Y_2,这将使得本国进口增加,带动外国 IS_1^* 曲线向右移动到 IS_2^*,并与 LM_1^* 相交于 B^* 点。外国国民收入从 Y_1^* 增加至 Y_2^*,利率上升至 i_2^*,这同样会带动本国出口的增加,使得 IS 曲线再次向右移动,即从 IS_2 移动到 IS_3 的位置,同时由于本国利率低于外国利率导致本国出现国际收支逆差,LM_2 曲线向左移动到 LM_3,IS_3 曲线与 LM_3 曲线相交于 D 点。最终两国在 D 点和 B^* 点(即 i_3 的水平上)实现均衡($i_3 = i_2^*$),如图 8-23 所示。

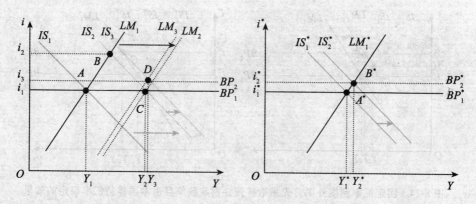

图 8-23 固定汇率制度本国首先采取扩张性财政政策且由本国维持汇率稳定的效果

本国财政政策的扩张不仅会带来本国国民收入的增加,而且最终还会带来外国国民收入的扩张。所以经济学家们也将在固定汇率制度下本国财政政策扩展带来的效果称为"火车头"效应。此时,本国货币当局承担维持汇率稳定的义务,而不是外国货币当局。同学们可以考虑以下问题,如果外国货币当局承担维持双边名义汇率稳定的义务,蒙代尔—弗莱明的两国模型将发生怎样的变化呢?

4. 外国政府采取扩张性财政政策的效果

外国政府首先采取扩张性财政政策的效果如何呢?外国 IS_1^* 曲线向右移动到 IS_2^*,并与 LM_1^* 相交于 B^* 点,在该点外国国民收入从 Y_1^* 增加至 Y_2^*,利率从 i_1^* 上升至 i_2^* 的水平。此时外国处于国际收支顺差的状态。本国货币当局为维持双边名义汇率稳定,不得不卖出外汇储备,曲线 LM_1 向左移动到 LM_2 的位置,与曲线 IS_1 相交于 B 点(利率机制)。此时对应的本国国民收入降至 Y_2。本国国民收入的下降使得外国出口下降,这使得 IS_2^* 向左移至 IS_3^*。然而,此时的外国国民收入较初始状态的 Y_1^* 增加至 Y_3^*。这一增加将使得本国出口的扩大,引致 IS_1 曲线向右移动至 IS_2 的水平。此时,本国国民收入较初始状态的 Y_1 仍然出现了下降,但比 B 点对应的 Y_2 要高(收入机制),如图 8-24 所示。从总体上来看,外国政府扩张性的财政政策使得其国民收入增加,但对于本国来说,却出现了国民收入的下降,所以经济学家们将此称为"以邻为壑"的政策。

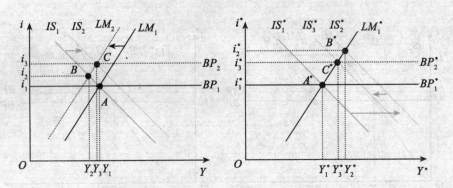

图 8-24 固定汇率制度外国首先采取扩张性财政政策且由本国维持汇率稳定的效果

在资本自由流动条件与固定汇率制度下两国采取不同经济政策的效果如表8-3 所示。

表8-3　　在资本自由流动条件与固定汇率制度下两国采取不同经济政策的效果

首先采取的政策	本国国民收入	外国国民收入	效应
本国货币政策扩张	不变	不变	无
外国货币政策扩张	被动扩大	主动扩大	火车头
本国财政政策扩张	主动扩大	被动扩大	火车头
外国财政政策扩张	缩小	扩大	以邻为壑

8.5.3　浮动汇率制度下的两国模型

在浮动汇率制度下,蒙代尔—弗莱明的两国模型又将如何变化呢?

1. 本国货币当局采取扩张性货币政策的效果

本国货币当局采取扩张性的货币政策,LM_1 曲线向右移至 LM_2,与 IS_1 曲线相交于 B 点。该点国民收入增加,但利率下降,由于 B 点位于 BP 曲线的下方,处于国际收支逆差状态,即利率下降导致的资本流出引发资本项目赤字,同时国民收入增加导致本国进口增加,这两者均引发本国国际收支逆差,本币贬值,与此同时,外币升值。这诱使 IS_1 曲线向右移动至 IS_2,同时外国的 IS_1^* 曲线向左移动至 IS_2^*。此时本国国民收入从 Y_2 增加至 Y_3,外国国民收入从 Y_1^* 降低至 Y_2^*,这将对对方国家的出口产生影响,对于本国而言,由于外国国民收入的下降使得 IS_2 曲线向左移动至 IS_3;对于外国而言,本国国民收入的增加使得外国 IS_2^* 曲线向右移至 IS_3^*。两国经济最终在 $i_4(i_4 = i_3^*)$ 的水平下实现均衡,此时本国国民收入增加,外国国民收入下降,如图 8-25 所示。

在浮动汇率制度下本国货币当局首先采取扩张性货币政策的效果如表 8-4 所示。

2. 外国货币当局采取扩张性货币政策的效果

如果外国货币当局首先采取货币扩张的政策,其效果如何呢? 实际上,这种情况是本国货币当局首先采取扩张性货币政策的镜像,最终的结果是外国国民收入增加,本国国民收入下降,均导致"以邻为壑"政策的结果。

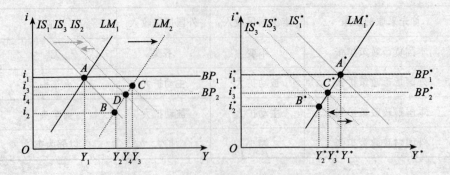

图 8-25　浮动汇率制度本国货币当局首先采取扩张性货币政策的效果

表 8-4　在浮动汇率制度下本国货币当局首先采取扩张性货币政策的效果

		本国经济			外国经济		
		利率	国民收入	均衡点	利率	国民收入	均衡点
第一轮	本国货币扩张	下跌至 i_2	增加至 Y_2	B 点			
第二轮	本币贬值	上升至 i_3	增加至 Y_3	C 点	下跌至 i_2^*	下降至 Y_2^*	B^* 点
第三轮	两国国民收入变化	下跌至 i_4	回落至 Y_4	D 点	上升至 i_3^*	增加至 Y_3^*	C^* 点

3. 本国政府采取扩张性财政政策的效果

本国政府采取扩张性财政政策,这导致 IS_1 曲线向右移动至 IS_2,国民收入从 Y_1 增加至 Y_2,利率上涨从 i_1 上升至 i_2,经济的均衡点移至 B 点,此时本币存在升值的压力,这导致本国 IS_2 曲线向左移动至 IS_3,外国 IS_1^* 曲线向右移动至 IS_2^*(一方面由于外币贬值导致外国出口增加,另一方面由于本国国民收入增加导致外国出口的增加),本国国民收入回落至 Y_3,外国国民收入增加至 Y_2^*,此时国民收入较初期均出现增长,因此均带动彼此的出口增加,本国 IS_3 曲线向右移动至 IS_4,外国 IS_2^* 曲线向右移动至 IS_3^*。两国经济最终在 $i_4 = i_3^*$ 的水平上实现均衡,如图 8-26 所示。本国财政政策的扩张最终带来了两国国民收入的增加。

在浮动汇率制度下本国政府首先采取扩张性财政政策的效果如表 8-5 所示。

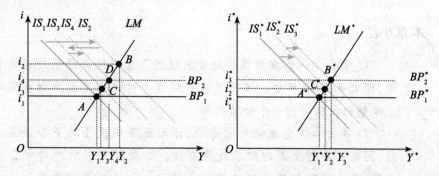

图 8-26　浮动汇率制度本国政府首先采取扩张性财政政策的效果

表 8-5　　在浮动汇率制度下本国政府首先采取扩张性财政政策的效果

		本国经济			外国经济		
		利率	国民收入	均衡点	利率	国民收入	均衡点
第一轮	本国财政扩张	上升至 i_2	增加至 Y_2	B 点			
第二轮	本币升值	下跌至 i_3	回落至 Y_3	C 点	上升至 i_2^*	上升至 Y_2^*	B^* 点
第三轮	两国国民收入变化	上升至 i_4	增加至 Y_4	D 点	上升至 i_3^*	增加至 Y_3^*	C^* 点

4. 外国政府采取扩张性财政政策的效果

在浮动汇率制度下,外国政府采取扩张性财政政策的效果实际上是本国政府采取扩张性财政政策的镜像,因此外国政府首先采取扩张性的财政政策也会导致两国的国民收入增加(见表 8-6)。

表 8-6　　在资本自由流动条件与浮动汇率制度下两国采取不同经济政策的效果

首先采取的政策	本国国民收入	外国国民收入	效应
本国货币政策扩张	扩大	缩小	以邻为壑
外国货币政策扩张	缩小	扩大	以邻为壑
本国财政政策扩张	主动扩张	被动扩张	不显著
外国财政政策扩张	被动扩张	主动扩张	不显著

本章小结

1. 蒙代尔—弗莱明模型是开放经济下宏观经济分析的基本框架，即 *IS-LM-BP* 模型。该模型也可以作为讨论固定汇率制和浮动汇率制孰优孰劣的一个分析框架。

2. 在资本完全流动的状态下，浮动汇率制度下的货币政策有效，固定汇率制度下的财政政策有效。如果经济中的扰动来自 *IS* 曲线，浮动汇率制度下经济更趋于稳定。如果经济中的扰动来自 *LM* 曲线，固定汇率制度下经济更趋于稳定。

3. 蒙代尔—弗莱明的两国模型刻画了经济的溢出效应和反馈效应。在资本完全流动、本国采取固定汇率制度并且本国承担汇率稳定的条件下，外国货币政策扩张和本国财政政策扩张均具有"火车头"效应。外国财政政策扩张对本国而言则具有"以邻为壑"效应。在资本完全流动、浮动汇率制度的条件下，首先采取货币政策扩张的国家国民收入将会增加，但这会对对方国家造成"以邻为壑"效应。

关键术语

IS 曲线　　　*LM* 曲线　　　*BP* 曲线
固定汇率制度下的蒙代尔—弗莱明模型
浮动汇率制度下的蒙代尔—弗莱明模型
资本不完全流动下的扩张性货币政策效果
资本完全流动下的扩张性货币政策效果
资本不完全流动下的扩张性财政政策效果
资本完全流动下的扩张性财政政策效果
蒙代尔—弗莱明的两国模型　　　溢出效应　　　反馈效应
"火车头"效应　　　"以邻为壑"效应

思考题

1. 请推导 *IS* 曲线、*LM* 曲线和 *BP* 曲线，解释各条曲线及其上下方的经济含义。

2. 在浮动汇率制度下,*IS* 曲线和 *BP* 曲线将如何变动?

3. *LM* 曲线的斜率大于 *BP* 曲线的斜率表示什么经济含义? 反之,又表示什么经济含义?

4. 为什么说在资本完全流动的状态下,浮动汇率制度下的货币政策有效,固定汇率制度下的财政政策有效?

5. 请解释两国模型下固定汇率和浮动汇率下的"火车头"效应和"以邻为壑"效应。

6. 请分析由外国货币当局维持双边汇率稳定条件下本国货币当局实施扩张性货币政策的效果,并画图表示。

第 **9** 章　国际储备管理

在开放经济下,本国经济如果遇到临时性的外部冲击,在短期内政府往往会采取通过提供融资缓冲的方式来应付。所谓短期融资缓冲,就是动用本国过去累积的外汇储备来应对冲击,或者是向国际金融机构或者其他国家借入资金来应对危机。本章重点分析一国的国际储备管理。一国(地区)拥有国际储备资产的规模很大程度上决定了其应付短期外部冲击的能力。与此同时,国际储备的规模及管理模式不仅影响一国维护汇率稳定的能力,而且对其货币政策目标及其操作也将产生重要影响。

9.1　国际储备概述

国际储备(International Reserve)可定义为一国货币当局所持有的一切可用于平衡国际收支差额和维持本币汇率稳定的资产。当本国的国际收支出现逆差时,可以动用国际储备来弥补;当本国货币的汇率出现剧烈波动时,货币当局可以动用国际储备,通过干预外汇市场来维护本币的稳定。

一国货币当局所拥有的国际储备资产一般应该具备以下特性:

●可接受性,国际储备资产应该是能为世界各国普遍承认和接受的资产。

●流动性,国际储备资产必须具有充分的流动性,即转变为现金的能力。

●官方持有性,国际储备资产必须是一国货币当局所持有的、可无条件动用的资产。严格来说,就是在法律上是货币当局①名下的。非官方金融机构、企业和私人所持有的资产均不能算做国际储备,所以国际储备资产有时又被称为官方储备资产。

与国际储备的定义相关的另一个术语是国际清偿力(International Liquidity),其定义是一国货币当局能在固定汇率条件下用来弥补国际收支逆差或在浮动汇率条件下干预本币汇率的资产储备,它包括有条件储备资产和无条件储备资产两部分,前者是指本国通过各种渠道借入的资金,如向国际货币基金组织借入的备用信贷,与其他国家中央银行签订的货币互换协定等;后者是指本国拥有的并可独自使用的储备资产,这也就是上面提到的国际储备。有时国际清偿力又被称为广义的国际储备,自有储备则被称为狭义的国际储备或官方储备。

1972—2007 年世界主要国家的国际储备如表 9-1 所示。

表 9-1　　　　　　　　　1972—2007 年世界主要国家的国际储备　　　　单位:百万特别提款权

地区与国家	1972 年	1982 年	1992 年	2002 年	2006 年	2007 年 11 月
所有国家	146658	361166	753827	1890007	3414461	4022678
工业化国家[1]	113362	214025	424749	762781	978157	990765
美国	12112	29918	52995	59160	45615	46837
加拿大	5572	3439	8662	27225	23265	25641
欧元区	…	…	…	195771	143735	152102
澳大利亚	5656	6053	8429	15307	35618	17065
日本	16916	22001	52937	340088	585600	598849
新西兰	767	577	2239	3650	9352	10663
瑞士	6961	16930	27100	31693	26773	28123

① 货币当局是一个功能性的概念,不是特指某个机构。IMF 就认为,在有些国家,中央银行的部分职能由中央政府(财政部)代为履行,如货币发行,持有国际储备以及与 IMF 进行的交易,这些交易包括份额认缴、持有的特别提款权和特别提款权的分配等。因此货币当局不仅包括中央银行,而且包括具有中央银行职能的财政部,具体解释参见中国金融出版社出版的《中国货币政策工具研究》(汪洋,2009 年)。

续表

地区与国家	1972 年	1982 年	1992 年	2002 年	2006 年	2007 年 11 月
所有国家	146658	361166	753827	1890007	3414461	4022678
英国	5201	11904	27300	27973	27402	31621
发展中国家[2]	33295	147141	329078	1127226	2436304	3031913
按地区						
非洲	3962	7737	13049	54011	147969	175972
亚洲[2]	7935	44490	191041	720064	1512239	1850967
中国	…	10733	15441	214815	710920	943299
印度	1087	4213	4584	50174	113895	167153
韩国	485	2556	12463	89272	158804	164685
欧洲	2680	5359	15488	135806	403906	532506
俄罗斯	…	…	…	32840	196921	284848
中东	9407	64039	44397	98645	165287	199257
西半球	9089	25563	65102	118700	206902	273211
巴西	3853	3566	16457	27593	56643	110851
墨西哥	1072	828	13800	37223	50702	53740
备忘录：						
石油输出国家	9927	67108	46392	110079	236971	288823
非石油输出国家[2]	23339	80032	282686	1017147	2199333	2743090

[1]包括从 1999 年开始的欧洲中央银行(European Central Bank,ECB)的数据。

[2]包括中国台湾地区的数据。

注:国际储备包括货币当局持有的黄金（按每盎司 35SDRs 计算）,特别提款权,在 IMF 的储备头寸和外汇储备。

每单位 SDR 的美元期末价格为:1972 年为 1.08570;1982 年为 1.10310;1992 年为 1.37500;2002 年为 1.35952; 2006 年为 1.42927; 2007 年 11 月为 1.59020。

资料来源:IMF, *International Financial Statistics*.

9.2　国际储备的构成

通常来说,一国的国际储备主要包括黄金储备、外汇储备、在 IMF 的储备头寸以及特别提款权(SDR)四项。

1. 黄金储备(Gold Reserve)

黄金储备是一国货币当局持有的货币性黄金。由于黄金具有可靠的保值手段和不受超国家干预的特点,它一直是国际储备的重要来源之一。根据IMF1976 年的《牙买加协议》,实行黄金非货币化,也就是黄金与各国的货币脱钩,各国货币不再规定其含金量。尽管如此,大多数国家仍然持有一定规模的黄金,并把它作为一项国际储备资产。

2. 外汇储备(Foreign Exchange Reserve)

外汇储备是一国货币当局持有的国际储备货币资产。外汇储备是各国国际储备的主体,主要表现在:一是外汇储备在国际储备中所占比重最高;二是外汇储备的使用频率最高,规模最大。

外汇储备由各种充当储备货币的资产构成,充当国际储备货币的资产必须具备以下条件:(1)能自由兑换成其他货币;(2)在国际货币体系中具有重要地位;(3)其购买力必须具有稳定性。这些条件是以储备货币发行国的经济实力为基础的。

最早充当国际储备资产的货币是英镑。第二次世界大战结束后,由于美国经济力量空前膨胀,而英国经济实力衰弱,美元取代了英镑成为世界最重要的国际储备货币。20 世纪 70 年代开始,随着布雷顿森林体系的崩溃,外汇储备资产逐渐走向多元化。1999 年欧元问世后,欧元开始成为重要的国际储备货币。

3. 在 IMF 的储备头寸(Reserve Position in Fund)

一国在 IMF 的储备头寸是该国在 IMF 的储备档头寸加上债权头寸。按IMF 的规定,当成员国发生国际收支困难时,有权以本国货币抵押的形式向IMF 申请提用可兑换货币,提用的数额分五档,每档占其认缴份额的 25%,条件逐档严格。第一档为储备部分提款权,又称为储备档头寸,IMF 的成员国可以无条件地提取用以弥补国际收支逆差。其余四档为信用提款权,提用是有条件的,而且档次越高,条件越高。

储备档头寸又称"储备档贷款",是 IMF 的成员国以可兑换货币或特别提款权向 IMF 认缴的那部分资金,也就是该国在 IMF 的储备提款权部分。

债权头寸又称"超黄金档贷款",是指基金组织因将一成员国的货币贷给其他成员国使用而导致其对该国货币的持有量下降到不足该国 75% 本币份额的差额部分,以及成员国在国际货币基金组织超过份额的贷款部分(最高份额为 125%)。基金组织对某一成员国的贷款是通过向其提供另一成员国的货币来实现的,这样做的结果是:获得贷款的国家形成了对基金组织的负债,而货币提供国则形成了对基金组织的债权,贷款货币的使用额就构成货币供应国的债权头寸。债权头寸的发生是以基金组织使用该国货币进行贷款为前提条件的。

4. 特别提款权(Special Drawing Rights,SDRs)

1969 年 IMF 设立特别提款权,是 IMF 对会员国根据其份额分配的、可用来归还 IMF 的贷款和会员国政府之间偿付国际收支赤字的一种账面资产,又称"纸黄金"(Paper Gold)。一国国际储备中的特别提款权部分,是指该国在基金组织特别提款权账户上的贷方余额。拥有特别提款权意味着拥有无条件地从基金组织的其他成员国获得外汇或其他储备资产的权利。特别提款权最初的定值是每单位特别提款权为 0.888671 克纯金,也就是和美元等值。1973 年布雷顿森林体系崩溃后,特别提款权重新按一篮子货币来定值,目前这些货币包括美元、欧元、日元和英镑四种。一篮子货币的组成每五年评估一次,用以反映其在国际贸易和金融体系中的相对重要性,即根据各篮子货币在国际商品与服务贸易中的地位和国际储备资产中的份额来计算。新的权重从 2006 年 1 月 1 日开始实施,四种货币的权重如下:美元占 44%,欧元占 34%,日元占 11%,英镑占 11%。

特别提款权利率是按照篮子货币的市场短期工具利率的加权平均值(年收益率)来确定,包括欧元的三个月期回购市场参考利率(Three-month Eurepo Rate)、日本三个月期国库券利率(从 2009 年 2 月 5 日开始代替了过去的日本政府 13 周融资利率 Thirteen-week Japanese Government Financing Bills)、英国三个

月期的国库券(Three-month UK Treasury Bills)利率和美国三个月期国库券
(Three-month US Treasury Bills)利率。

9.3　国际储备的管理

一国政府拥有的国际储备应该如何管理呢？一般来说,国际储备管理的内
容包括规模管理和结构管理两个方面。

9.3.1　国际储备的规模管理

所谓国际储备的规模管理,主要探讨一国合理的储备规模应该是多少。显
然,一国持有的国际储备并非越多越好。持有国际储备具有一定的机会成本,即
该国放弃持有这部分储备转而进口生产资料等实际资源所获得的收益。当然,
国际储备过少也会带来负面影响。如在外部冲击下无法抵御游资的冲击而遭受
巨大的损失。

一国国际储备的规模受哪些因素的影响呢?

1. 从一国实体经济层面来分析,国际储备的规模主要考虑一国经济发展水
平及其对外经济依存度等因素,具体来说,主要包括经济规模、经济开放程度、对
外贸易发展水平等。一国的经济规模越大,或者经济的开放程度越高,需要的国
际储备就越多。经济学家们往往采用外贸依存度(进出口总额占本国 GDP 的比
重)来表示对外经济的发展水平,一般认为国际储备不能够低于三个月的进口
规模。国际储备的规模还与该国的创汇能力和出口产品的竞争力相关。

2. 从一国金融经济层面来分析,国际储备规模的决定因素主要包括:一国
利用外资的水平和能力的状况,该国货币在国际储备资产中的地位。例如,一国
的外债负担越高,尤其是当年还本付息的规模越高,该国持有的国际储备就越
多。如果一国在短期内对外融资的能力越高,其持有的国际储备就可以相对较
少。相对于储备货币发行国而言,非储备货币发行国必须动用外汇储备才能够
平衡国际收支。因此各国货币的地位也是考虑国际储备的主要因素之一。

3. 从一国经济制度层面分析,国际储备规模的决定因素主要包括:一国实
行国际收支管制的能力和水平以及该国的汇率制度。一国实行外汇管制和贸易
管制的程度越高,在发生不利国际收支状况的情况下,就越有可能避免动用国际
储备来平衡国际收支。如果一国选择浮动汇率制度,其所需要的国际储备的规

模就可以相对较小。

9.3.2 国际储备的结构管理

所谓国际储备的结构管理,就是在国际储备总额既定的情况下,国际储备的各个组成部分的比例安排问题,即黄金、外汇、在 IMF 的储备头寸和特别提款权的合理比重应该如何安排,这实际上是国际储备结构的优化问题。

20 世纪 70 年代布雷顿森林体系崩溃之后,由于浮动汇率制、多元货币储备体系以及黄金非货币化的形成,国际储备的结构管理变得越来越重要。其原因包括:第一,各国外汇储备的数量增长迅速,并成为各国最主要的储备资产,其他形式的资产比重大幅度下降;第二,由于各国汇率的频繁波动,使外汇储备资产的汇率风险日益严重;第三,伴随金融创新和金融自由化的推进,新的金融工具和手段层出不穷,大大拓宽了储备资产投向的选择余地。在这种复杂的国际金融环境下,为了避免国际储备资产遭受风险损失,提高储备资产的收益,各国政府和中央银行普遍加强了对国际储备资产的结构管理。

这其中最为重要的是外汇资产的结构管理,它具体包括两方面:一是外汇储备的币种结构,二是外汇储备的资产结构。前者是讨论在所有的外汇储备当中,合理的币种占比是多少? 后者讨论在对某国资产的投资中,银行活期存款、各种债券以及其他投资品种的合理比重又各是多少?

影响各国外汇储备币种构成的主要影响因素有三个:储备货币国家的经济规模;储备货币国家金融市场的深度、流动性状况和开放性程度;储备货币国家的币值稳定性(尤其是通胀率要低)。还有一个影响因素就是各国的汇率制度,如果该国货币选择钉住美元,那么其大部分外汇储备将会是美元。

根据 IMF 公布的统计数据,截至 2008 年末,美元仍然是最重要的储备货币,其次是欧元,接下来的是英镑和日元。从 2002 年到 2008 年这段时间,美元的地位仍然不可撼动;欧元的地位迅速上升,英镑的重要性超过了日元的重要性,列在第三位,如表 9-2 所示。投资日元的外汇储备总量虽然在增长,但是增幅缓慢,这显示出日元的国际化进程进展缓慢。

表 9-2 官方外汇储备的币种构成 单位:百万美元

	2003 年	2004 年	2005 年	2006 年	2007 年	2008P
外汇储备总额	3025110	3748401	4174636	5036604	6398485	6712857
被识别的外汇储备	2223110	2655070	2843541	3315483	4119193	4213437
美元	1465752	1751012	1902535	2171075	2641638	2697858
英镑	61655	89457	102243	145205	192663	171847
日元	87608	101787	101769	102051	120473	137695
瑞士法郎	5016	4419	4143	5685	6395	5515
欧元	559246	658531	683809	831947	1082276	1116780
其他货币	43833	49865	49041	59520	75748	83743
未被识别的外汇储备	802000	1093330	1331095	1721121	2279292	2499419

注:(1)被识别的外汇储备(Allocated reserves)是指报告了货币构成的外汇储备;未被识别的外汇储备(Unallocated reserves)是指未报告货币构成的外汇储备。

(2)2008P 指 2008 年的预测值。

资料来源:IMF. Statistics Department COFER database and International Financial Statistics.

9.4 外汇干预与国际储备

纵观世界主要发达国家,政府对本币汇率进行干预的机构不外乎两大类,一类是中央银行,有时候也被称为货币当局,另一类是财政部,如美国财政部(U. S. Department of The Treasury)下属的外汇稳定基金(Exchange Stabilization Fund),英国财政部(HM Treasury)下属的外汇平准账户(Exchange Equalisation Accounts)。这些机构的主要职责是干预本币汇率,保证本币汇率的相对稳定。为什么会有不同的机构来干预外汇市场呢? 设立这些基金的目的何在呢?

9.4.1 中央银行干预方式

前面的章节已经介绍过当本币存在升值或者贬值压力的情况下,由中央银行出面干预,将影响本国中央银行的外汇储备规模。在固定汇率制度下,如果中央银行在本币存在升值压力下进行干预,买进外汇储备必然带来的是银行体系的流动性增加,这势必加大本国通货膨胀的压力。也就是说,中央银行干预外汇市场的操作必将带来本国银行体系流动性的变化。

如果中央银行希望银行体系的流动性不发生变化,则有必要采取冲销操作,要么卖出本国国债,要么发行中央银行票据来进行冲销。一般来说,中央银行卖出国债的操作对其自身和商业银行的影响如表9-3所示。

表9-3　　　　中央银行通过卖出国债进行冲销操作产生的影响

中央银行		商业银行	
资　产	负　债	资　产	负　债
外汇储备　100(1) 国债　　　−100(2)	超额准备金　100(1) 　　　　　　−100(2)	超额准备金　100(1) 　　　　　　−100(2) 外汇资产　−100(1) 国债　　　100(2)	

注:(1)中央银行购买外汇储备以保证本币汇率稳定。
　　(2)中央银行卖出国债以保证本国银行体系流动性稳定。

中央银行发行中央银行票据也是一种冲销方式,不过发债的主体是中央银行,而不是财政部,此时发债成本则完全由中央银行负担,具体变化见表9-4。以收购外汇储备不造成商业银行体系超额准备金的增加为判断依据,上述两种方式对商业银行而言,其差异仅仅是资产方科目国债和央行票据的不同。

表9-4　　　　中央银行通过发行中央银行票据进行冲销操作产生的影响

中央银行		商业银行	
资　产	负　债	资　产	负　债
外汇储备　100(1)	超额准备金　100(1) 　　　　　　−100(2) 央行票据　　100(2)	超额准备金　100(1) 　　　　　　−100(2) 外汇资产　−100(1) 央行票据　100(2)	

注:(1)中央银行购买外汇储备以保证本币汇率稳定。
　　(2)中央银行发行央行票据以保证本国银行体系流动性稳定。

9.4.2　财政部干预方式

政府除了通过中央银行进行干预之外,还可以通过财政部进行干预(见表 9-5)。通常,政府进行汇市干预主要有两种情况,一种是本币处于升值压力下,另一种是本币处于贬值压力下。当本币处于升值压力下,财政部通过发行国债筹集本币资金,然后在外汇市场上购买外汇,投放本币;当本币处于贬值压力下,财政部通过抛售其所持的外汇储备资产,购入本币。财政部进行外汇干预,其最明显的优势就是使得外汇干预不影响本国银行体系的流动性。

以在本币升值压力下财政部发行国债筹集资金用以收购外汇为例,其具体环节包括:(1)财政部向商业银行发行国债。(2)财政部向商业银行购买外汇资产。其结果是外汇资产和国债同时增加,成本(包括外汇资产的回报率低于国债发行利率造成的损失、外汇资产面临的利率风险和汇率风险)均由财政部来承担。对于商业银行来说,其国债上升,而外汇资产下降。更主要的是商业银行的超额准备金不发生变化。对于中央银行而言,财政部发债和购买外汇资产的操作对整个中央银行不产生影响。这是在本币升值压力下通过财政部出面干预本币汇率的特征,正因为在这种情况下整个银行体系的超额准备金没有任何变化,所以这是不少政府在财政部下面建立外汇平准基金进行汇率干预的主要原因。

表 9-5　　　　　　　　财政部通过发行债券来干预本币汇率

财政部		中央银行		商业银行	
资　产	负　债	资　产	负　债	资　产	负　债
央行存款 100(1)	国债 100(1)		超额准备金　−100(1)	超额准备金　−100(1)	
−100(2)			100(2)	100(2)	
外汇资产 100(2)			政府存款　　100(1)	国债　　　　100(1)	
			−100(2)	外汇资产　−100(2)	

注:(1)财政部向商业银行发行国债。
(2)财政部向商业银行购买外汇资产干预本币汇率。

以上分析均以本币存在升值压力为背景,同学们可以分析在本币存在贬值压力下进行不同方式干预的结果。

综上所述,在货币当局不采取冲销干预的情况下,汇率干预必定影响本国银行体系的流动性;在财政部出面干预的情况下,汇率干预不涉及本国银行体系的流动性变化。

9.5 外汇储备与主权财富基金

由于外汇储备的快速增长,不少政府将其外汇储备的一部分划出来,建立主权财富基金,用以提高这部分外汇储备的投资收益率。到目前为止,主权财富基金还没有一个比较统一的定义。一般来说,主权财富基金(Sovereign Wealth Funds)是各国政府外汇投资的一个载体,它不同于货币当局持有的外汇储备,也不纳入一国国际储备的统计范畴。相对而言,它投资风险较高的资产,因此其回报率也相对较高。所以说,主权财富基金与外汇储备的差异主要体现在资产的流动性和市场性以及对相关的法律和行政管理规定,与满足货币当局国际收支平衡需要的储备资产不同。由于主权财富基金和外汇储备均属于政府所有,同时又主要投资于外国金融资产,因此外汇储备与主权财富基金又存在密切的关系。

9.5.1 主权财富基金的历史及其发展

最早的主权财富基金要追溯到1953年成立的科威特投资局(Kuwait Investment Board),在此后的几十年里,全球主权财富基金的数量缓慢增加,其中最有影响的有三家——阿布扎比投资局(Abu Dhabi Investment Authority)、新加坡政府投资公司(Government of Singapore Investment Corp)、挪威政府养老基金(Norwegian Government Pension Fund),分别成立于1976年、1981年和1990年。到2000年,全球只有20家左右的主权财富基金,管理的资产达到几千亿美元的规模。新世纪以来,主权财富基金的数量和管理的资产规模快速增加,尤其是2005年以后,新成立的主权财富基金达到12家,管理的资产总规模达到2.5万亿美元。这一规模已超过对冲基金和私募基金,接近全球外汇储备的一半。目前,阿拉伯联合酋长国、挪威、沙特阿拉伯王国、中国、科威特、俄罗斯和新加坡是世界上主权财富基金规模最大的几个国家。正因为其规模巨大,其投资对东道国的影响以及对稳定国际货币体系的重要作用不可小觑,主权财富基金被认为是各方面所接受的机构投资者和国际货币与金融体系中重要的参与者。

形成这一局面的主要原因有两点:一是近年来石油价格的飞速上涨,从 1997 年的每桶 20 美元到 2008 年 7 月的每桶 147 美元,这使得中东以及石油资源丰富的其他国家的政府外汇收入快速增加;二是对于那些并不依靠资源出口的国家,也就是以中国为代表的东亚国家经常项目出现了大规模顺差,进而累积了大量的外汇储备,政府为提高其收益率将部分外汇储备划入主权财富基金,其原因主要和这些国家旨在为出口导向发展战略服务的汇率低估政策有关。如果说依靠石油出口的国家建立主权财富基金的目的是基于对商品价格问题和自然资源消耗问题的考虑,那么对于东亚国家而言,其主权财富基金的建立主要和全球经济失衡密切相关。

9.5.2 主权财富基金概述

按照 IMF 的定义,主权财富基金(SWFs)是具有特殊目的的投资基金或安排(Special Purpose Investment Funds),由广义意义的政府(既包括中央政府,也包括地方政府)拥有。主权财富基金是由广义政府为实现宏观经济目的而设立的,它们持有、管理或处理资产,以实现金融目标。它们还运用一系列投资战略,包括投资于外国金融资产,但不包括那些仅投资于本国的基金。主权财富基金的资产不包括由货币当局为传统的国际收支或货币政策目的而持有的外汇储备资产以及传统意义上的国有企业(SEOs)、政府雇员养老基金或为个人利益而管理的资产。主权财富基金的资金来源包括国际收支顺差、官方外汇业务、私有化收益、财政盈余以及商品出口的收入。

一般来说,主权财富基金主要分为两大类:一类是由政府出口资源型商品(如石油)所得形成的商品基金(Commodity Funds),其目的包括稳定财政收入、代际储蓄以及国际收支稳定等;另一类是非商品基金(Non-commodity Funds),即部分国家因为国际收支大规模顺差,导致其政府将部分外汇储备划转成为独立的主权财富基金。必须指出的是,主权财富基金这一术语有时候存在误导读者的倾向。对于非商品基金而言,它并不构成本国的净财富,特别是通过外汇干预而累积的由外汇储备转化而来的主权财富基金。IMF 在 2007 年进一步将主权财富基金按照政策目的的不同,进一步分为五类:

稳定基金(Stabilization Funds)—— 其主要目标是使财政预算和整个国民经济免受某些商品价格,如石油价格的大幅度波动。

储蓄基金(Savings Funds)——其目标旨在为子孙后代考虑,将不可再生的资产转变为多样化的资产组合。

储备投资公司(Reserve Investment Corporations)——其资产仍然常常被认为是储备资产,其目的是提高储备的回报率。

发展基金(Development Funds)——其目标通常是为社会经济项目提供资金或者为提高本国潜在产出水平的产业政策服务。

养老储备基金(Contingent Pension Reserve Funds)——其目的是为政府资产负债表上的不确定的养老负债提供资金。

在实践当中,上述目标不是存在严格的界限,而是随着情况变化有所改变。如俄罗斯在2008年将其主权财富基金——稳定基金——分拆为储备基金(Reserve Fund)和国家福利基金(也有学者译做主权养老基金,Fund for National Well-Being)。前者仍然用于确保俄罗斯财政预算免受石油价格的急剧下跌带来的负面影响,后者用于支持俄罗斯由于老龄化以及就业人口占比下降带来的养老问题。

此外,某些发达国家,如澳大利亚和新西兰等国也建立有主权财富基金,其主要资金来源于社会保障资金和政府养老基金以及政府税收和其他收入。这些基金广泛地投资于国内外资产,其目的旨在为社会保障和政府养老基金提供资金补充。从投资策略上分析,各国主权财富基金的策略各不相同,如挪威政府主要集中在小规模的资产组合方面,如其股权投资通常低于被投资公司股权的10%;而新加坡的淡马锡控股公司在国内外产业投资中则持有大量的股份。

从全球来看,有26个国家成立了主权财富基金,它们是澳大利亚、阿塞拜疆、巴林、博茨瓦纳、加拿大、智利、中国、赤道几内亚、伊朗、爱尔兰、韩国、科威特、利比亚、墨西哥、新西兰、挪威、卡塔尔、俄罗斯、新加坡、东帝汶、特立尼达和多巴哥、阿拉伯联合酋长国和美国。

作为各方面公认的机构投资者,主权财富基金开展跨境投资已有多年的历史。其投资促进了资本输出国和接受国的经济增长、繁荣和发展。在其母国,主权财富基金在帮助改进公共财务管理和实现宏观经济稳定以及支持高质量的经济增长方面发挥了至关重要的作用。主权财富基金还为全球市场带来重大益处。在许多情况下,它们在投资中所采取的长期视角以及经受商业周期的能力,给全球金融市场带来了重要的多元化,这一点极为有益,特别是在发生金融动荡或面临宏观经济压力的时期。

9.5.3　主权财富基金的"圣地亚哥原则"①

主权财富基金的海外投资活动最初引起了东道国的高度警觉,这些国家担心主权财富基金的战略投资对其重要产业的控制和对其经济命脉的掌控,对主权财富基金的投资和收购活动高度关注。然而,在 2007 年 4 月份美国次级抵押贷款危机(Sub-prime Mortgage Crisis)爆发之后,不少主权财富基金入主美国华尔街,持有不到美国金融机构非控股股份的 10% ,美联储和美国财政部对此持欢迎的态度,认为这将帮助美国金融机构渡过金融危机。例如,科威特投资局、阿布扎比投资局和新加坡政府投资公司向花旗集团注资,每家机构所占股份均不超过 5% 。韩国投资公司(the Korea Investment Corporation,KIC)、新加坡淡马锡控股公司以及科威特投资局持有美林证券公司可转换的优先股。中投公司以50 亿美元入股摩根斯坦利公司,收购了摩根斯坦利近 10% 的股权。这些主权财富基金并没有寻求对被注资金融机构的控制权,也就是说它们既没有派代表参加董事会,也没有派代表直接参与其日常管理。因此,以美国为首的西方国家对主权财富基金开始改变态度,认为其可以在一定程度上实现全球金融稳定的目标,起到"减震作用",其政策重心开始转变为通过 IMF 牵头,实行多边谈判,要求主权财富基金增加透明度,主动实施最佳行为准则(Best Practices),并且设计出一套指标体系,如目标、投资战略、内部治理结构等。

主权财富基金的"圣地亚哥原则(The Santiago Principles)"又被称为普遍接受的原则和做法(Generally Accepted Principles and Practices)。该原则是使各国主权财富基金能够反映合理的治理结构、问责安排,以及主权财富基金在审慎和稳健的基础上实施投资。这是一个自愿框架,IMF 认为圣地亚哥原则有助于维护自由的跨境投资流动,保持开放和稳定的金融体系。主权财富基金通过接受这些原则和做法,可以减轻东道国对其的担心,有助于减轻其投资面临保护主义的压力并减少国际资本流动限制的风险。"圣地亚哥原则"主要包括以下三个方面:(1)法律框架、目标以及与宏观经济政策的协调;(2)体制框架和治理结构;(3)投资和风险管理框架。第一个领域中健全的做法和原则为主权财富基金拥有一个稳健的体制框架和治理结构奠定了基础,它促进了适当投资策略的形成,这些投资策略与主权财富基金所说明的政策目标是一致的。一个将所有者、治理机构与管理层功能分离开来的稳健治理结构,可促使主权财富基金管理

① 资料来源:http://www.iwg-swf.org/pubs/gapplist.htm.

具有操作上的独立性,以便使投资决定和投资操作免受政治影响。一个明确的投资政策可以表明主权财富基金对有约束的投资计划和做法的承诺。同样,一个可靠的风险管理框架将促进其良好的投资操作和问责制。

【专栏1】

普遍接受的原则和做法——圣地亚哥原则

原则1 主权财富基金的法律框架应是健全的,它应对有效运作和实现主权财富基金所说明的目标起到支持作用。

1.1分原则 主权财富基金的法律框架应确保主权财富基金及其交易的法律健全性。

1.2分原则 应公开披露主权财富基金法律基础和结构的主要特点,以及主权财富基金与其他国家机构之间的法律关系。

原则2 应明确定义和公开披露主权财富基金的政策目的。

原则3 如果主权财富基金活动对本国具有重大直接宏观经济影响,这些活动应密切与本国财政和货币当局协调,以便确保与总体宏观经济政策相一致。

原则4 在主权财富基金融资、提款及支出操作的一般方法方面,应该具备明确以及公开披露的政策、规则、程序或安排。

4.1分原则 应公开披露主权财富基金资金来源。

4.2分原则 应公开披露从主权财富基金提款以及其代表政府支出的一般方法。

原则5 应及时向所有者报告与主权财富基金相关的统计数据,或按要求纳入适当的宏观经济数据组。

原则6 主权财富基金应具备稳健的治理框架,应建立一个明确、有效的职责分工机制,促进主权财富基金管理的问责制和操作独立性,以实现其目标。

原则7 所有者应根据明确定义的程序确定主权财富基金的目标,指定管理机构的成员,并对主权财富基金操作进行监督。

原则8 管理机构应服务于主权财富基金最大利益,并具备明确的职责和充分授权以及行使其职能的能力。

原则9 主权财富基金的操作管理应以独立的方式来执行主权财富基金的战略,并与明确定义的责任保持一致。

原则10 主权财富基金操作的问责制框架应在相关法律、章程或其他章程性文件或管理协议中明确定义。

原则 11　应按照与认可的国际或国家会计标准一致的方式,及时准备有关主权财富基金操作及业绩的年报和所附财务报表。

原则 12　应按照与认可的国际或国家会计标准一致的方式,对主权财富基金的操作和财务报表进行年度审计。

原则 13　应明确定义专业和道德标准,并向主权财富基金的管理机构、管理层和工作人员公布。

原则 14　出于主权财富基金操作管理目的而与第三方打交道,应以经济和金融为基础并遵循明确的规则和程序。

原则 15　主权财富基金在东道国开展操作和活动时,应遵循其所在国家所有适用的监管和披露要求。

原则 16　应公开披露主权财富基金的治理框架、目标以及从操作上独立于所有者的管理方式。

原则 17　应公开披露有关主权财富基金相关的财务信息,以证明其经济和金融导向,以便为国际金融市场的稳定做出贡献,并增强接受国的信赖。

原则 18　主权财富基金的投资政策应是明确的,并与其所有者或管理机构定义的目标、风险容忍度和投资策略保持一致,而且应基于稳健的投资组合管理原则。

18.1 分原则　投资政策应指导主权财富基金的金融风险暴露和可能对杠杆的利用。

18.2 分原则　投资政策应规定在多大程度上聘用内部和/或外部投资经理、活动及授权范围以及遴选和监督其业绩的过程。

18.3 分原则　应公开披露主权财富基金的投资政策说明。

原则 19　主权财富基金的投资决定,应以经风险调整的财务收益最大化为目的,并与其投资政策保持一致,同时基于经济和金融考虑。

19.1 分原则　如果投资决定是出于经济和金融以外的考虑,这些应明确列在投资政策之中并公开披露。

19.2 分原则　主权财富基金资产的管理应与被普遍接受的稳健资产管理做法保持一致。

原则 20　在与私人实体竞争时,主权财富基金不应寻求或利用特别信息或更广泛政府的不当影响。

原则 21　主权财富基金将股东所有权看做其股权投资价值的基本要素。如果主权财富基金选择行使其所有权,它应保持与其投资政策一致的方式,并保护其投资价值。主权财富基金应公开披露其对待上市实体中有投票权证券的一般方法,包括指导其行使所有权的关键因素。

原则22 主权财富基金应具备识别、评估和管理其操作风险的框架。

22.1 分原则 风险管理框架应包括可靠的信息和及时的报告体系(确保对相关风险进行适当的监测和管理,使之保持在可接受的参数及水平内)、控制与激励机制、行为准则、业务持续性计划以及独立审计功能。

22.2 分原则 应公开披露主权财富基金风险管理框架的一般方法。

原则23 应衡量主权财富基金的(绝对或相对于基准的,如有准)资产和投资业绩,并按照明确定义的原则和标准向所有者报告。

原则24 主权财富基金应参与或派代表参与对普遍接受的原则和做法的实施情况进行的定期审议过程。

【专栏2】

世界各国主权财富基金一览表

澳大利亚	Australian Future Fund
阿塞拜疆	State Oil Fund
巴林	Reserve Fund for Strategic Projects
博茨瓦纳	Pula Fund
加拿大	Alberta Heritage Savings Trust Fund
智利	Economic and Social Stabilization Fund / Pension Reserve Fund
中国	China Investment Corporation
赤道几内亚	Fund for Future Generations
伊朗	Oil Stabilization Fund
爱尔兰	National Pensions Reserve Fund
韩国	Korea Investment Corporation
科威特	Kuwait Investment Authority
利比亚	Libyan Investment Authority

墨西哥	Oil Stabilization Fund
新西兰	Superannuation Fund
挪威	Government Pension Fund
卡塔尔	Qatar Investment Authority
俄罗斯	Reserve Fund / National Wealth Fund
新加坡	Temasek Holdings Pte Ltd
	Government of Singapore Investment Corporation Pte Ltd
东帝汶	Petroleum Fund of Timor-Leste
特立尼达和多巴哥	Heritage and Stabilization Fund
阿拉伯联合酋长国	Abu Dhabi Investment Authority
美国	Alaska Permanent Fund

9.6　当前国际储备管理的趋势

进入 21 世纪以来,国际储备的规模增长非常迅速,尤其是石油输出国(OPEC)和以中国为代表的东亚国家。如何管理这巨额资产成为各国非常关注的重要问题之一。在过去的 10 多年间,国际储备的管理有以下四个方面的趋势值得关注。

9.6.1　对储备资产回报率的日益关注

根据国际清算银行(BIS)的调查,各国货币当局对国际储备回报率的关注程度不断提高,尽管它们对安全性和流动性仍然予以高度关注。传统上,各国的储备资产主要投资于银行存款、政府债券以及高等级的国际机构债券。现在不少国家将储备资产分级管理,即通常分为两档:流动级(Liquidity Tranche)和投资级(Investment Tranche),将部分投资级的储备资产投资于新型金融衍生品,如资产支持证券(Asset-Backed Securities)以及抵押资产支持证券(Mortgage Backed Securities),在 2008 年全球金融动荡之前,甚至有个别国家投资了投资级的公司债、股票,如瑞士、韩国等国家。还有的国家成立主权财富基金,专门从事外汇资产的投资活动,以提高国际储备的投资回报率。

9.6.2 决策过程强调结构化方法

近年来,各国在国际储备管理的投资决策过程中日益强调结构化方法(Structured Approach),这主要体现在两个方面:

首先,在战略层面上强调自上而下的决策过程,操作上伴随着明显的垂直分层。中央银行根据外汇储备组合的风险收益进行权衡。战略性资产配置(Strategic Asset Allocation)是通过选定一个基准组合,并确定风险和收益可以容忍的变动范围。此外,越来越多的中央银行已在战略资产配置层面和组合管理执行层面(Portfolio Management Execution Level)之间设置了一个中间层面,旨在利用短期市场的发展来采取战术性资产配置(Tactical Asset Allocation)。

其次,横向分离活动的趋势也已相当明显。分离有两种形式:一个是功能性的,把不同的职能放置在不同的部门;另一个是关注报告线(Reporting Lines),确保不同的职能单位不直接向同一经理汇报。

9.6.3 对风险管理的高度关注

在外汇储备管理当中,风险管理是一个非常重要的话题。这里涉及的风险主要包括金融风险(Financial Risks)和操作风险(Operational Risk)。前者主要包括市场风险和信用风险,在应对市场风险方面,各国中央银行采取了一系列方法,如在险价值(Value-at-risk, VaR)、久期分析(Duration Analysis)和压力测试(Stress Testing)等;在防范信用风险方面,主要采取信用评级(Credit Ratings)等方法。

9.6.4 对公众的信息披露

随着时间推移,各国中央银行进一步强化了国际储备管理对公众的信息披露,包括相关的制度框架、投资范围、资产分配、币种分配和投资绩效等。尽管如此,各国中央银行在具体提供的信息类型上仍然存在差异,例如其频率和报告的时滞方面。大多数中央银行通过其网站和年报披露相关信息。只有少数机构提供币种构成信息,如澳大利亚储备银行、加拿大中央银行、欧洲中央银行、英格兰银行和俄罗斯联邦中央银行。

本章小结

1. 国际储备是一国货币当局所持有的可随时用于平衡国际收

支差额和维持本币汇率稳定的资产。国际储备主要包括黄金储备、外汇储备、在 IMF 的储备头寸以及特别提款权(SDR)四项。其管理主要包括两个方面:规模管理与结构管理。

2. 各国干预汇率的机构并不一样,有的国家以中央银行为主,有的国家以财政部为主。中央银行干预汇率会对本国银行体系的流动性(金融机构在中央银行的超额准备金余额)造成影响,财政部干预汇率不会影响本国的流动性。

3. 主权财富基金是具有特殊目的的投资基金或安排,由广义意义的政府(既包括中央政府,也包括地方政府)拥有。它主要分为两大类:一类是商品基金;另一类是非商品基金。

4. 国际储备的管理趋势包括四个方面:高度关注资产的回报率、决策过程强调结构化方法、注重风险管理和信息披露。

关键术语

国际储备　　国际清偿力　　储备头寸　　特别提款权
黄金储备　　外汇储备　　规模管理　　结构管理
主权财富基金　　圣地亚哥原则　　商品基金　　非商品基金
中央银行干预汇率方式　　财政部干预汇率方式　　流动性

思考题

1. 简要分析中央银行干预汇率方式与财政部干预汇率方式的差异。

2. 为什么各国政府持有的外汇平准基金当中不仅包括外币资产,还包括本币资产?试分析在本币存在贬值压力情况下,财政部如何干预外汇市场,请给出各方资产负债表的变化形式。

第⑩章 外汇市场与外汇交易

自 20 世纪 70 年代以来,金融交易的国际化使得外汇市场出现了深刻的变化,不仅在规模,而且在结构以及交易模式方面均出现了巨大的变化。布雷顿森林体系下固定汇率制度的崩溃,使得各国不必维持其汇率平价;全球化的金融自由化或者说是金融管制放松使得国际金融交易的规模及自由度大大扩展,各金融机构之间的相互竞争日益加剧;与此同时,多边自由贸易框架下的国际贸易自由化也加速了外汇市场的发展;从技术方面来看,全球的实时外汇交易(Real Time Transactions)大大提高了交易的速度和效率;金融理论的突破使得外汇交易的新型产品不断涌现。所有这一切都大大刺激了外汇市场的发展,参与者从传统的商业银行到现在的非金融机构(Nonfinancial Corporations)、投资银行(Investment Firms)以及对冲基金(Hedge Funds)等新型金融机构,从为传统的进出口服务到为大规模的海外投资和资本流动服务等。本章将重点介绍外汇市场上传统的外汇交易方式,如即期外汇交易、远期外汇交易、掉期交易。限于篇幅,关于互换交易、货币期权和货币期货交易的内容同学们可以参考《国际金融实务》方面的教材。

10.1 外 汇 市 场

外汇市场(Foreign Exchange Market)是指从事外汇买卖的交易场所,或者说是各种不同货币相互之间进行交换的场所。外汇市场是世界上最大的也是流动性最高的金融市场。单笔交易额从 2 亿美元到 5 亿美元的外汇交易并不罕见。外汇报价每分钟的变化也往往多达 20 次。在世界各地的金融中心当中,伦敦的外汇交易规模最大,其次是纽约和东京。这其中一个最大的原因在于伦敦的上午开盘营业时间与亚洲和中东不少市场的下午收盘前的营业时间重合;而其下午收盘前的营业时间和北美开盘后的营业时间重合。

10.1.1　外汇市场的特点

从全球来看,外汇市场是一个 24 小时连续经营的市场。以北京时间为例,每天凌晨 5 点起,惠灵顿、悉尼市场先后开市营业;8 点东京市场开始营业;9 点香港、新加坡市场开市;而后是中东的巴林群岛;下午 3 点开始,亚洲市场尚未完全收市,欧洲的巴黎、法兰克福、伦敦市场又相继开市;晚上 9 点半,北美的纽约、温哥华市场开市;当凌晨 5 点北美市场的芝加哥、旧金山等地收市时,惠灵顿、悉尼市场又开市营业。世界各地外汇市场就是如此周而复始地连续运转,从而连接成为一个全球性市场。其中,在伦敦下午的营业时间和纽约上午的营业时间,外汇的交易规模量最大。全球 24 小时的经营意味着汇率和市场状况不停地发生变化,这也意味着外汇交易商即使在当地营业结束之后也必须高度关注世界其他各地外汇市场发生的变化。

1992 年以来,国际清算银行开始统计外汇交易与衍生品的数据。2007 年全球的日平均交易量达到 3.2 万亿美元,比 2004 年的日交易量增加 71%,几乎是 1998 年日交易量的 2 倍。按照每年平均 250 个工作日计算,全年外汇交易规模接近 800 万亿美元。

10.1.2　外汇市场的交易者

前面的章节曾经将外汇市场的参与者分为对冲者、套利者和投机者。实际上,外汇市场的参与者还有另外一种分类方法,即客户(Customers)、商业银行、外汇经纪人(Broker)和中央银行。客户是指个人与公司,他们通过商业银行的服务从事外汇买卖或交易,进行投融资活动。他们一般包括进出口贸易商、出境旅行者以及海外投资者等。商业银行在外汇市场中扮演外汇交易商(Foreign Exchange Dealers)的角色,它们往往处于做市商(Market Maker)的地位,承担同时进行外汇买价和卖价的报价任务。一方面,商业银行与普通客户交易,形成零售外汇市场;另一方面,商业银行之间相互交易,形成银行同业市场。外汇经纪人的作用在于传播市场信息,根据交易双方的需求撮合买方和卖方。它与商业银行(也就是外汇交易商)的最大差异在于它们的收入来自买卖双方给付的佣金(Commission Fee),而后者除了这一收入外,还可以通过主动持有外汇头寸来获取利润。各国中央银行都在一定程度上在外汇市场中发挥作用,不过它们的操作方式和动机均不同于其他机构。通常中央银行作为政府的银行,代表政府干预外汇市场,熨平(Smoothing Out)汇率的波动或者阻止本币的过度升值或贬值。

10.2　传统的外汇交易

外汇市场中最重要的组成部分是柜台交易市场(Over-the-counter Market),在这个市场上主要进行传统的外汇交易,包括即期外汇交易、远期外汇交易、掉期交易和套利交易。

10.2.1　即期外汇交易

即期外汇交易(Spot Exchange Transaction)是在交易合同签订后两个营业日内办理交割的外汇交易。双方达成交易协议的这一天称为成交日。达成交易后双方履行资金划拨义务的操作称为交割,这一天也称为交割日(或者起息日、结算日)。通常,外汇的"零售"业务在当天成交和收付,而银行同业之间的"批发"业务的即期交易的交割日是成交后的第二天,如果交割日逢银行例假日,交割时间则顺延。

即期交易是外汇市场最常见、最普通的交易方式,其作用包括:满足临时性的支付需求,实现购买力的转移;调整各种货币的头寸;进行外汇投机等。

这里首先讲解即期汇率的套算。在国际外汇市场上,外汇买卖的报价大多数以美元为基准货币来进行报价,也有以英镑、欧元为基准货币来进行报价的。

1. 套算汇率的计算

假设外汇市场英镑与美元的报价为:GBP/USD = 1.6232 /1.6362,说明银行买入 1 英镑,将付出 1.6232 美元,同时银行卖出 1 英镑将收取 1.6362 美元。那么银行买卖美元的英镑价格是多少呢? 实际上,银行买卖美元价格就是银行买卖英镑的价格的倒数。因此,银行买入 1 美元将付出 0.6111 英镑(1 ÷ 1.6362),银行卖出 1 美元将收入 0.6160 英镑(1 ÷ 1.6232)。

当人们进行多种货币之间的即期外汇交易时,往往要通过套算汇率来计算即期汇率。套算汇率的规则是：如果在两个报价当中，某种货币在一个报价中作为标价货币，在另一个报价当中，该种货币却作为计价货币，此时采用**同边相乘**的方法。如果在两个报价当中，某种货币同时作为计价货币或者同时作为标价货币，此时采用**交叉相除**的方法。

例 1：已知 EUR/USD = 1.2920/60

USD/JPY ＝ 107.50/70

求：EUR/JPY 的报价。

根据上面的原则，应该采用同边相乘的方法。

EUR/JPY 的买入价为 138.89（1.2920 × 107.50）

EUR/JPY 的卖出价为 139.58（1.2960 × 107.70）

因此，EUR/JPY ＝ 138.89/58。

为什么采用同边相乘的方法呢？首先要求得欧元兑日元的买入价。对于前一个报价，银行买入 1 欧元，将付出 1.2920 美元，对于第二个报价，银行买入 1 美元，将付出 107.50 日元，因此银行买入 1 欧元，将付出 138.89 日元（1.2920 × 107.50）。其次要求得欧元兑日元的卖出价。对于前一个报价，银行卖出 1 欧元，将得到 1.2960 美元；对于第二个报价，银行卖出 1 美元，将得到 107.70 日元，因此银行卖出 1 欧元，将得到 139.58 日元（1.2960 × 107.70）。

例 2：已知 USD/HKD ＝ 7.7820/40

USD/CAD ＝ 1.2110/30

求：CAD/HKD 的报价。

根据上面的原则，应该采用交叉相除的方法。哪个价格作为分子，哪个价格作为分母呢？

CAD/HKD 的买入价为 6.4155（7.7820 ÷ 1.2130）

CAD/HKD 的卖出价为 6.4277（7.7840 ÷ 1.2110）

问题首先是求买入 1 加元应该付出多少港币。根据第二个报价，银行买入 1 加元将付出 0.8244（1 ÷ 1.2130）美元，根据第一个报价，银行买入 1 美元将付出 7.7820 港币，因此银行买入 1 加元将付出 6.4155 港币（7.7820 ÷ 1.2130）。其次求卖出 1 加元应该得到多少港币。根据第二个报价，银行卖出 1 加元将得到 0.8258 美元（1 ÷ 1.2110），根据第一个报价，银行卖出 1 美元，将得到 7.7840 港币，因此银行卖出 1 加元将得到 6.4277 港币。综上所述，求 CAD/HKD 的报价时，根据已知的报价必须将含加元的报价作为分母，而含有 HKD 的报价作为分子。

2. 外汇头寸、多头和空头

银行除了与工商业客户进行交易外,还在银行间外汇市场参与交易。在这个市场上的交易主要是为了调整外汇头寸和谋取投机利润。调整外汇头寸源于银行与工商企业的商业性交易。在每个营业日内,银行会与多个客户进行交易,通常买入的某种外汇额不会等于其卖出额,此时在银行外汇买卖头寸表上则会出现多头或者空头。所谓多头(Long Position)就是银行买入的某种外汇超过其卖出的额度;所谓空头(Short Position)就是银行卖出的某种外汇超过其买入的额度。不论是多头还是空头,由于汇率的波动,都会给银行带来风险。例如某欧洲商业银行在当日的外汇交易如表 10-1 所示。

表 10-1　　　　　　　　　　　外汇买卖头寸表　　　　　　　　　　单位:万

欧元		汇率	美元	
买入	卖出		买入	卖出
100		1.2440		124.4
200		1.2440		248.8
	150	1.2460	186.9	
250		1.2440		311
	100	1.2460	124.6	

当日营业结束后,买卖头寸表上出现了欧元多头 300 万元,美元空头 372.7万元,其平均汇率为 EUR/USD = 1.2423。如果美元汇率在收盘时升值到 EUR/USD = 1.2100,那么该银行将出现交易亏损。

3. 套汇交易(Arbitrage)

套汇交易是指交易方利用同一时刻不同外汇市场的汇率差异进行谋利以获取无风险价差的外汇交易。它可以分为直接套汇(两点套汇)和间接套汇(三点套汇)两种。

A. 直接套汇(Direct Arbitrage)

直接套汇是指交易方利用两个外汇市场的汇率差异进行套取差价的外汇交易。

例 3:假设某日纽约外汇市场即期汇率为 EUR/USD = 1.2430/50,伦敦外汇市场即期汇率为 EUR/USD = 1.2360/80。若不考虑其他交易费用,纽约某银行进行 100 万欧元的套汇交易可以获得多少收入? 如果伦敦外汇市场的即期汇率为 EUR/USD = 1.2340/60 时,交易者能够从中获利吗?

解:交易方可以在纽约外汇市场上以 1 欧元等于 1.2350 美元的价格买入欧元,然后在伦敦外汇市场上以 1 欧元等于 1.2360 美元的价格卖出欧元。显然,交易者每 1 欧元可以从中获利 0.001 美元,100 万欧元就可以获利 0.1 万美元。

当伦敦外汇市场的即期汇率为 EUR/USD = 1.2340/60 时,交易者无法从中获利。因为交易方在纽约外汇市场上以 1 欧元等于 1.2350 美元的价格买入欧元,在伦敦外汇市场上却以 1 欧元等于 1.2340 美元的价格卖出欧元,这一操作是亏本的,此时不存在套汇交易。

图 10-1、图 10-2 分别给出了存在套利交易与不存在套利交易情况下的外汇报价情况。

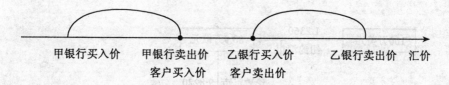

图 10-1　存在套利交易下的两个市场的汇率报价

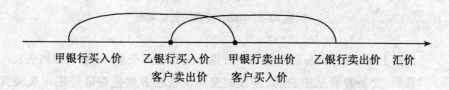

图 10-2　不存在套利交易下的两个市场的汇率报价

B. 间接套汇(Indirect Arbitrage)

间接套汇是交易方利用三个外汇市场的汇率差异进行套取差价的外汇交易。

例 4:假设香港外汇市场即期汇率 USD/HKD = 7.7500/800,纽约外汇市场 EUR/USD = 1.2340/60,伦敦外汇市场 EUR/HKD = 9.8220/40。如果不考虑其

他费用,若某一交易方以 100 万美元进行套汇,可以获得多少利润？如果是 100 万港币或者 100 万欧元,其盈利率又是多少呢？

解题思路(一):先将三个市场的汇价通过套算汇率的计算化成两个报价,然后利用两点套汇的思路分析套利的操作路径。

利用同边相乘的方法将香港和纽约外汇市场的汇率折算成 EUR/HKD = 9.5635/9.6161,该套算汇率与伦敦外汇市场的汇价 EUR/HKD = 9.8220/40 相比,交易者存在套利的机会。涉及的汇价包括伦敦外汇市场欧元兑港币的 9.8220、套算汇率价格(9.6161 = 香港外汇市场美元兑港币的 7.7800 × 纽约外市场上的欧元兑美元的 1.2360)。

交易者首先利用 100 万美元以 1.2360 的价格在纽约外汇市场买入 80.9 万欧元,然后在伦敦外汇市场以 9.8220 的价格卖出欧元买入港币,在香港外汇市场上以 7.7800 的价格卖出港币,最后得到 102.1 万美元。交易者的利润为 2.1 万美元,如图 10-3 所示。

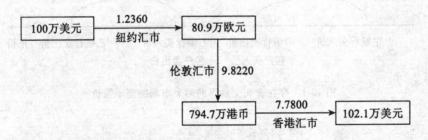

图 10-3　100 万美元的套汇过程

按照上述思路,交易者利用 100 万港币进行套利交易,结果又如何呢？

显然,交易者要从中获利,涉及的交易价格也必然是香港外汇市场美元兑港币的 7.7800,纽约外汇市场上的欧元兑美元的 1.2360,伦敦外汇市场欧元兑港币的 9.8220。套利的路径是从香港卖出港币,买入美元,然后在纽约市场卖出美元,买入欧元,最后到伦敦市场卖出欧元,买入港币,从中获利,如图 10-4 所示。

同理,同学们可以自行推导 100 万欧元的套汇过程。实际上,在这一过程中均涉及三个相同的汇价。

解题思路(二):利用连乘法计算,如果结果小于 1,则套利的方向是错误的,

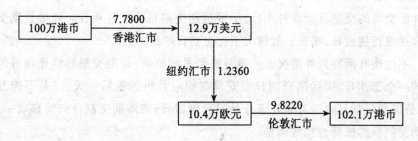

图 10-4　100 万港币的套汇过程

应该从另一个方向进行套利。

　　以本题为例,以 100 万美元出发,交易者可以在香港市场上首先进行交易,也可以在纽约外汇市场上首先进行交易。当从香港市场出发,100 万美元可以以 7.75 的汇价换得港币,然后在伦敦市场上以 9.8240 的汇价换得欧元,最后在纽约市场上以 1.2340 的汇价换回美元,此时换回 97.4 万美元,比初始状态的 100 万美元要少,说明套利的方向是错误的 $\left(7.75 \times \dfrac{1}{9.8240} \times 1.2340 = 0.974\right)$。

接下来交易者必须从另外一个方向出发进行套利 $\left(9.822 \times \dfrac{1}{1.236} \times \dfrac{1}{7.78} = 1.021\right)$,这里不再重复。

10.2.2　远期外汇交易

　　远期外汇交易(Forward Exchange Transaction)又称期汇交易,它是指在外汇买卖成交后,按照合约规定的汇率水平于特定日期进行交割的外汇交易。通常来说,交割期一般有 1 个月、2 个月、3 个月、6 个月,也有长达 1 年或者 1 年以上的。远期外汇交易与即期外汇交易的根本区别在于交割日不同。凡是交割日在成交两个营业日以后的外汇交易均属于远期外汇交易。远期外汇交易属于场外交易。

1. 远期外汇交易交割日确定的规则

　　商业银行确定远期外汇交易交割日的办法是以即期外汇交易的交割日加上

相应的月份。如在 6 月 2 日达成的 3 个月的远期外汇交易,由于该日达成的即期外汇交易的交割日为 6 月 4 日,所以远期交割日为 9 月 4 日。如果远期交割日恰逢银行例假日,则在一般情况下让交割日顺延。

不过还有两种例外情况。一是月底到月底原则:即期交割日恰逢该月的最后的一个工作日,则远期交割日也安排在相应月份的最后一天;二是不跨月原则:若即期交割日恰逢月底且该日是银行例假日,则即期交割日向前移动一天,远期交割日的推算也相应调整。

2. 远期外汇交易的应用

例 5:某欧洲贸易商从美国进口商品,需在 6 个月后支付 1000 万美元。双方签约时的即期汇率为 EUR/USD = 1.3735/45,6 个月远期差价为 35/45。如果付款日即期汇率为 EUR/USD = 1.3720/30,且该贸易商不采取远期交易,将会受到多大的损失?

解:6 个月的远期汇率为 EUR/USD = 1.3770/90,1000 万 ÷ 1.3770 = 726.22 万欧元

也就是说,欧洲贸易商未来要支付 6 个月的 1000 万美元,即期支付 726.22 万欧元即可。

如果该贸易商在 6 个月之后按照付款日即期汇率来支付,需付出 1000 ÷ 1.3720 = 728.86 万欧元。显然,该贸易商将损失 2.64 万欧元。

10.2.3 掉期交易

掉期(Swap Transaction)又称调期,指经济主体同时进行不同交割期限且数额相同的外汇买进和卖出。掉期交易实际上是即期交易与远期交易或者是远期与远期交易的结合。在短期投资活动中,为规避汇率风险,投资者通常要做掉期交易,在买进即期外汇的同时,卖出与投资期限相同的远期外汇。掉期交易通常不改变交易者的外汇持有额,但是会使他们所持有的外汇的期限发生变化。

1. 掉期交易的类型

按交割期限的差异,掉期可分为即期对远期掉期和远期对远期掉期两大类。第一类是即期对远期掉期(Spot-Forward Swap),它指在买进即期外汇的同

时卖出同一笔远期外汇,或者在卖出即期外汇的同时买进同一笔远期外汇。在这种掉期中,较常见的期汇交割期限安排为 1 周、1 个月、2 个月、3 个月和 6 个月。它主要用于避免外汇资产到期时外汇即期汇率下跌或外币负债到期时外汇即期汇率上升可能给人们带来的损失。

第二类是远期对远期掉期(Forward-Forward Swap),它是指在买进交割期限较短的远期外汇的同时卖出同等数量的交割期限较长的同种远期外汇,或者在卖出交割期限较短的远期外汇的同时买进同一笔交割期限较长的远期外汇。例如,某银行买进 3 个月期 100 万欧元,同时卖出了 6 个月期 100 万欧元。它既可用于避免汇率波动的风险,又可用于某一段时间的投机。

2. 即期对远期掉期的汇率计算

在掉期交易中,即期汇率与一般即期外汇交易中的报价方法相同;但是,远期汇率的计算方法与一般的远期外汇交易有所不同。

例 6:设 6 个月美元的拆放年利率为 7% ~7.125%,6 个月英镑的拆放年利率为 6% ~6.125%,美元对英镑的即期汇率为 GBP/USD = 1.3440/50,求 6 个月美元的掉期汇率。

解:在有交易成本的利率平价理论分析中,得到以下公式:

$$F_{买入价} = \frac{1 + 标价货币的存款利率 \times n/12}{1 + 基准货币的贷款利率 \times n/12} S_{买入价}$$

$$F_{卖出价} = \frac{1 + 标价货币的贷款利率 \times n/12}{1 + 基准货币的存款利率 \times n/12} S_{卖出价}$$

根据上述公式,可以得到:

$$F_{买入价} = \frac{1 + 7\% \times \dfrac{6}{12}}{1 + 6.125\% \times \dfrac{6}{12}} \times 1.3440 = 1.3497,与 1.3440 相差 57 个基点。$$

$$F_{卖出价} = \frac{1 + 7.125\% \times \dfrac{6}{12}}{1 + 6\% \times \dfrac{6}{12}} \times 1.3450 = 1.3523,与 1.3450 相差 73 个基点。$$

因此,6 个月美元的掉期汇率为 57/73。

例 7:设 GBP/USD 的即期汇率为 1.2475/85,1 年期远期差价 319/350,求客户做卖/买 1 年期的掉期业务的汇率分别是多少,客户做买/卖 1 年期的掉期业务的汇率又是多少呢？

　　解:1. 2475 + 0. 0319 = 1. 2794

　　　　1. 2485 + 0. 0350 = 1. 2835

　　银行买入 1 年期英镑的汇率是 1. 2794,银行卖出 1 年期英镑的汇率是 1. 2835,这就是银行 1 年期远期汇率为 1. 2794/35。

　　客户做卖/买 1 年期掉期业务,也就是卖即期英镑,买远期英镑,对于银行来说就是买即期英镑,卖 1 年期远期英镑,这是否意味着汇价分别对应的是 1. 2475 和 1. 2835 呢? 我们发现:这中间相差 360 个基点。这 360 个基点由即期买卖差价 10 个基点(1. 2485 – 1. 2475)和远期买卖差价 350 个基点(1. 2835 – 1. 2485)构成。同学们可以回忆第三章3. 3. 3 节中的内容,其中 350 个基点是由美元的贷款利率(5. 6675%)与英镑的存款利率(2. 7860%)之差决定的,涉及的即期汇价是 1. 2485。为什么在有交易成本的利率平价计算当中采用的是英镑的即期卖价 1. 2485,在本例题计算中是英镑的即期买价 1. 2475 呢? 因为在第三章是从银行本身的角度出发,在本章则是从银行对客户的角度来计算的,这 10 个基点恰恰是即期英镑的买卖差价。出于竞争的压力,银行往往会将这 10 个基点的利润让渡给客户,因为银行的报价达到 350 个基点就保证不会有损失了。所以,客户最后得到的卖/买 1 年期掉期价格可以是 1. 2475 和 1. 2825,也可以是 1. 2485 和 1. 2835。显然,这两个报价对客户而言没有太大的差异,对于报价行而言,大体反映前一报价的银行拥有即期英镑头寸较多,而后一报价的银行拥有的即期英镑头寸较少(见图 10-5)。

图 10-5　掉期差价率为 350 个基点

　　有没有可能银行的报价是 1. 2485 和 1. 2825 呢? 此时这两个报价之间差 340 个基点,按照货币市场上 1 年期美元和英镑的利率(i_s = 5. 5325% ～ 5. 6675% ;i_ℓ = 2. 7860% ～2. 9040 %)而言,该银行完成这笔交易将出现亏损。因此在理论上这一报价是不可能出现的。

　　同样,客户做买/卖 1 年期的掉期业务,对于银行来说就是卖即期英镑,买远期英镑,对应的汇价是否为 1.2485 和 1.2794 呢? 即银行按照 1.2485 美元的汇价卖出即期英镑,然后再按照 1.2794 美元的价格买入远期英镑,这中间将亏损309 个基点。假定银行是按照 1 年期 2.9040% 的贷款利率借入英镑,然而银行将卖掉英镑之后所获得的美元按照 5.5325% 进行 1 年期投资,这中间将赚取319 个点的利差,整个交易银行将获得 10 个点的利润,同样出于竞争的考虑,银行将向客户让渡这 10 个点的利差。因此反映在掉期率的报价上就是 1.2485 和1.2804 或者 1.2475 和 1.2794(见图 10-6)。

　　　　　　　　　　　　图 10-6　掉期差价率为 319 个基点

　　上述例子表明:在掉期业务中,斜杠前面的报价是银行卖短期/买长期的掉期率,斜杠后面的报价是买短期/卖长期的掉期率。

　　例 8:设 GBP/USD 的即期汇率为 1.3220/30,3 个月远期差价 50/30,求客户做买/卖 3 个月掉期业务的汇率分别是多少。

　　解:1. 3220 − 0.0050 = 1.3170

　　　　1. 3230 − 0.0030 = 1.3200

　　银行买入 3 个月英镑的汇率是 1.3170,银行卖出 3 个月英镑的汇率是1.3200,这就是银行 3 个月远期汇率为 1.3170/00。3 个月远期差价 50/30 这种前大后小的报价形式也意味着基准货币(这里是英镑)的利率较高,标价货币(这里是美元)的利率较低。

　　客户做买/卖 3 个月掉期业务,对于银行来说就是卖即期英镑,买 3 个月远期英镑,这是否意味着汇价分别对应的是 1.3230 和 1.3170 呢? 银行在汇价上的利润(60 个基点)将被利差的亏损(50 个基点)所抵消掉大部分,银行出于竞争的考虑,会将这 10 个点的收益让渡给客户,客户最后得到的买/卖 3个月掉期价格分别为 1.3230 和 1.3180,当然也可以是 1.3220 和 1.3170。同样,如果客户做卖/买 3 个月的掉期价格则分别为 1.3220 和 1.3190,当然也可以是 1.3230/00。

不过,为了便于同学们记忆,在掉期业务中,不使用远期外汇交易中的同边相加减的方法,而是采用交叉相加减的方法,远期差价前小后大往上加,前大后小往下减。

假如 GBP/USD 的即期汇率为 1.3220/30,3 个月远期差价为 50/30,6 个月远期差价为 90/60,请问客户做卖 90 天/买 180 天期美元的两个远期成交价格分别是多少?

10.2.4 套利交易

套利交易(Interest Arbitrage)是利息套汇,投资者利用两种货币之间的远期汇率变化率与利率差的不同来赚取无风险的收益。两点和三点套汇是地点套汇,套利交易则是时间套汇。其交易原理根据前面的利率平价原理得到。

例 9. 假定 GBP/USD 的即期汇率为 1.5970/80,美元年利率为 10%,英镑年利率为 6%,如果 GBP/USD 的 1 年期远期汇率为 1.8560/70,投资者如果拥有 100 万美元,在哪国投资获利更大?

解:投资方案(一):将 100 万美元存入银行 1 年,到年底本利和为 100 × (1 + 10%);

投资方案(二):将 100 万美元按照即期汇率兑换成英镑,存入银行 1 年,到年底英镑的本利和为 100 × (1 + 6%)/1.5970,将以上英镑收入按照远期汇率兑换成美元,以美元计价的总收入为 100 × (1 + 6%)/1.5970 × 1.8560 = 123.19 万美元。该投资本利和大于直接投资美元的本利和,因此投资者应该投资英镑。

接下来,同学们可以考虑以下问题:第一,如果投资拥有的是 100 万英镑,又该如何投资呢?第二,如果告知你美元的存贷款利率分别为 9.5% ~ 10.5%;英镑的存贷款利率分别为 5.5% ~ 6.5%,并且投资者分文没有,投资者如何操作才能获利?可回顾利率平价理论的内容。

本章小结

　　1. 外汇市场是从事外汇买卖的交易场所,它是世界上最大的也是流动性最高的金融市场,也是一个 24 小时连续经营的市场。

　　2. 即期外汇交易是在交易合同签订后两个营业日内办理交割的外汇交易。

3. 远期外汇交易又称期汇交易,它是指在外汇买卖成交后,按照合约规定的汇率水平于特定日期进行交割的外汇交易。

4. 掉期交易是指经济主体同时进行不同交割期限且数额相同的外汇买进和卖出。它实际上是即期交易与远期交易或者是远期与远期交易的结合。

5. 套利交易是指投资者利用两种货币之间的远期汇率变化率与利率差的不同来赚取无风险的收益。

关键术语

外汇市场	做市商	即期外汇交易	远期外汇交易
掉期交易	套利交易	外汇头寸	多头　　空头
直接套汇	间接套汇		

思考题

1. 已知 EUR/USD = 1.2920/60,USD/CNY = 6.8230/40,求 EUR/ CNY 的双边报价。

2. 已知 USD/HKD = 7.7820/40,USD/JPY = 101.10/30,求 JPY/HKD 的双边报价。

3. 假设某日纽约外汇市场即期汇率为 EUR/USD = 1.3530/50,伦敦外汇市场即期汇率为 EUR/USD = 1.3560/80。若不考虑其他交易费用,纽约某银行进行 100 万欧元的套汇交易可以获得多少收入? 如果伦敦外汇市场的即期汇率为 EUR/USD = 1.3545/55,交易者能够从中获利吗?

4. 假设香港外汇市场即期汇率 USD/JPY = 96.30/50,纽约外汇市场 EUR/USD = 1.3940/60,伦敦外汇市场 EUR/JPY = 146.20/40。如果不考虑其他费用,若某一交易者以 100 万美元进行套汇,可以获得多少利润? 如果是 100 万港币或者 100 万欧元,其盈利率又是多少呢?

5. 某日本贸易商从美国进口商品,需在 6 个月后支付 1000 万美元。双方签约时的即期汇率为 USD/JPY = 95.35/45,6 个月远期差价为 55/45。如果付款日即期汇率为 USD/JPY = 94.20/30,若该贸易商不采取远期交易,将会受到多大的损失?

6. 假设 6 个月美元的拆放年利率为 9% ~9.5%,6 个月欧元的拆放年利率为 5% ~5.5%,美元对欧元的即期汇率为EUR/USD = 1.4030/50,求 6 个月美元的掉期汇率。

7. 设 EUR/USD 的即期汇率为 1.3220/30,3 个月远期差价 50/30,6 个月远期差价 80/70,求客户做买 3 个月/卖 6 个月掉期业务的汇率分别是多少。

8. 假定 GBP/USD 的即期汇率为 1.3570/80,美元 3 个月年利率为 10% ~10.5%,英镑 3 个月年利率为 8% ~8.5%,如果 GBP/USD 的 3 个月远期汇率为 1.3960/70,投资者拥有 100 万美元,如何操作才能获利?

第 **11** 章　国际货币体系

国际货币体系(International Monetary System)又称国际货币制度,是指为了适应国际贸易、国际支付以及世界经济发展的需要,各国所确立的有关汇率制度、国际收支等方面的一系列规定,这些内容包括各国政府本国货币的可兑换性、汇率制度的规定(包括汇率水平的确定)、国际收支失衡的调节和国际储备资产的确定等方面的内容。

健全的国际货币体系应能够促进国际贸易和国际资本流动的顺利进行,从而促进世界经济的发展。国际货币体系概括起来主要包括以下三个方面内容:(1)汇率制度的确定,即一国货币与其他货币之间的汇率应按何种规则确定以及汇率水平如何确定;(2)国际收支的调节方式,即国际货币体系应能够提供一种有效的国际收支调节机制,通过该机制的运作能够使各国公平合理地承担国际收支失衡的调节责任,并使调节所付出的代价最小;(3)国际储备资产的确定,即确定用什么货币作为国际支付货币,一国政府应用什么货币来保有自己的贸易盈余和债权,以保证国际支付和满足调节国际收支的需要,并且能够在满足国际清偿能力增长的同时维持人们对储备资产货币的信心。

国际货币体系可以从储备货币本位制度和汇率制度两个角度来划分。从储备货币本位制度来划分,国际货币体系可分为三类:(1)金本位制度;(2)金汇兑本位制度;(3)信用本位制度。从汇率制度来划分,可将国际货币体系分为固定汇率制、浮动汇率制以及这两者之间的中间汇率制度。

当然还可以从历史演变的角度根据国际货币体系的发展进

程而把它划分为国际金本位制、布雷顿森林体系和牙买加体系三个阶段。

11.1　国际金本位体系

从世界范围来看,国际金本位的繁荣时期是从19世纪70年代一直到第一次世界大战之前。1819年英国国会颁布《恢复条令》,英国开始实施金本位制度。这一年英国政府恢复了英格兰银行在拿破仑战争(1793—1815年)爆发之后停止了四年的将通货与黄金按固定比率兑换的业务,包括废除了长期以来对金币、金条从英国出口的限令,这标志着金本位制度的正式实施。德国、法国和美国先后仿效英国采用金本位制度,在19世纪70年代金本位在世界范围内确立起来了。

11.1.1　金本位下的外部与内部平衡

在这段时间内,由于各国政府都主要将本国货币与黄金挂钩,由此确立彼此间货币的双边汇率,进而形成了固定汇率体系。在金本位制度下,汇率仍然有一定的波动,其范围是黄金输出入点,同时金本位下主要特征包括自由兑换、自由铸造和自由输出入。国际收支失衡的调节机制是价格—铸币流动机制(在前面的章节当中已经介绍了),这里仅就金本位下的外部与内部平衡问题进行讨论。

在金本位下,各国政府通过将本币与黄金挂钩,固定了本国货币的价格,这一做法限制了国际经济中的货币增长,从而保证了国际价格的稳定。然而在金本位制度下,要实现国际收支的平衡且汇率固定,就必须通过相对价格机制,即通过国内外物价水平的变化来实现实际汇率的调整,进而扭转国际收支失衡。这对于各国国内的价格来说,就使得通货膨胀和通货紧缩交替出现,当时物价水平的周期性变化并没有引起各国政府高度的关注,主要在于内部经济平衡目标在各国经济政策当中并不占主导地位,各国政府也远没有像在第二次世界大战之后肩负保持国内经济稳定的重任。因此可以认为,金本位是以内部目标为代价来实现外部目标的,这大大限制了各国采用货币政策对付失业的能力。①

① 只有当黄金与其他商品和服务的相对价格是稳定的,将货币与黄金挂钩的做法才能确保总体物价水平的稳定。如果黄金的生产量赶不上其他商品和服务的生产量,就有可能造成通货紧缩。

11.1.2 两次世界大战之间的金本位制度

事实上,金本位下的价格—铸币流动机制在 1914 年之前并没有得到认真地执行,国际收支逆差国家比顺差国家往往担负起更多的国际收支平衡的责任,顺差国家却不总是会采取措施限制黄金流入,黄金的自由输出入并不能得到很好地控制。

第一次世界大战爆发后,各参战国政府为弥补战争开支,不得不向中央银行寻求融资,这意味着政府实际上放弃了金本位。到 1918 年战争结束,各国物价水平普遍很高。典型的例子就是德国发生的恶性通货膨胀。由于在第一次世界大战中德国战败,被迫签订《凡尔赛条约》,必须向战胜国支付巨额战争赔款。德国政府不得不大量发行钞票,结果物价飞涨。为此德国不得不进行币制改革,并且实行平衡预算,这种恶性通货膨胀才结束。

如果说德国在第一次世界大战后放弃金本位后出现通货膨胀,那么相反的例子就是英国在第一次世界大战后却出现了通货紧缩。英国在 1919 年恢复了金本位。1922 年意大利热那亚会议英、法、意等国同意加强相互协作,全面恢复金本位,共同实现内部经济平衡与外部经济平衡的目标,并建议各国采取金汇兑本位制度。1925 年英国将英镑兑黄金的汇率恢复到战前的水平。时任英国财政大臣的温斯顿·丘吉尔认为这有助于人们增强对英镑的信心,但是经济学家凯恩斯却极力反对这一做法,他认为这将有损于英国经济的恢复,因为这必须以严重的失业为代价来实行紧缩性的货币政策才能够把英镑兑黄金的比价控制在战前的水平。结果这一做法的推行使得英国遭受了严重的打击,经济长期停滞不前,反而影响了国际社会对英镑币值的信心,因此在 1929 年世界经济大萧条来临后,英国最早放弃金本位。

11.2 布雷顿森林体系

1929 年的大萧条使得不少国家放弃了金本位制度,并对国际贸易和支付予以限制,各国经济纷纷遭受打击,并成为第二次世界大战爆发在经济层面的主要原因。1944 年 7 月,第二次世界大战还没有结束之前,来自 44 个国家的代表团在美国新罕布什尔州布雷顿森林召开会议,商量成立新的国际机构来处理第二次世界大战后的国际经济关系。虽然战争仍然在继续,但盟国的首脑们已经预见到战后经济的复兴,并且决意防止重蹈第一次世界大战后巴黎和会的覆辙。

他们希望建立一种新的国际货币体系以实现国内的充分就业和物价稳定,并使得各国在不限制国际贸易的前提下实现外部平衡。

11.2.1 布雷顿森林体系的建立及主要内容

第二次世界大战使西方各国的力量对比发生了巨大变化。英国经济在战争期间遭受了严重创伤,而美国的经济地位迅速上升。到战争结束时,美国工业制成品已占世界的一半,对外贸易占世界贸易总额的1/3以上,黄金储备占到世界黄金储备的六成。这为建立美元的霸主地位创造了条件。最后美、英两国都从本国利益出发,分别制定了"怀特计划"和"凯恩斯计划"。经过激烈的争论,通过了以"怀特计划"为基础的《国际货币基金协定》(又称《布雷顿森林协定》),从而建立起布雷顿森林体系。该体系的主要特征可概括如下:

(1)采取美元—黄金本位制,并规定美元是最主要的国际储备货币。布雷顿森林体系采取双挂钩制度,即其他货币与美元挂钩,美元与黄金挂钩(每1盎司黄金等于35美元,各国货币按含金量确定与美元的比价),从而确立了美元的中心地位。

(2)各国实行可调整的钉住汇率制度。布雷顿森林体系规定各国货币对美元的汇率一般只能在平价上下各1%的幅度内波动,各国政府有义务在外汇市场上进行干预活动以保持汇率稳定。只有在一国国际收支发生根本性不平衡时,才允许其汇率贬值或升值。汇率平价的任何变动都要经过基金组织批准。因此布雷顿森林体系下的汇率制度又称为可调整的钉住汇率制(Adjustable Pegging)。不过,IMF对根本性的不平衡没有做出明确说明。

(3)取消对经常项目的外汇管制,同时对资本的跨国流动进行限制。为了促进国际贸易和世界经济的增长,同时也是为了避免1929—1933年大危机时期各国之间的贸易限制重新上演,布雷顿森林体系要求各国放开对经常项目交易的管制。为了避免国际资本流动对国际货币体系的冲击,布雷顿森林体系允许各国对国际资本流动予以控制。

(4)国际收支失衡的调节机制。与布雷顿森林体系下经常项目实行可自由兑换、资本项目予以管制的管理模式相对应,国际收支失衡的调节可以分短期和长期两个方面来讨论。简单地讲,战后各国如果发生国际收支的短期失衡,则IMF向国际收支赤字国提供短期资金融通,以协助其解决国际收支困难;如果发生根本性的失衡,则允许其调整汇率平价。在实际运行中,两种方法都收效不大。首先,IMF的资金规模有限,面对巨额的国际收支失衡,无法从根本上解决问题。其次,在布雷顿森林体系下,汇率调整的情况并不多见。事实上,在布雷顿森林体系运行的大多数年份当中,国际收支大面积失衡的问题始终没有得到真正解决。

11.2.2　布雷顿森林体系下的"$n-1$"问题

布雷顿森林体系下面临的一个重要问题就是如何确定整个体系的货币供应量与利率,这又可以称为"$n-1$"问题或者"第 n 种货币"问题。所谓"$n-1$"问题,在一个由 n 个国家(1 家储备货币发行国,$n-1$ 家非储备货币发行国)组成的固定汇率体系中,共有 $n(n-1)/2$ 种汇率,然而通过套利活动会确保只有 $n-1$ 个汇率是独立的。下面采用两国模型来分析"$n-1$"问题。

假定 A 国货币市场存在以下关系:

货币需求:　　　　　　$M_A^D = P_A L_A(Y_A, i_A)$

货币供给:　　　　　　$M_A^S = R_A + D_A$

A 国的货币需求(M_A^D)受物价水平(P_A)、产出(Y_A)与利率(i_A)的影响。货币供给包括两个部分,国际储备部分 R_A 和货币供给的国内部分 D_A。

B 国的货币供求也同样有:

货币需求:　　　　　　$M_B^D = P_B L_B(Y_B, i_B)$

货币供给:　　　　　　$M_B^S = R_B + D_B$

如果两国间资本完全自由流动,那么非抵补的利率平价条件成立,即 $i_B = i_A + \tilde{S}_{(B/A)}^E$,其中,$\tilde{S}_{(B/A)}^E$ 是 B 国货币对 A 国货币的预期贬值率,这里假定 A 币为基准货币,同时也是储备货币,B 币为标价货币,同时也是非储备货币。非抵补的利率平价条件表明如果经济主体预期 B 币贬值 $\tilde{S}^E$,B 国利率将高于 A 国利率相应的幅度,以弥补 B 国资产持有者的预期损失(这里暂不考虑风险补偿问题)。

现在假设 A、B 两国决定实行固定汇率制度,同时假定经济主体预期双边汇率在未来不会发生调整,那么 $\tilde{S}_{(B/A)}^E = 0$。两国利率将趋于一致。

可用图 11-1 来表示该体系的均衡。两国货币需求曲线均向右下方倾斜,货币供给曲线分别由垂线 M_A^1 与 M_B^1 表示。两国可以在利率 i_1 的水平上实现货币供求均衡(如点 E 和点 F)。同样,也可以在利率 i_2 的水平上实现均衡(点 M 与点 N)。这表明该体系存在实现均衡的无数组合,每一个组合都有一个相应的利率水平与货币存量水平。也就是说在固定汇率的制度安排下,该体系存在无数的任何利率水平与货币存量水平组合,因此该体系在本质上存在不确定性。到底由谁来确定该体系的利率水平和货币存量水平,并消除这种不确定性呢?有两种可能的解决方式,一种是非对称性的解决方式,另一种是对称性的解决方式。

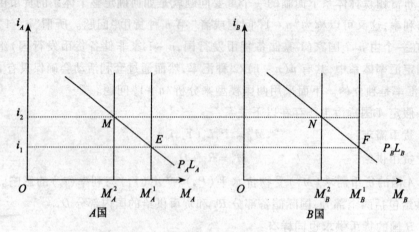

图 11-1   两国货币模型中的 $n-1$ 问题

1.“n−1”问题的解决:非对称性解决方式

“$n-1$”问题的非对称性解决方式就是让其中一国扮演领导者的角色,也有经济学家将此称为独裁式的解决方式。

(1)非对称性解决方式的特征

如图 11-2 所示,假定 A 国扮演这一角色,并独立地决定其货币存量,比如说 M_A^1。这就固定了 A 国利率水平为 i_1。B 国现在没有其他任何选择,其利率水平必须与 A 国保持一致。给定 B 国的货币需求,那么就确定了 B 国实现均衡唯一的货币供应量水平(M_B^1)。B 国必须接受这一货币供应量和利率水平,它无法执行独立的货币政策,否则彼此的固定汇率制度就无法保证。在这种非对称性的制度安排中,A 国不仅可以决定本国的货币供应量和利率水平,而且扮演了确定整个体系货币供应量和利率的角色。

因此,该体系的自由度表现为 A 国独立地确定其货币政策,这就是布雷顿森林体系下美国所扮演的角色,其政策目标是保持本国物价的稳定。对于非储备货币国家而言,其货币政策目标是维持本国货币与储备货币之间的汇率固定。

（2）非对称性解决方式下储备货币发行国家和非储备货币发行国家的冲突

当储备货币发行国家和非储备货币发行国家的经济实力大体相当,而且彼此的经济周期不同时,两者的冲突不可避免。例如,当储备货币发行国家出现经济衰退,非储备货币发行国家处于经济过热阶段,储备货币发行国家采取扩张性的货币政策就将导致资本流向非储备货币发行国家,其外汇储备的增加,使得货币供应量从 M_B^1 移动到 M_B^2 的位置,使其经济进一步过热,通货膨胀加剧。如果非储备货币国家为避免通货膨胀的产生,将货币供应量仍然保持在 M_B^1 的位置,就必须采取本币升值的方式,即 A 国利率在 i_2 的水平上,B 国利率在 i_1 的水平上,两者之差就是 B 国货币升值的幅度。

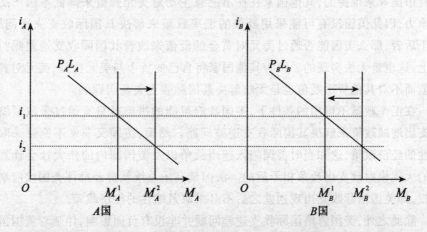

图 11-2 储备货币国家发生经济衰退的情况

（3）非对称性解决方式下储备货币发行国家对非储备货币发行国家货币政策的约束

当然,当储备货币发行国家拥有更高的政策信誉,通货膨胀率相对较低,就可以对周边国家施加纪律约束。如果周边国家的通货膨胀记录较差,并决定采取扩张性的货币政策以刺激经济,这立刻会使其国际储备流失,因为该国居民会将资金转移到中心国,以获得无风险的更高的回报率,周边国家会被迫很快收缩其货币政策,货币供应量回到初始状态,利率与储备货币发行国利率保持一致。

（4）非对称性解决方式下储备货币发行国家的特权

显然,在非对称性解决方式当中,储备货币国家存在着特权。以布雷顿森林体系下的美国为例,美国政府无需用货币政策来保持美元兑其他货币汇率的稳定,国际收支出现赤字也不存在像其他国家那样的调整压力。其国际收支的逆差使得非储备货币国家的实际资源向美国转移,美国对此仅仅只需要打一张欠条而已,表明自己对某个国家的负债增加而已。这就是开放经济下"铸币税"(Seigniorage),即储备货币发行国家通过发行货币而获得的收益,其他国家只有通过持有美元资产来增加自己的国际储备。

(5)非对称性解决方式下储备货币发行国家国际收支逆差的解决方式

对于储备货币发行国家(美国)而言,如果其国际收支出现逆差,能否采取汇率政策来解决呢?这里涉及的美元汇率包括两方面:一是美元与其他货币的比价,二是美元与黄金的兑换比价。对于前者,美元与其他货币的比价是由非储备货币国家来维持的,其他国家往往不愿意主动对美元升值来降低本国产品的竞争力,因此美国没有可能采用贬值的汇率政策来解决其国际收支失衡问题。对于后者,那么美国能否通过美元对黄金的贬值来改善其国际收支逆差呢?实际上,这也是无法实现的。因为其他国家将自己的货币与美元挂钩,美元对黄金贬值而不对其他货币贬值也是无法解决其国际收支失衡问题的。

在汇率政策不可用的条件下,美国政府可能的措施就只有通过采取紧缩性的支出增减政策来解决其国际收支逆差问题。然而,美国又非常不愿意采取紧缩性的经济政策,这和当时美国陷入越南战争以及美国国内的伟大社会计划带来的大规模财政支出政策相矛盾的。法国戴高乐总统就曾经批评美国政府享有特权,即美国国际收支出现逆差之后不必采取紧缩性的经济政策。

除此之外,美国忽略国际收支逆差问题并非没有负面影响,伴随着美国国际收支逆差的扩大,美元与黄金的兑换比价能否维持不仅关系到美国经济本身,而且将影响布雷顿森林体系的稳定了。

2."$n-1$"问题的解决:对称性解决方式

对称性解决方式就是由两国共同决定整个体系的货币存量和利率水平,这需要双方的合作,因而也有经济学家将此称为合作式的解决方式。

(1)对称性解决方式的特征

如图11-3所示,两国共同决策使两国货币存量分别为M_A^1与M_B^1。假定经济主体怀疑A币与B币双边汇率的固定性,并且预期B币在将来会贬值。根据非抵补的利率平价条件,B国利率相对于A国利率必然出现上升。在外汇市场上则会出现B币未来发生贬值的预期,引发投机者卖出B币,买进A币。为阻止B

币对 A 币的市场汇率降到固定汇率的下限以下,B 国中央银行必须买进 B 币,卖出 A 币。这一干预对货币供应量的影响是对称性的。B 国货币供应量下降,A 国货币供应量上升。A 国货币供应量上升是因为 B 国卖出 A 币,增加了流通中 A 币的数量。结果,B 国货币供应量向左移动(从 M_B^1 移至 M_B^2),A 国货币供应量向右移动(从 M_A^1 移至 M_A^2)。结果,B 国利率升至 i_3,而 A 国利率降至 i_2。这样,投机性干扰由两国同时进行调整加以解决,其中 A 国货币供应量上升,利率下降,B 国的情况正好相反。

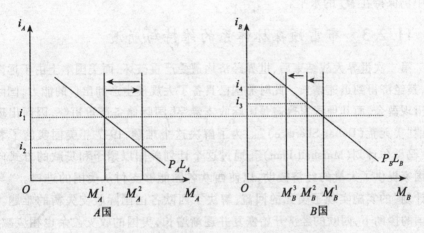

图 11-3 对投机冲击的对称性调整和非对称性调整

(2)对称性解决方式的具体体现——金本位下的自动调节机制

这也可以用来解释金本位下的调节机制,假定 A 国与 B 国都将本币钉住黄金,如此 A 币与 B 币相互固定,但是储备货币是黄金,而不是某个国家的主权货币。此时 A 国出现黄金内流,货币供应量增加,利率下降;B 国出现了黄金外流,货币供应量下降,利率上升。此时就不存在"第 n 种货币"问题,因此也就避免了布雷顿森林体系下的经济政策的不对称性。

(3)对称性解决方式的现实状态

事实上,上面描述的对称性解决方案在实际运行中通常并非那样顺利。大多数固定汇率体系仍然以非对称性方式运作,布雷顿森林体系就是如此。特别是出现投机危机,要求两国中央银行在外汇市场上干预时,强势货币国家(布雷顿森林体系中的美国)一般不愿意增加货币供应量以及降低利率。它们会采用冲销政策(Sterilization Policies)来抵消外汇市场干预所引发的扩张效应。当弱势货币国家的中央银行卖出美元(买进本币)时,强势货币国家(美国)的中央银行往往通过公开市场操作买回这些美元(假定 A 国就是美国,此时美联储卖掉国债,收回美元,结果货币供给曲线从 M_A^2 再移回至 M_A^1)。这些冲销政策的最终效应表现为美国货币供应量基本上不(或稍微)受弱势货币国家外汇市场操作的影响。

这种非对称性意味着弱势货币国家被迫承担所有的货币调整。B 国被迫将货币供应量降至 M_B^3,利率提高至 i_4。A 国的货币供应量在这一非对称性调整体系中仍保持在 M_A^1 的水平。

11.2.3　布雷顿森林体系的维持与崩溃

第二次世界大战结束后,世界经济均遭受严重破坏,而美国本土由于远离战火,其经济得到迅速增长。此时美国已具备了大规模生产和出口的能力,国际收支出现盈余,而其他国家普遍是国际收支赤字,国际储备严重短缺,因而出现了所谓"美元荒(Dollar Shortage)"。为了解决这个难题,1947 年美国实施了著名的"马歇尔计划(Marshall Plan)",通过这个计划美国以赠予和贷款的方式向西欧国家提供了大量的经济援助,以使西欧各国能够支付从美国的进口。"马歇尔计划"的实施实现了美元的回流,解决了西欧各国国际收支失衡的难题。在美国的援助下,西欧的经济开始恢复并逐渐增长,美国的收支盈余也相应减少。到 1958 年,西欧各国已积累了足够的美元,先后解除了经常项目交易的外汇管制,货币开始自由兑换。20 世纪 50 年代后半期,美国连续发生国际收支赤字,美元供给大大超过需求,由 20 世纪 50 年代初的"美元荒"变成了 20 世纪 60 年代初的"美元灾(Dollar Glut)"。美国的黄金储备大量外流,对外短期债务激增,到 1960 年,美国对外短期债务已超过其黄金储备额,美元的信用基础发生动摇。国际金融市场出现了抛售美元、抢购黄金与硬通货的风潮。

1. 维持布雷顿森林体系的举措

为了减缓美元危机,维持布雷顿森林体系的运作,美国和 IMF 采取了一系列措施:

(1)建立黄金总库(Gold Pool)。美国国际收支的逆差引起了国际金融市场的黄金抢购风潮,金价不断上涨。1960 年的美元危机迫使美国向英格兰银行提供黄金,向市场抛售以压低金价。此后美国政府要求西方其他国家也拿出黄金,共同干预市场。经过磋商,美国联合英国、瑞士、法国、联邦德国等七国于 1961

年 10 月建立了黄金总库,各国按一定的比例共拿出 2.7 亿美元的黄金,指定英格兰银行为总库的代理机构,按市场规则运作,维持黄金市场价格的稳定。

(2)"借款总安排"(General Agreement to Borrow)。由于国际收支恶化,美国需要借用联邦德国马克、法国法郎等货币,以平衡国际收支、稳定美元汇率,但在国际货币基金组织的基金份额中,美国所占份额较多,西欧国家所占份额较小,因而不能满足美国对这些货币的需求。于是在美国的倡议下,IMF 于 1961 年 11 月在巴黎召开会议,由黄金总库的八国加上加拿大和日本共十国(又称"十国集团"),签订了资金达 60 亿美元的"借款总安排"协议。规定当基金组织缺少西欧等国的货币时,可由基金组织向"借款总安排"的有关国家借入,转贷给需要的会员国,实际上主要是支持美国。

(3)货币互换协定(Swap Agreement)。该协定亦称互惠借款协定。在美元汇率走软的情况下,美元被大量抛售。为加强对外汇市场的干预,1962 年 3 月,美国分别与西方 14 个主要国家的中央银行签订了"货币互换协定",总额超过 100 亿美元。协议规定:两国中央银行在约定期间内相互交换一定金额的对方货币。在未使用之前,需以定期存款或证券资产的形式存于对方中央银行。为维持汇率稳定,双方可以随时动用对方的货币干预外汇市场。当约定到期,则根据实行互换时的汇率相互偿还对方货币。

(4)黄金双价制(Two-tier Price System of Gold)。20 世纪 60 年代中期,随着美国对越战争的扩大,其国际收支进一步恶化。1968 年 3 月爆发了第二次抛售美元、抢购黄金的浪潮。在半个月中,美国黄金储备流失 14 亿多美元。黄金总库已无力平息抢购黄金的风潮。因而 3 月 15 日解散黄金总库,实行黄金双价制:即只允许各国中央银行按官价用美元向美国兑换黄金,至于黄金市场的价格则任由供求关系决定,各国政府不再维持市场上 35 美元 1 盎司的黄金官价。

(5)创设特别提款权(Special Drawing Rights,SDRs)。为了缓和美元危机,美国在 1965 年就提出创设特别提款权的方案,其目的是要进一步扩大基金组织的贷款能力,从而能够利用这种"纸黄金"(1 单位的 SDR 等价于 35 美元)来弥补国际收支赤字,减少美元外流,并逐步用特别提款权来代替黄金作为国际储备,为以后建立一种既能脱离黄金又不触动美元特权地位的新的货币体系奠定基础。1969 年 10 月 IMF 第 24 届年会通过了设立特别提款权的决议。

由于特别提款权只能用于政府间的结算,发行的数量也较小,而大量经济主体的国际经济往来债权债务的结算与支付仍主要使用美元,所以它不仅不会损害美元的特权地位,还有助于缓和美元危机:(1)它的创设与分配可增加美国的国际储备资产,从而增加其应付国际收支逆差的能力;(2)可减少美国黄金储备的流失,这是因为特别提款权等同于黄金,当外国要求美国兑换黄金时,美国可用特别提款权支付。

以上措施只是在一定程度上减缓了美元危机的爆发,却无法从根本上克服布雷顿森林体系的弊端,布雷顿森林体系的崩溃在所难免。

2. 布雷顿森林体系的崩溃

(1)美元停止兑换黄金。1971 年 5 月和 7 月美国先后爆发了两次美元危机。美国为维持美元的中心地位付出了沉重代价:一方面积累了巨额外债,另一方面黄金储备流失严重。美国政府此前就曾经劝说联邦德国和日本政府主动将货币升值,但没有取得成功。各国中央银行在外汇市场上进行了大规模的干预,有的国家甚至采取了外汇管制的措施。至 1971 年 8 月,其黄金储备减少到 102 亿美元,对外短期负债却增至 520 亿美元。面对巨额的国际收支逆差和外国中央银行挤兑黄金的压力,1971 年 8 月 15 日,美国政府宣布实行"新经济政策",对内冻结工资、物价,对外停止履行外国政府和中央银行可以用美元向美国兑换黄金的义务,并对进口商品增加 10% 的附加费。新经济政策的推行,意味着美元与黄金脱钩,支撑布雷顿森林体系的基础从根本上发生了动摇。为了避免国际游资对本国货币的冲击,西方许多国家的货币不再钉住美元而实行浮动汇率制度。

(2)"史密森协议"(The Smithsonian Agreement)。在国际金融市场极端混乱的情况下,"十国集团"于 1971 年 12 月在美国华盛顿的史密森学会大厦举行财政部长和中央银行行长会议,达成"史密森协议",主要内容是调整美元同各国货币的比价和扩大汇率波动范围:(1)美元对黄金的比价贬值 7.89%,即黄金官价从每盎司 35 美元提高到 38 美元;(2)日本、联邦德国等国家的货币对美元升值 2.76% ~ 7.66% 不等;(3)各国货币对美元的波幅从 ±1% 扩大到 ±2.25%。然而,"史密森协议"只是缓和美元危机的暂时性措施,并不能解决根本问题。1973 年 2 月,国际金融市场上又掀起数起抛售美元、抢购联邦德国马克和日元的浪潮。美国政府被迫再次宣布美元贬值 10%,黄金官价也由每盎司 38 美元提高到 42.22 美元。各国为了维持中心汇率,不得不投放大量本国货币,支撑美元汇率,结果造成了巨大的通胀压力。

到 1973 年 3 月,各国先后放弃了维持中心汇率的最后努力。至此,各国货币已开始自由浮动,布雷顿森林体系彻底崩溃。

11.2.4　布雷顿森林体系崩溃的理论解释

布雷顿森林体系为什么会崩溃呢？经济学家们从各个角度进行了分析。本书介绍两种解释。其中，流传最为广泛的是"特里芬难题（Triffin Dilemma）"。美国耶鲁大学教授罗伯特·特里芬（Robert. Triffin）认为：以某个主权国家的货币（如美元）作为主要国际储备货币资产，具有内在的不稳定性。要满足世界经济和国际贸易增长之需，国际储备必须有相应的增长，而这要依靠储备货币供应国——美国的国际收支逆差来实现；而美国国际收支的逆差使得各国持有的美元数量增加，增加越多，则美国政府保持美元对黄金的兑换平价就是一个问题。当美国逆差不断扩大，对美元能否兑换黄金越发怀疑，也就是对美元的价值稳定越缺乏信心。这就是布雷顿森林体系的一个无法克服的难题——"特里芬难题"。

不过，也有比利时经济学家 De Grauwe 从格雷欣法则——又称"劣币驱逐良币"规律——这个角度对布雷顿森林体系的崩溃进行了解释。所谓格雷欣法则①就是指在金本位条件下，两种货币的官方兑换价格与市场兑换价格存在差异时，就会发生低估的货币从流通中消失，而高估的货币则会充斥市场。在布雷顿森林体系下，两种货币——美元和黄金——的兑换官价是每盎司黄金兑换 35 美元，由于美国的通货膨胀，美元实际上对内贬值了，或者说黄金的价格应该上涨。尽管在经历了一系列的对黄金价格的干预之后，国际金融市场上的黄金价格最终超过了官价。按照格雷欣法则，低估的黄金退出了市场，高估的美元继续充斥市场，由此形成了美元驱逐黄金的局面。布雷顿森林体系的崩溃反而使得美元充斥市场。

11.3　牙买加体系

布雷顿森林体系解体后，国际金融形势进一步恶化。1973 年底，OPEC 组织的阿拉伯成员国为了应对当年 10 月份爆发的第四次中东战争，收回了石油议价权，并将原油价格从每桶 2.86 美元提高到近 14 美元，这就是历史上的第一次石

---

① 在不可兑现的信用本位制度下，格雷欣法则的表现形式发生了改变，出现了良币逐劣币的现象，现代经济学将此称为"货币替代"现象，即币值低估的货币替代币值高估的货币在市场上流通。

油危机。油价的快速上涨触发了第二次世界大战后最严重的全球经济危机,各工业化国家经济增长率下滑,经常项目出现逆差。其间,美元地位不断下降,浮动汇率成为国际上的主要汇率制度,国际储备资产也呈现出多样化趋势。1976年1月IMF国际货币制度临时委员会在牙买加首都金斯敦召开会议,就有关国际货币制度问题达成协议,史称"牙买加协议"(Jamaica Agreement)。同年4月,IMF理事会对该协定进行了修正,通过了《国际货币基金协定第二次修正案》,从而确立了新的国际货币体系,又称做牙买加体系。

11.3.1 牙买加体系的主要内容

"牙买加体系"涉及汇率制度、黄金问题、扩大IMF对发展中国家的资金融通,以及增加会员国在IMF中的份额等问题。它对形成目前的国际货币制度有着重要影响。其主要内容包括以下几点:

1. 浮动汇率合法化

会员国可以自由选择任何汇率制度,浮动汇率制与固定汇率制可以并存。例如,1979年欧洲共同体建立了欧洲货币体系(European Monetary System, EMS),并使用欧洲货币单位(European Currency Unit, ECU),成员国之间实行固定汇率制度。IMF对会员国的汇率进行监督,使汇率水平能够反映各国长期经济状况,不允许会员国操纵汇率来妨碍国际收支的调节或获取不公平的竞争利益。IMF还有权要求会员国解释它们的汇率政策,实行适当的国内经济政策来促进汇率体系的稳定。协议还规定实行浮动汇率制的会员国根据经济条件,应逐步恢复固定汇率制。在将来世界经济出现稳定局面后,经IMF总投票权85%多数票通过,可以恢复稳定的但可调整的汇率制度。

2. 黄金非货币化

废除黄金条款,取消黄金官价。黄金与各国货币完全脱离关系,成为一种单纯的商品,各会员国的中央银行可按市价自由进行交易活动。取消会员国之间以及会员国与基金组织之间需用黄金支付的义务。IMF所持有的黄金应逐步加以处理,其中1/6(约2 500万盎司)按市价出售,以其超过官价(每盎司42.22美元)的部分作为援助发展中国家的资金。另外1/6按官价由原缴纳国买回。剩余部分约1亿盎司,根据总投票权的85%做出处理决定。

3. 关于特别提款权问题

协议规定各会员国之间可以自由进行特别提款权交易,而不必征得 IMF 同意。IMF 与会员国之间的交易以特别提款权代替黄金,IMF 一般账户中所持有的资产一律以特别提款权计价。在 IMF 一般业务交易中扩大特别提款权的使用范围,并尽量扩大特别提款权其他业务使用范围。另外,IMF 应随时对特别提款权制度进行监督,适时修改或增减有关规定以提高特别提款权的国际储备地位,使之逐步取代黄金和美元而成为国际主要储备资产。

4. 扩大对发展中国家的资金融通

协议规定用出售黄金所得收益设立"信托基金",以优惠条件向最贫穷的发展中国家提供贷款或援助。同时,基金组织扩大信用贷款部分的总额,由占会员国份额的 100% 增加到 145%,并放宽"出口波动补偿贷款"的额度,由占份额的 50% 提高到 75%。

5. 增加会员国的基金份额

各会员国对 IMF 所缴纳的基本份额,由原来的 292 亿特别提款权单位增加到 390 亿特别提款权单位,增加 33.6%。各会员国应缴纳份额所占的比重也有所改变,主要是石油输出国的比重,由 5% 增加到 10%,其他发展中国家维持不变,主要西方国家除西德和日本略增以外,都有所降低。

1978 年 4 月 1 日,《国际货币基金协定第二次修正案》获得法定的 60% 以上的会员国和 80% 以上多数票的通过,从而逐渐形成了国际货币关系的新格局。

11.3.2　牙买加协议后国际货币制度的主要特征

牙买加协议后的国际货币制度具有以下特征:

第一,形成了以美元为中心的多元化国际储备体系。

自 1973 年美元彻底脱离黄金以来,国际储备资产的构成呈现出多元化的局面。虽然美元的地位有所削弱,但它仍是最主要的国际储备资产。除美元以外,欧元、日元等货币地位不断上升。特别提款权作为国际储备货币的功能虽然还不健全,但其地位却不容忽视。在 2009 年的伦敦峰会之前,中国人民银行行长周小川提出的"超主权货币"方案,将特别提款权的话题再次摆上了议事日程。

第二,形成了以浮动汇率为主的混合汇率制度。

根据牙买加协议,IMF 成员国可以自行安排其汇率。各国汇率制度的选择多受金融危机的影响。20 世纪 80 年代以来,先后出现过多次金融危机,如墨西哥金融危机、欧洲汇率危机、东南亚金融危机和近期的美国次贷危机等,每次金融危机过后,总有一些国家采用新的汇率制度。在 5.2 节中曾经提到,截至 2008 年 4 月底,根据各国汇率制度的实际状况,而不是根据各国法律规定,IMF 将 188 个成员国的汇率制度分为三类,实行硬钉住(Hard Pegs)的国家 23 个、实行软钉住(Soft Pegs)的国家 81 个和实施自由浮动(Float)的国家 84 个。进入 21 世纪后,实行浮动汇率制度的国家有所减少。

第三,该体系下国际收支不平衡的调节有多种机制。

在牙买加体系下,主要是通过汇率机制、利率机制、收入机制、相对价格机制来实现国际收支的调节,而且通过 IMF 的贷款以及各国动用国际储备资产等方式来综合调节国际收支不平衡。

11.3.3 从《广场协议》到《卢浮宫协定》

1979 年底世界第二次石油危机爆发,此次石油危机导致美国能源价格大幅上升,美国消费物价指数随之上涨,美国出现严重的通货膨胀,通货膨胀率超过两位数。美联储为遏制通货膨胀,采取了大幅度提高利率的措施,美元汇率相对升值,这使得其对外贸易逆差大幅增长,到 1984 年高达 1600 亿美元,占当年 GNP 的 3.6%。为此,美国希望通过美元贬值来增加产品的出口竞争力,以改善美国国际收支不平衡状况。

1985 年 9 月,西方五国集团(美国、英国、法国、联邦德国和日本)财政部长和中央银行行长联席会议在纽约广场饭店(Plaza Hotel)召开会议,并发表联合公报,史称《广场协议》(Plaza Accord)。该协议要求五国政府联合干预外汇市场,使美元对主要货币有秩序地下调,以解决美国巨额的贸易赤字。同时还规定日元与联邦德国马克应大幅升值以扭转美元对日元和马克的高估汇价。该协议签订后,五国联合干预外汇市场,各国开始抛售美元,继而形成投资者的抛售狂潮,导致美元持续大幅度贬值。1985 年 9 月,日元汇率在 1 美元兑 250 日元上下波动,在《广场协议》生效后不到三个月的时间里,快速升值到 1 美元兑 200 日元左右,升幅 20%。

1987 年 2 月西方七国(美国、英国、法国、联邦德国、日本、加拿大和意大利)在法国卢浮宫再度聚会,讨论《广场协议》实施以来美元大幅度贬值对国际经济环境的影响,以及以汇率调整来扭转美国贸易赤字的有效性,发现在此期间美国出口额并没有增加,美国经济问题的症结在于国内巨大的财政赤字。最后美国、英国、法国、联邦德国、日本和加拿大六国会后发表《卢浮宫协定》(Louvre Accord),表示美元已经贬值到位,各国加强外汇市场"干预协调",保持美元对日元和马克汇率的非正式浮动区,如果汇率波动超出预期目标 5%,各国要加强合作干预。该协定还要求日本和联邦德国等实施刺激内需计划,美国进一步削减财政赤字。意大利最后没有签署该协议。

《卢浮宫协定》签订之后,汇率保持得相当稳定。1987 年 10 月 19 日美国发生"黑色星期一",股灾使得各国采取扩张性的经济刺激政策,各主要中央银行下调了利率。《广场协议》和《卢浮宫协定》对日本经济的影响是巨大的,并成为日后日本出现泡沫经济(Bobble Economy)的国际背景。从 1986 年 1 月开始,为了削减日元升值对日本国内经济增长带来的负面影响,日本银行在从 1986 年 1 月到 1987 年 2 月的这段时间里连续五次下调中央银行再贴现率,将其降低至当时国际上的最低水平 2.5%。日本银行将该利率水平一直保持到 1989 年 5 月,持续时间长达 27 个月。宽松的货币政策使得大量过剩资金流入了股票和房地产市场,引起了股票价格和房地产价格的暴涨。1987—1989 年,日本股票价格平均上涨 94%,城市土地价格平均上涨 103%。而同期,日本消费物价指数平均仅上涨 3.1%。由于在资产价格暴涨的同时,消费物价没有大幅上涨,所以日本银行忽略资产的泡沫问题。伴随着泡沫经济的不断膨胀,日本政府逐渐感受到了压力。1989 年 5 月,日本银行改变货币政策方向,将维持了两年多 2.5% 的"超低利率"提高至 3.25%。1989 年底,再次将贴现率由 3.75% 提高到 4.25%,结束了日本"超低利率"时代。从 1989 年 5 月至 1990 年 8 月,日本银行五次上调中央银行再贴现率,使之高达 6%。日本的泡沫经济终于破灭,从此陷入了长达 10 多年的经济萧条。

11.3.4　从欧洲汇率机制到欧洲货币联盟

布雷顿森林体系崩溃之际,欧洲国家担心汇率的大幅度波动对其内部的双边贸易产生冲击,在布雷顿森林体系崩溃之前建立了蛇行浮动体系。1972 年 3 月,欧共体部长理事会决定,各国货币与美元挂钩,其波动幅度为 ±2.25%,而欧共体各国货币间的波幅为 ±1.125%,即"蛇行浮动机制"。1973 年 2 月和 3 月,美元再次贬值,布雷顿森林体系崩溃,欧洲各国货币决定对美元实行联合浮动。1973 年 4 月,欧洲货币合作基金建立,用以帮助对出现逆差的成员国提供融资。到 1979 年初蛇行浮动体系遭受重创,意大利、英国、爱尔兰和法国纷纷退出"蛇行浮动机制"。

1. 欧洲汇率机制的建立及其在 20 世纪 90 年代遭受的冲击

1979 年 3 月,在欧共体巴黎首脑会议宣布成立欧洲货币体系(European Monetary System)。作为欧洲货币体系的一部分,欧洲汇率机制(European Exchange Rate Mechanism, ERM)的目的是降低汇率波动幅度,保持欧洲货币稳定。像布雷顿森林体系一样,欧洲汇率机制是一种可调整的钉住汇率制。欧洲汇率机制的主要内容包括:

(1)创立"欧洲货币单位"(European Currency Unit, ECU)(中文译做埃居),它是欧洲货币体系成员国的篮子货币。埃居仅用于欧共体内部会计、信贷记账与结算。

(2)欧洲货币体系规定的波幅为官方平价(中心汇率)的 ±2.25% 之间,即两个成员国货币之间的双边汇率波动幅度(最大)可达 4.5%。对有些国家的货币,如意大利、葡萄牙、西班牙、英国等国的货币波幅在中心汇率 ±6% 的范围之内,其汇率波动最大可达 12%。这些相对较大的波幅可以避免较严重的货币投机,这对稳定整个体系起了十分重要的作用。当市场汇率波动达到上下限时,有关国家的中央银行有义务进行干预以保证汇率在区间内波动,这称为"边际干预",即汇率达到上下限时的干预。但是,边际干预的承诺不是绝对的。有关国家在与该体系其他成员国商讨之后可以决定改变其中心汇率,即汇率的重新安排(Realignment)。

(3)欧洲货币体系还实行资本管制。特别是法国、意大利在 20 世纪 80 年代的大部分时间里一直实施资本管制。这些资本管制降低了用于攻击某种货币所能筹集到的资金规模。在 20 世纪 80 年代末资本管制有所改变。此时法国,以及后来的意大利逐渐取消了资本管制。出现这一变化主要源于欧共体决定向完全一体化的内部市场过渡,资本的自由流动被视为必要的条件之一。加之汇率朝着更加固定的方向发展,这些举措逐渐改变了欧洲货币体系的性质。

伴随着欧洲经济的不断融合,欧洲各国提出了进一步货币融合的计划。1991 年 12 月 9 日,欧盟各成员国首脑在丹麦小城马斯特里赫特签订了具有历史意义的《欧洲联盟条约》(Treaty on European Union, TEU),又称《马斯特里赫特条约》(Maastricht Treaty)。该条约规定,向货币联盟最后阶段的过渡,存在一系列趋同标准(Convergence Criteria)的条件限制。申请国只有满足一系列条件才能加入货币联盟。然而,在这一过程中,却出现了对欧洲货币体系的冲击。

20 世纪 90 年代初欧洲货币体系面临的第一个冲击主要与里拉、比塞塔有关。尽管意大利和西班牙全力以赴来降低通货膨胀,但两国都没能消除与德国的通胀缺口。同时,1987 年之后两国再没有调整中心汇率,这大大降低了两国的竞争力,并最终使得其汇率不具有可维持性。

欧洲货币体系面临的第二个冲击就是英镑与法国法郎危机。与里拉、比塞塔危机不同,英镑与法国法郎危机最显著的特征就是没有证据表明英、法两国与德国存在价格走势差异和产业竞争力问题。事实上,将这三国基本经济变量进行对比(如国际收支的经常项目),英、法两国与德国一样表现不俗。20 世纪 90 年代初,特别是 1992 年之后,欧洲出现了严重的经济衰退。这次经济衰退很快就引发了欧洲货币体系适当利率政策问题的冲突。其中一方是德国,另一方是英国与法国。1990 年两德统一,德国政府支出大幅上升,由此增加了德国的通胀压力,这就使问题进一步复杂化。结果,德意志中央银行将执行紧缩性的货币政策以抑制通胀摆在了首位,而英、法两国由于经济衰退,则希望实行宽松的货币政策。冲突的爆发就是因为德意志中央银行坚持执行紧缩的货币政策。英、法两国日益感到这一政策走势会影响其经济复苏,要求德国当局放松货币政策并降低利率。投机者则意识到英、法当局希望放弃本币与马克的固定汇率,以执行更为宽松的货币政策。外汇投机最早发生在 1992 年 9 月,英镑退出了欧洲货币体系的汇率机制。从那时起,英国政府执行了扩张性的货币政策,英镑出现了急剧贬值。

一年以后,又爆发了新的投机危机。被攻击的货币主要涉及法国法郎(也包括比塞塔、比利时法郎、丹麦克朗)。这次危机与英镑危机的根本原因一样。1993 年法国经济严重衰退,失业率显著上升,以至于人们坚信法国政府只有降低利率,才能刺激经济。所有这一切引起了一场大规模的投机,因此欧共体的财政部长们决定自 8 月 2 日起改变游戏规则。将汇率波动幅度扩大为 ±15%。这意味着欧洲货币体系的成员国货币能在 30% 的区间内波动。

2. 1993—1998 年的欧洲货币体系的性质

由于欧洲汇率机制的崩溃,欧洲货币体系的性质发生了变化。第一个变化是将正常波幅扩大为 30%。汇率的波幅扩大降低了欧洲货币体系一边倒特征所产生的大规模投机收益。换言之,如果投机者预期 1993 年之后会发生汇率的重新调整,也完全不可能出现超过 30% 的汇率变化。结果,汇率重新调整带来的投机收益被限制在很小的范围内,使投机者无心发动投机攻击。

第二个主要变化是贬值的成本不断提高,这是以渐变方式发生的。根据《马斯特里赫特条约》,加入欧洲货币联盟的条件之一就是候选国必须从1997年1月1日开始将汇率稳定在波幅之内。若汇率波动超过波幅限制,将不允许加入欧洲货币联盟。承诺1999年加入欧洲货币联盟已成为欧盟大多数国家主要的政治目标。没有实现这一目标被视为重大的政治挫折。因此对那些希望按期成为欧洲货币联盟成员国的国家来说,贬值成本明显提高了。

3. 欧洲货币联盟的建立

尽管1997—1998年亚洲出现了金融危机,但是欧洲在1999年1月1日平稳地推出了单一货币——欧元。2002年1月1日实物形式的欧元(银行券和硬币)开始发行,各成员国货币开始退出流通,完全的货币联盟①诞生了。

具体来看,实现欧洲货币联盟的三个阶段包括:

第一阶段(从《马约》签订之前的1990年7月1日开始,截至1993年12月31日),欧洲货币体系成员国废除现存所有的资本管制。进一步强化欧洲货币体系各中央银行的货币合作,各国可对汇率进行重新调整。

第二阶段始于1994年1月1日,创立一个新机构——欧洲货币局(European Monetary Institute, EMI)。欧洲货币局只是在第二阶段运作,从某种意义上讲是欧洲中央银行(European Central Bank, ECB)的前身。其功能有限,主要是强化成员国中央银行间的货币合作。

第三阶段于1999年1月开始。各成员国货币间汇率不可逆转地固定。此外欧洲中央银行开始运作,并发行欧元。然而,向货币联盟最后阶段的过渡,存在若干趋同标准(Convergence Criteria)的条件限制。一国只有满足以下条件才能加入货币联盟:

(1)通胀率不高于欧洲货币体系三个最低通胀国家平均水平的1.5个百分点。

(2)长期利率水平不高于三个最低通胀国家平均水平的2个百分点。

(3)该国已加入欧洲货币体系的汇率机制,在加入货币联盟前两年内没有

---

① 所谓货币联盟,就是各成员国货币永久固定,同时实现资本完全自由流动的一种状态。从逻辑上讲,完全的货币联盟意味着有自己的中央银行,发行单独的货币和制定独立的货币政策。

发生货币贬值。

（4）该国政府预算赤字规模不高于其 GDP 的 3%（若高于 3%，该比例应持续地并有实质性下降以接近于这一标准，或者偏离 3% 的参考值标准应是例外的且临时的，并仍接近于参考值标准）。

（5）政府债务余额不应超过其 GDP 的 60%（若高于 60%，应大幅度降低这一比率，并应以令人信服的速度接近于 60% 的参考值）。

1998 年 5 月根据决定，欧盟 11 个国家（奥地利、比利时、芬兰、法国、德国、爱尔兰、意大利、卢森堡、荷兰、葡萄牙和西班牙）满足趋同标准的要求。希腊由于不满足上述标准，暂缓加入，但是在 2002 年之前可加入货币联盟。丹麦、瑞典、英国决定暂不加入欧元区，尽管它们都满足趋同标准。英国还获准保留退出的权利，丹麦加入货币联盟要通过全民公决（National Referendum），瑞典决定不加入货币联盟。在 1995 年 12 月马德里欧盟各国首脑峰会期间，达成关于第三阶段性质的补充协议。首先，根据决定新货币称为欧元。其次，第三阶段本身分为如下三个子阶段：

□ 从 1999 年 1 月 1 日到 2001 年 12 月 31 日，尽管不可逆转地固定了各成员国的汇率，但各国货币仍与欧元一起流通。私人有权选择使用本国货币或用欧元开立账户（这期间没有钞票、硬币形式的欧元）。欧洲中央银行与所有商业银行的交易以及商业银行之间的同业交易均采用欧元。各成员国政府新发行的债券也使用欧元，而非以各国主权货币计价。

□ 2002 年 1 月 1 日到 7 月 1 日，欧元将取代各成员国主权货币，它们将失去法偿货币资格。

□ 从 2002 年 7 月 1 日起，真正的货币联盟形成，欧元将成为由欧洲中央银行管理的单一货币。

历史上很少有不付诸武力而成功建立起货币联盟的先例，欧洲货币联盟却实现了这一目标。从欧元诞生到现在已经 10 年了，欧元区不断扩大。1999 年 1 月 1 日，奥地利、比利时、芬兰、法国、德国、爱尔兰、意大利、卢森堡、荷兰、葡萄牙和西班牙 11 个国家加入欧元区；2001 年 1 月 1 日希腊加入欧元区，2007 年 1 月 1 日斯洛文尼亚共和国加入欧元区，2008 年 1 月 1 日塞浦路斯共和国和马耳他共和国加入欧元区，2009 年 1 月 1 日斯洛伐克共和国加入欧元区。欧元目前已经成为了除美元之外的世界上第二大国际货币，在国际金融领域发挥日益重要的作用。

本章小结

1. 国际货币体系是各国所确立的有关汇率制度、国际收支等方面的一系列规定,包括各国政府本国货币的可兑换性、汇率制度的规定(包括汇率水平的确定)、国际收支失衡的调节和国际储备资产的确定等方面内容。国际货币体系先后历经国际金本位、布雷顿森林体系、牙买加体系。

2. 布雷顿森林体系实际上是可调整的钉住汇率制度,该制度的特征是包括:(1)双挂钩——美元与黄金挂钩、其他货币与美元挂钩;(2)限制国际资本流动;(3)短期国际收支失衡通过 IMF 贷款,长期国际收支失衡通过调整汇率平价来实现。该体系由于存在的"特里芬难题"而最终崩溃。

3. 在布雷顿森林体系下,只有美国的货币政策存在自由度,即以国内经济均衡为目标,其他国家的货币政策以维持汇率稳定为前提;其他钉住美元的国家可采取汇率政策实现其外部经济均衡目标,美国则无法运用汇率政策解决外部经济失衡目标。这就是布雷顿森林体系下的"第 n 种货币"问题。

4. 牙买加体系实际是无体系的体系,在该体系下浮动汇率制度成为主导的汇率制度,储备货币进一步多元化,国际收支失衡的解决手段包括汇率机制、利率机制、收入机制、价格机制以及外部融资机制等。

5. 欧洲汇率机制是欧洲各国为稳定相互的汇率水平而采取的一种汇率制度。该制度的特征是设立欧洲货币单位,规定了成员国货币与中心汇率较大的汇率波幅,并实施资本管制。

6. 货币联盟就是各成员国货币永久固定,资本自由流动的一种汇率制度安排。欧元现在已经成为除美元之外的第二大国际货币。

关键术语

国际金本位　　金本位下的外部与内部经济平衡

布雷顿森林体系　　特里芬难题　　"$n-1$"问题

"第 n 种货币"问题　　非对称性解决方式　　对称性解决方式

美元荒　　美元灾特别提款权　　牙买加国际货币体系

《广场协议》　　《卢浮宫协定》　　欧洲汇率机制

里拉、比塞塔危机　　英镑和法国法郎危机

《马斯特里赫特条约》　　货币联盟

思考题

1. 国际金本位下如何实现内部经济平衡与外部经济平衡？

2. 什么是"$n-1$"问题？试用"$n-1$"问题来分析英镑和法国法郎危机爆发的机制。

3. 对比布雷顿森林体系下非对称性解决方式和对称性解决方式的特点与差异。

4. 简述《广场协议》和《卢浮宫协定》的主要内容，并阐述日本泡沫经济产生的根本原因。

5. 根据欧洲货币联盟的发展历史，讨论亚洲实现货币联盟的主要挑战是什么。

参 考 文 献

[1] 保罗·德·格劳威. 货币联盟学(原书第五版). 中国财政经济出版社, 2004.

[2] 保罗·R. 克鲁格曼, 钱伯斯·奥伯斯菲尔德. 国际经济学——理论与政策(原书第六版). 中国人民大学出版社, 2006.

[3] 多米尼克·萨尔瓦多. 国际经济学(原书第九版). 清华大学出版社, 2008.

[4] 理查德·M. 莱维奇. 国际金融市场——价格与政策. 中国人民大学出版社, 2002.

[5] 托马斯·A. 普格尔. 国际金融(原书第十二版). 中国人民大学出版社, 2005.

[6] 约瑟夫·P. 丹尼尔斯, 戴维·D. 范户斯. 国际货币与金融经济学(原书第二版). 机械工业出版社, 2004.

[7] 劳伦斯·S. 科普兰著. 汇率与国际金融(原书第三版). 中国金融出版社, 2002.

[8] 贾恩卡洛·甘道尔夫. 国际金融与开放经济的宏观经济学. 上海财经出版社, 2006.

[9] A. J. Makin. 国际金融与宏观经济. 北京大学出版社, 2005.

[10] IMAD A. MOOSA. Exchange Rate Regimes: Fixed, Flexible or Something in Between. Palgrave Macmillan, 2005.

[11] MAURICE D. LEVI. International Finance: The Markets and Financial Management of Multinational Business. 机械工业出版社, 1999.

[12] PARL HALLWOOD, Ronald MacDonald. International Money and Finance. 3 edition, Wiley-Blackwell, 2000.

[13] 爱默德·A. 穆萨. 国际金融(原书第二版). 中国人民大学出版社, 2008.

[14] 国际货币基金组织.国际收支手册(原书第五版).中国金融出版社,1993.

[15] 汉斯·维塞尔.国际货币经济学导论——汇率理论、制度与政策(原书第三版).中国金融出版社,2006.

[16] 何璋.国际金融(第三版).中国金融出版社,2006.

[17] 基斯·比尔宾.国际金融(原书第二版).中国税务出版社,2006.

[18] 理查德·E.凯弗斯,杰弗里·A.法兰克尔,罗纳德·W.琼斯.世界贸易和国际收支(原书第九版).中国人民大学出版社,2005.

[19] 吕随启,王曙光,宋芳秀.国际金融教程(第二版).北京大学出版社,2007.

[20] 杨长江,姜波克.国际金融学(第三版).高等教育出版社,2008.

[21] 张陶伟.国际金融原理.清华大学出版社,1995.

高等学校金融学创新规划教材

- 国际金融学
- 金融市场学
- 投资银行学
- 保险学
- 证券投资学
- 证券投资基金
- 中央银行学
- 金融会计
- 公司金融
- 金融工程学
- 金融投资学
- 金融经济学
- 国际投资学
- 国际结算
- 国际经济学
- 商业银行经营与管理

欢迎广大教师和读者就系列教材的内容、结构、设计以及使用情况等，提出您宝贵的意见、建议和要求，我们将继续提供优质的售后服务。

联系人：舒 刚（经济类图书专业策划人）

电 话：027-6875 2480

E-mail：sukermpa@yahoo.com.cn

 武汉大学出版社（全国优秀出版社）